杭辛斋 学易笔谈

吉林人民出版社

图书在版编目(CIP)数据

杭辛斋学易笔谈 / 杭辛斋著. —长春：吉林人民出版社，2013.11（2021.1 重印）
（中国学术文化名著文库）
ISBN 978-7-206-10123-6

Ⅰ. ①杭…
Ⅱ. ①杭…
Ⅲ. ①《周易》—研究
Ⅳ. ①B221.5

中国版本图书馆 CIP 数据核字（2013）第 268834 号

杭辛斋学易笔谈

著　　者：杭辛斋
责任编辑：刘　洋
制　　作：吉林人民出版社图文设计印务中心
吉林人民出版社出版　发行（长春市人民大街7548号　邮政编码:130022）
印　刷：三河市天润建兴印务有限公司
开　本：710mm×1000mm　　1/16
印　张：18　　　　字　数：247 千字
标准书号：ISBN 978-7-206-10123-6
版　次：2014 年 1 月第 1 版　2021 年 1 月第 2 次印刷
定　价：54.00 元

如发现印装质量问题，影响阅读，请与出版社联系调换。

出版说明

一、中国学术文化名著文库，旨在为读者提供20世纪二三十年代以来的中国学术精品。当时，学问家经历了新文化运动，西学东渐，学术革新；因时应势而现出版高峰，大师名家之作数量激增，质量上乘，对此时及后世的中国学术发展与演进，均产生了巨大的影响。

二、本丛书精选此时大师名家之有关学术文化经典著作，以期对20世纪以来的中国学术文化做一系统整理。

三、丛书所收书目，虽各自早有出版，但零散而不成规模。此次结集，欲为推动中华文化之大发展、大繁荣尽出版人绵薄之力，成一民族文化珍品，为后代留存传之久远的鸿篇巨作。

四、为丛书系列之计，故以史学、国学、文学、一般学术著作之顺序编排。

1. 单种书文字量过少的著作，寻二三种内容相近，或作者为同一名家者，则合成一册，字数以30万字为限；

2. 单种书文字量超过50万字的著作，则分为上、下两册；

3. 单种书文字量超过100万字的著作，则分为上、中、下三册。

五、所收著作，版本不一；流布之中，文字错讹；择其善本，一一折校。现虽为通行横排简体，然尽量保持二三十年代原貌。

1. 人名、地名、异体、通假，仍从原书繁体；

2. 标点符号，从作者习惯，非排版差误者不予改动；

3. "的"，"底"一类文字之分，均从原书；

4. 遇原书字句有疑问者，非有根据不予更改，力求保持原貌。

"中国学术文化名著文库"丛书，工程浩大、环节繁多，编辑、校对、照排、印制人员虽勉力为之然错漏不免，还望方家谅解之余，不吝指正。

《中国学术文化名著文库》编委会

主　编：

　　胡维革（吉林东北亚出版传媒集团总经理

　　　　　东北师范大学历史文化学院教授，博士生导师）

编　委：

　　赵　毅（辽宁师范大学历史系教授，博士生导师）

　　李书源（吉林大学文史学院教授，博士生导师）

　　程舒伟（东北师范大学历史文化学院教授，博士生导师）

　　张昭军（北京师范大学历史系教授，博士生导师）

　　刘信君（吉林省社会科学院历史所研究员，博士生导师）

执行编委：

　　杨九屹（吉林人民出版社　编审）

总 序

在几十年学习和研究中国近现代史的过程中，我一直对中国近现代的思想文化学术史颇感兴趣。尤其是在1995年至1996年我和东北师范大学历史系知名教授杜文君老师一起撰著《中国现代文化志》一书时，更是对中国近现代思想文化学术史进行了认真的梳理和研究。由此，我对中国近现代思想文化学术史有了一个大致的了解，尤其是那些文化泰斗、学术大师、扛鼎巨著、思想流派、异说纷争等，更令我铭刻在心，萦绕于怀。直到今天，每每回想起那段英英厉厉、千唱万和的历史，仍然是激动不已。

从1912年中华民国成立到1949年中华人民共和国诞生，是中国历史上由旧民主主义革命转变为新民主主义革命，并逐步取得革命胜利的时期。前后两次历史性的开国，前者结束了延续两千多年的封建帝制，后者标志"中国人民站起来了"。其间38年，是中国社会逐步实现由旧到新的转变时期，与该时期社会经济、政治的变革相适应，中国文化也在古今中西文化的冲突、反思、融合中变革着、发展着：社会文化的结构和内容在更新，西方文化被大量引进，中国传统文化也适应时代变革而被重新阐扬；一些原有学科的内容、体系在变革，许多新的部门文化纷纷兴起；出版了近十万种图书和无以计数的出版物，其中有不少革故鼎新、出类拔萃之作；中等以上学校培养了近五百万名学生，产生了一大批享誉海内外的政治家、思想家、哲学家、文学家、史学家、经济学家、教育家、科学家,等等。这一时期在文化上取得了卓越的成就,尤其是"自从中国人学会了马克思列宁主义以后,中国人在精神上就由被动转入主动。从这时起,近代世界历史上那种看不起中国人,看不起中国文化的时代应当完结了"。

现代中国社会的经济和政治,是现代思想文化的源头。半殖民地半封建社会的基本矛盾是当时中国的根本国情,制约着现代中国文化的主题、结构、性质、内容和特征。"没有资本主义经济,没有资产阶级、小资产阶级和无产阶级,没有这些阶级的政治力量,所谓新的观念形态,所谓新文化,是无从发生的。"但是从思想文化的相对独立性的角度来考察,中国现代文化是从古代的、近代的文化发展演变而来的。中国传统文化基本精神的演变,近代中西文化的冲突与融合,社会文化结构的变化,以及知识分子群体的历史走向等,都对现代中国文化的发生、发展有重要的影响。

纵观20世纪初年至1949年中国文化的发展历史,一般以五四运动为界分为两个不同的历史时期。在"五四"以前,中国文化的基本状况是,由甲午战争后起始的资产阶级文化运动已经开展起来,资产阶级新的文化体系逐渐形成,进化论、天赋人权论和资产阶级共和国思想成为新文化各个领域的指导思想,而新文化领域各部门也都为宣传民主、自由、平等服务。这时,文化战线上主要是资产阶级新文化与封建主义旧文化的斗争,学校与科举之争、新学与旧学之争、西学与中学之争都带有这种性质。资产阶级在领导文化变革中起了非常重要的作用,并为中国培养了一大批能够站在时代前列、代表中华民族"讲话"、"呐喊"的思想家。可是,他们无力战胜帝国主义文化和中国封建文化的反动同盟:中国资产阶级文化革命同其政治革命一样,始终未能彻底完成。"五四"以后,由于国际国内形势的变化,由于马克思主义的广泛传播和中国无产阶级及其政党登上政治舞台,中国文化格局发生了变化,以无产阶级共产主义的文化思想为领导的新民主主义文化,联合资产阶级民主主义文化作为同盟军,向着帝国主义文化和封建主义文化展开了英勇进攻。

其基本态势是:其一,"五四"以后的30年,是中国社会的剧烈变革时期,是新民主主义革命逐步取得胜利的时期,与此相应,这个时期的中国文化仍围绕反帝反封建的历史主题,以传播、应用和发展马克思主义为主潮,以介绍和品评西方文化、重释和阐扬中国传统文化为重要内容,并以文化为武器来推动社会改革、人民革命和民族解放为根本目的。其主要成就,不仅表现在文化各领域、各门学科的变革与发展上,而且表现在马克思主义在中国的广泛传播、应用以及弘扬中国优秀文化传统上。其二,这一时期中国文化界出现了派别林立论战迭起的复杂局面。其中影响较大的论争有:东西文化之争、马克思主义与反马克思主义论争、中国社会性质问题论战和关于中国文化出路的论争等,这是当时多种社会经济与复杂阶级关系、民族矛盾在文化形态上的反映,也是古今中西文化之争与多种思想源流汇集于中国社会的必然表现。其三,就文化的主要类型及其发展趋势看:无产阶级领导的新民主主义文化,代表着中华民族新文化的方向;资产阶级民主主义文化,作为新文化营垒的一员,继续发挥反帝反封建、推进社会前进的作用;帝国主义文化和封建主义文化虽然占据统治地位,但是日薄西山,气息奄奄。中国新民主主义革命的胜利,在思想文化上是马克思列宁主义、毛泽东思想的伟大胜利,也是革命民主主义思想的伟大胜利,是帝国主义奴化思想和封建旧文化在中国的失败和破产。这是一个总的发展趋势,而在不同的历史阶段,中国文化的发展和演变各有其不同的历史特点。

具体到各个学科,几乎每个学科都有一批学术大家在辛勤耕耘,都有一批学术著作相继面世。从某种意义上说,中国具有现代意义的、门类齐全的学科体系正是在这一时期建构起来的。例如在历史学学科,1939年开明书店出版了周谷诚的《中国通史》,1940年开明书店出版了吕思勉的

《中国通史》，1949年三联书店出版了吕振羽的《简明中国通史》，1948年新知识书局出版了侯外庐的《中国古代社会史》，1949年商务印书馆出版了周谷诚的《世界通史》，1936年南京文化印刷社出版了吕振羽的《殷周时代的中国社会》，1947年商务印书馆出版了李源澄的《秦汉史》，1934年商务印书馆出版了王钟麒的《三国史略》，1948年开明书店出版了吕思勉的《两晋南北朝史》，1944年商务印书馆出版了陈寅恪的《隋唐制度渊源略论稿》，1946年商务印馆出版了金毓黻的《宋辽金史》，1947年上海中国文化服务社出版了孟森的《清史讲义》，1947年新华晋绥分店出版了范文澜的《中国近代史》，1937年商务印书馆出版了罗尔纲的《太平天国史纲》，等等。这些学术巨匠和学术巨作，使中国现代意义上的历史学学科正式建立起来了。其他学科如哲学、文学、教育学、民俗学、法学、图书馆学、博物馆学、考古学等，也是如此。学术史是全息的。后来者应该探源开流，继往创新，把我国的学术研究推向一个更高的层次。

  大概正是基于上述原因，我组织同仁历时数载，编辑出版了这套《中国学术文化名著文库》，以飨读者。

  是为序。

胡继荣

2011年12月15日
于长春百汇街寓所

目录

学易笔谈初集

《学易笔谈》序 / 003
《学易笔谈》述恉 / 005

卷一 / 009
  上古之《易》/ 009
  中古之《易》/ 010
  三代之政纲本于《易》/ 010
  学术之派别出于《易》/ 011
  孔子之《易》/ 011
  两汉《易》学之渊源 / 012
  晋唐间之《易》学 / 012
  宋人之《易》学 / 013
  元明之《易》学 / 014
  胜朝之《易》学 / 014
  历代《易》注之存废 / 015
  日本之《易》学 / 016
  美国图书馆所藏之《易》/ 016
  汉宋学派异同 / 017
  坊本《易经》之谬 / 017
  讲《易》家之锢蔽 / 018

目录

今后世界之《易》/ 019

新名词足与经义相发明 / 019

俗义诂经之流弊 / 020

大宝曰位 / 021

元字之精义 / 021

嫌于无阳 / 022

阴阳 / 023

阳卦多阴阴卦多阳 / 023

见伏动变 / 024

八字命爻 / 025

读《易》之次序 / 030

观象之方法 / 034

卷二 / 036

立人之道 / 036

中孚 / 038

曰仁与义 / 039

六日七分 / 040

月建积算 / 041

夕惕若夤 / 041

改经之贻误 / 042

九六 / 042

目录

　　贞悔 / 043

　　先天卦位不始于邵子 / 044

　　《易》学厄于王莽 / 045

　　王弼为后生所误 / 046

　　坤《象》三无疆 / 046

　　字义有广狭之分 / 047

　　因革 / 048

　　乾坤为《易》之门 / 048

　　乾坤成列 / 049

　　一生二二生三 / 050

　　祭祀 / 051

　　典礼 / 051

　　讼狱 / 052

　　司法独立 / 053

　　教育 / 053

　　死生之说 / 054

　　鬼神之情状 / 055

　　天地大义人终始 / 057

卷三 / 058

　　革治历明时 / 058

　　辨纳甲爻辰 / 059

目 录

爻辰之星象 / 060
阴阳上下往来 / 061
经卦别卦 / 061
震巽之究 / 062
血卦乾卦 / 062
马与木取象独多 / 063
虞《易》平议 / 063
半象与两象《易》 / 065
《说卦》象重出三卦 / 066
象义一得 / 067
逸象 / 078

卷四 / 080

君子有攸往 / 080
得朋丧朋 / 081
履霜坚冰至 / 082
不习无不利 / 083
乾坤之字法 / 083
咸宁咸亨 / 084
咸感 / 084
万物庶物品物 / 085
损益盈虚 / 085

目录

水火亦有二 / 086

九宫八卦之真谛 / 087

天地絪缊男女媾精 / 087

二与四三与五 / 088

柔乘刚 / 090

用九用六 / 092

《大学》《中庸》《易》象 / 093

十字架 / 098

辨无极 / 100

《易》注旧说之误人 / 101

七色变白 / 102

西教士之《易》说 / 103

化学之分剂与象数合 / 104

佛教道教之象数备于《易》 / 108

学易笔谈二集

序一 / 115

序二 / 117

卷一 / 119

    《易》有太极是生两仪 / 119

目录

《文言》释义 / 123
《杂卦》举例 / 125
男之穷 / 129
制器尚象 / 130
中孚生大过死 / 131
鹤鹄 / 131
畸象 / 132
苋陆 / 133
蛊为变化之卦 / 134
先甲后甲先庚后庚 / 136
七日来复 / 139
出入无疾 / 140
高尚其事 / 142

卷二 / 144
先后天八卦平议 / 144
河洛平议 / 150
太极图新说 / 152
进化新论 / 154
燮理阴阳 / 157
十有八变 / 160
孟子之《易》/ 161

目 录

著法占例辨惑 / 162
《火珠林》/ 163
《参同契》/ 165

卷三 / 167

履礼豫乐 / 167
叠字 / 169
睽革 / 169
鼎象 / 171
井养 / 172
反生 / 174
血气 / 175
再说乾坤为《易》之门 / 176
易逆数 / 177
五行化合 / 178
五音六律 / 188
六子男女 / 189
数之体用 / 190
三反四复 / 193
内外上下相反说 / 194
卦有小大 / 194
乾坤艮巽时 / 195

目录

阳一阴四 / 196
参伍错综 / 198

卷四 / 203
大有 / 203
释无 / 206
风自火出 / 207
蓍圆卦方 / 208
二八易位 / 210
六耍 / 212
卦象进化之序 / 213
雷电噬嗑 / 220
同人而人不同 / 221
天地相遇 / 222
七巧 / 223
星曜神煞释义 / 224
中和 / 226
象义琐言 / 227
民极 / 233

目 录

读易杂识

序 / 239

读易杂识 / 243
  《易》以道阴阳 / 243
  老子之《易》/ 244
  《易纬》/ 246
  诸子之《易》/ 246
  九师《易》/ 247
  《参同契》/ 248
  《火珠林》/ 249
  子夏《易传》/ 250
  汉有两京房 / 250
  《易》遗论九事 / 251
  宋古《易》五家 / 251
  蔡广成 / 251
  六大卦 / 252
  八音异同 / 252
  王俭之谬对 / 253
  制器尚象 / 253
  天地十二马 / 254

目 录

鱼鸟相亲 / 255

垢之鱼 / 256

离木科上槁 / 256

巽木之精 / 257

咸艮之象皆取诸身 / 258

咸感兑说 / 259

逆数 / 260

屯七夬七 / 261

光为气始 / 261

历数卦气 / 262

八卦合天地之象 / 263

礼数 / 264

《周官》皆本于《易》 / 264

学易笔谈初集

《学易笔谈》序

海宁先生之于《易》，得异人传授，又博极诸家传注，故能竟委穷源，而独见其大。先生于书，无所不读，故能探赜索隐，钩贯于新旧之学，而独得其通。昔尝闻之先生曰：《易》始于包牺氏，备于神农黄帝，大明于文王周公孔子。汉人去古未远，其卦气飞伏阴阳消息，皆有所授受，非能自创。孔子赞《易》，专重人道，以明立教之旨，故三陈九德，以人合天，而筮法仅略言及之。朱子乃谓《易》为圣人教人卜筮之书，岂知言耶。然河洛为《易》象所取则，汉学诋为伪造，朱子独取以冠经首，是其卓识，亦有不可及者。又曰：道家祖黄老，渊源悉出于《易》，其七返九还，六归八居，度数与卦象悉合无论矣。所异者佛产印度，耶稣生于犹太，而《华严》之乘数，《金刚》之相数，一八、三六、百零八之数，及七日来复、十三见凶之数，亦无不与卦象悉合。而释言地水火风，西谓水火土气，即《易》之乾坤坎离，更为明显。时之先后，地之远近，皆略不相蒙，而数理之大原，乃无不与《易》相合。然则《易》之所以为《易》，不从可识乎？又曰：《易》如大明镜，无论以何物映之，莫不适如其本来之象。如君主立宪，义取亲民为同人象；民主立宪，主权在民为大有象；社会政治无君民上下之分为随象。乃至日光七色，见象于白贲；微生虫变化物质，见象于蛊。凡近世所矜为创获者，而《易》皆备其象、明其理于数千年以前。盖理本一原，数无二致，时无古今，地无中外，有偏重而无偏废。中土文明，理重于数，而西国则数胜于理，重理或流于空谈而鲜实际，泥数或偏于物质而遗精神。惟《易》则理数兼赅，形上道而形下器，乃足以调剂中西末流之偏以会其通，而宏其用，此则今日学者之责也。呜呼，此足以见先生之学矣。国会蒙尘，播迁于粤。议政之暇，获与龚君焕辰、张君知竞、徐君际恒、王君用宾、张君效翰、郭君生荣、关君秉真、凌君毅、凌君锐、陈君燮枢、胡君兆沂、张君相、吴君崑、陆君昌烺、彭君汉遗、万君葆元、刘君汝麟诸同志，组织研几学社，相约治《易》，恭请先生主讲。先生既著《易楔》，以明《易》例，其微言大义之未尽者，别为《学易笔谈》若干卷，授之同人。同人窃以世界文明，莫古于中国，而《易》象所自起，则犹在中国未有文字之先，一画开天，列圣继起，制作大备，莫不以《易》为准，斯诚世界文明之鼻祖，而吾国人士所宜深切讲求以与世界相见者也。乃自汉以来，学者非遗象言理，失其本源，即离理言数，沦为小道；盖晦盲否塞，至于今日亦已极矣，兹何幸得先生为之发挥光大也。同人不敢自私。相与醵金先以初集四卷付印，用公同好，俾世知有先生之学，与夫《易》之所以为《易》也。楼海追随同人，学无心得，谨以素所闻于先生者，弁诸简端，并志其缘起如此云。

中华民国纪元八年九月后学狄楼海拜手敬序

《学易笔谈》述恉

《易》道至大，《易》理至邃，辛斋之愚，何敢妄谈。顾念吾师忍死犴狴，克期以待，密传心法，冀绵绝学，又曷敢自弃。丙辰出狱，爰搜集古今说《易》之书，惟日孳孳，寝馈舟车，未尝或辍。丁巳以后，国会蒙尘，播越岭峤。议席多暇，两院同人，合组研幾学社于广州之迴龙社，谬推都讲。计日分程，商兑讲习，虽兵戈扰攘，而课约罔闲。讲义纂辑，得书若干，名曰《易楔》。而晨昏余晷，切磋问难，随时笔录者，又积稿盈尺。同人艰于传写，乃谋刊印，厘为四卷，颜曰《笔谈》，盖纪实焉。己未庚申，由粤而沪，同志之友，闻声毕集，风雨一庐，不废讨论。以续前稿，又得四卷，别为二集。借阅传钞，恐多遗失，适前印之书，久已告罄，同人请合两集与《易楔》《易数偶得》《读易杂记》诸稿，均以聚珍板印行，始于壬戌八月，至十月抄，《笔谈》八卷工竣。爰纪颠末，并述恉如下：

一、承学之士，不废笔札，谈论所及，择要缀录，聊以备忘。除初集第一卷，于临印时略有增减，以明源流外，余悉随时编订，并无先后次序。

一、讲《易》与诂经不同。诂经当有家法，有体例，义不容杂。而讲《易》则以阐明卦爻象数之原理原则，但以经文为之证明。故凡与象数有涉，足与《易》道相发明者，博采旁搜，不限时地，更无所谓门户派别也。

一、《易》本法象于天地，乾易坤简，易知易能，虽见仁见智，各随学识之深浅而异，要无不可知之理。自象义不明，学者无所适从，几视《易》为绝学，而不敢问津，致易简之理，日即湮晦。本编有鉴于斯，立说皆取浅显明白，务期尽人能解，不敢以艰深文浅陋也。

一、孔子赞《易》，身逢乱世，行危言逊，有因时忌不能显言者，不得不以微言大义，隐寓于象数之中，与《春秋》同一例也。后人不察，悉以文字求之，孔子忧天悯人之苦心湮没尽矣。历代学者，如邵康简，如刘青田，黄姚江，均抱此隐痛而未敢昌言者也。鼎革以后，世虽乱而言可无讳，发历圣之心传，弥前贤之遗憾，维世道而存绝学，不可谓非千载一时之良机。剥极必复，时乎不再，幸我同人勿自暴弃以负天心也。

一、卦因数衍，数缘象起，象由心生。《易》准天地，广大悉备。虽人事递演，世变日繁，要不能出乎此象数之外。故洲殊种别，文字语言，万有不齐，维数足以齐之。宗教俗尚，各有不同，惟数足以同之。两千年来，数学失传，宋后言《易》者，往往以邵子先天数为《易》数。数理繁赜，固非短扎所能尽，然于旧说之显然牴牾者，不能不援据象数以为商榷，非敢故翻成案也。

一、占筮固《易》之一端，而圣人修《易》以明道，实非尽为占筮。孔子赞《易》，绍述文周，以人合天，兢兢寡过，岂导人于趋吉避凶哉。朱子以占筮为《易》之本义，未免偏见。而大衍揲蓍之法，自唐以后，于挂一再扐两端，立说互歧。征诸数理，并多遗憾，未敢盲从，以误后人。

一、至诚之道，虽可前知，惟道本一贯，学无躐等，必正心修身，能尽人之道以合天，斯天人契合，感而遂通，百世可知，初无二理。若一知半解，妄谈祸福，自欺欺人，实学《易》之大戒。兢兢自箴者，窃愿以此勉人。

一、尽性至命，乃《易》学之极功。孔子之圣，犹韦编三绝，但云寡过,罕言性命。后生末学,更宜践履笃实,下学上达,同学讲习,窃本斯恉。初集刊布,朋自远来,往往以衹言象数,不谈身心性命相责。但愚尚以象数之未能尽明为憾,果象数通解,则身心性命之理,胥在其中,更无待言说为也。

一、形而下者谓之器,形而上者谓之道,凡有形可指者皆器,道本于心,未可以言尽焉。故八卦因重,羲农法天以垂象,两编《十翼》,周孔立言以明道,然未可遽执卦象经传以为道也。譬诸升高必以梯,而梯非高,求饱必以饭,而饭非饱。宋后讲《易》,开口言性理,言道统,是犹指梯而称高,看饭而说饱也。今之谈道者,无宋人之学,而立说更高出宋人,自误误人,更不待言。愿学者共明斯旨,各求实学,返诸身心,勿好高务远,循前车之覆辙焉。

一、洁净精微之学,非潜修静养,未能深造。劳人草草,敢言心得,惟汇积年涉猎所得。聊供同学参考之便。深望海内鸿硕,时加匡正,幸得学与年进,尚拟赓续,以供采择。

一、世道陵夷,圣学中绝,人欲横流,罔知纪极。谨愿之士,苦身心之无所寄托,蒿目时艰,恒怀消极。或附托西教,或皈向佛门,而仙灵神鬼,导引修养,及飞鸾显化之坛宇,遂遍于域中,影附风从,是丹非素。不知我国固有之学,贯澈天人,足以安身立命,保世滋大,概群藉而罗万有者,悉在此一画开天,人文肇始之《易经》。存人道,挽世运,千钧一发,绝续在兹,弘道救世,责无旁贷,惟我同人,自奋勉焉。

岁在壬戌冬至之月海宁杭辛斋补识于海上寄庐

卷 一

上古之《易》

上古之世，无所谓《易》也，但后世之《易》，实本于庖羲。故《周官》掌太卜者有三《易》之称，因周以《易》名，遂追谥《连山》《归藏》皆谓之《易》。余所谓上古之《易》者，亦援斯义而追称之耳。溯自庖羲一画开天，其时虽文字未兴，而结绳为治，已有等秩伦纪之可观。《系传》称："仰则观象于天，俯则观法于地，观鸟兽之文与地之宜，近取诸身。远取诸物。于是始作八卦，以通神明之德，以类万物之情。"其条理井然，而"观法于地"暨"观鸟兽之文与地之宜"，已能将地之所有，分析观察，颇如近世科学家。区地文、地质学为二类，此岂欧洲人所谓上古时代野蛮酋长之可比拟哉。"以佃以渔"，虽未脱游牧之风，而政治亦已斐然可观矣。况八卦成列，有形、有象、有声，实已备具文字之作用。因而重之为六十四卦，益之以变化，固已肆应而不穷矣。此庖羲之《易》，所以为我中国文化之初祖也。

"庖羲氏没，神农氏作。斫木为耜，揉木为耒，耒耨之利，以教天下。日中为市，致天下之民，聚天下之货，交易而退，各得其所。"是已由游牧时代而进于农商，且规模宏远，政教并行。又尝百草以御疾疢，民无夭折，创制显庸，泽及万世。然其时文字未兴，所赖以为政治之具者。实维庖羲所遗传之卦象。度神农氏必有所增益而变通之，是名《连山》。相传以重艮为首，经卦皆八，重卦皆六十四者也。故神农为炎帝，亦号烈山氏。

"神农氏没，黄帝尧舜氏作。通其变使民不倦。神而化之使民宜之，《易》穷则变，变则通，通则久。"盖至是文明日进，制器尚象，人事日繁，而旧有之八卦，不足以应用。于是广卦象为六书，而文字以生。益以天干地支，而阴阳五行之用愈精。吹律定声，民气以和，而礼乐以兴。本黄钟以定度量权衡，治历明时，定璇玑玉衡以齐七政，绝地天通，百官以治，万民以察。而《易》之为用，益无乎不备。故黄帝之《易》曰《归藏》，以坤乾为首者也。尧舜继黄帝之后，于变时雍，垂衣裳而天下治。今读《系辞》下传之二章，上古进化之历史，与三《易》之源流，可概见矣。此上古之《易》也。

中古之《易》

夏《易》《连山》，盖继述神农氏者也。商《易》《归藏》，盖继述黄帝氏者也。周曰《周易》，或曰祖述尧舜。孔子曰："《易》之兴也，其于中古乎？作《易》者其有忧患乎？"虽指《周易》，以"文王与纣之事"当之，然帝降而王，德不如古。神禹受命，开家天下之局，汤武革命，易揖让而征诛，均不能无惭德焉。故三代之《易》，皆可谓之"中古"，所谓"于稽其类，其衰世之意邪"。上视羲皇，已不无今昔之感矣。

三代之政纲本于《易》

制度文物，皆出于《易》，故曰："观其会通，以行其典礼。"《易》在三代，不啻为政治之书。夏宗《连山》，其礼乐政刑胥以《连山》为则；殷宗《归藏》，其礼乐政刑胥以《归藏》为则。故纪历有人统地统天统之殊，而尚忠尚质尚文。亦各有所专重。盖变通损益以蕲合于时宜，而成一代之制，必统系分明，而后纲举目张，有条不紊。今夏殷之制不可悉睹，而《周礼》一书，虽经窜改，而周家之典章文物，犹可得其梗概，足与《周易》相印证。自秦汉以降，目《易》为卜筮之书，政失其纲也久矣。

学术之派别出于《易》

我国学术，约可分为三派：曰儒，曰道，曰墨。其余诸子百家，名类虽多，要无不可以此三派归纳之。道家宗老氏，而实导源于黄帝，故相传曰黄老。墨家出于禹，而实滥觞于神农，《孟子》"有为神农之言者许行"，主并耕之说，亦墨之别派也。儒家集大成于孔子，《论语》曰"文王既没，文不在兹乎"，则孔子固自承为继续文王者也。故儒家之学出于《周易》，道家之学出于《归藏》，墨家之学出于《连山》，各有所本。自汉而后，虽罢斥百家，独崇儒道，而道与墨之学，亦实有不可磨灭之精神，历代之治。舍其名而用其实者，不可枚举。至于今日，儒术亦扫地尽矣。而老氏墨氏之学，则因与欧西之哲学及其他科学之相契合者颇多，崇尚新学之士，渐有取而研究之者。礼失求野，循末反本，则吾文明初祖之羲《易》，或尚有大明之一日乎。

孔子之《易》

《易》者，明道之书也。五帝之治天下也以道，三王以德，五霸以功。世运自帝降而王，王降而霸，道之不明也久矣。孔子生当衰周，五霸之功已杳，浸浸乎由功而降而尚力。至惟力是尚，弱肉强食，人道或几乎息矣。故孔子赞《易》以存道，又以道之未可骤几焉，乃取中爻以明功，陈九卦以崇德见《系》下传第七章，循序而进，由功而德，其庶几乎与道近矣。

两汉《易》学之渊源

孔子传《易》于商瞿,商瞿字子木,其行事不见于《论语》,盖孔子晚年之弟子也。商瞿授鲁桥庇子庸,子庸授江东馯臂子弓,子弓授燕周丑子家,子家授东武孙虞子乘,子乘授齐田何子庄。凡六传而周灭于秦,秦焚书而《易》以卜筮独免。汉兴,田何以齐之公族徙杜陵,号杜田生,授东武王同子中,及雒阳周王孙、丁宽、齐伏生。王同子中授淄川杨何,丁宽授同郡田砀王孙。王孙授沛施雠、兰陵孟喜、琅邪梁丘贺,是为三家之《易》,皆立于学官置博士。

施雠授张禹及琅邪鲁伯。禹授淮阳彭宣、沛戴子崇平。鲁伯授琅邪邴丹、伏曼容。

孟喜授同郡白光少子、沛瞿牧及焦延寿。延寿授京房。

梁丘贺传子临,临授五鹿充宗。充宗授平陵士孙、张仲方、邓彭祖子夏、齐衡咸长宾。

东莱费直治《易》长于卜筮,无章句,徒以《彖》《象》《系辞》《文言》解释上下经。传琅邪王璜子中。同时沛高相治《易》,与费略同,亦无章句,说阴阳灾异,自言出于丁将军。授子康及兰陵毋将永。高氏费氏之学,皆未立于学官。

汉代《易》学,以施、孟、梁丘三家为盛。京氏专言灾异,高氏亦与京略同。至东汉传施学者,有刘昆及子轶。传孟学者有渥丹鲑、阳鸿任安。传梁丘学者,有范升、杨政、张兴及子鲂,皆不甚显。至汉季独费《易》盛行,若马融、郑玄、荀爽、陆绩、刘表、宋衷诸人,皆习费氏古文《易》。孟学独一虞翻,施梁之学无闻矣。

晋唐间之《易》学

魏晋以后,王弼之《易》,盛行江左。弼为刘表之甥,表固治费

《易》者。弼之说《易》，不尽宗费，屏弃象数，专以玄理演绎，自谓得意忘象。又分《系》《彖》《象》诸传于经文之下，学者以其清隽新颖，且简便而易学也，靡然宗之。由是施雠、梁丘诸家之《易》尽亡，费氏之古本，亦为所淆乱，而尽失其本来面目矣。然弼年二十有四即死，《系辞》《说卦》三篇，均不及注，后人以韩康伯注续之。永嘉之乱，中原板荡，经籍散失。李唐统一，掇拾烬余，虽六经本文幸而未阙，而两汉以来各家之师说传注，已十亡其七八矣。孔颖达疏《易》，复崇王而黜郑，太学肄业，一以王注为本，古《易》遂不可复见。赖李鼎祚《集注》，掇拾残阙，搜集汉注至三十余家，窥管一斑，全豹之形似尚可约略而得。后之言汉学者，莫不循是蹊径，以为登峰造极之基。至满清中叶，王念孙、惠栋、张惠言、焦循诸家，皆精研汉学，单辞只义，不惜殚毕生之全力以赴之。郑氏虞氏之《易》，始差堪董理，而施雠、梁丘之学说，终不获复见于世也，惜哉。

宋人之《易》学

宋人讲《易》，自司马温公以至程子，大抵皆不出王弼范围。《周子通书》发明太极图，为理学之宗，与《易》学尚无甚关涉也。自邵康节创为先天之说，取《说卦》"天地定位"一章，安排八卦，谓之先天卦，以"帝出乎震"之方位为后天卦。又以乾一兑二离三震四巽五坎六艮七坤八，为先天八卦之数。更反刘牧九图十书之说，以五十五数者为河图，四十五数者为洛书，为八卦之所自出。于是太极两仪，四象八卦，而十六，而三十二，而六十四，立说与汉人完全不同，不啻在《易》学中另辟一新世界。然当其时，并未盛行，如温公、程子，皆与邵为老友，且极推重其为人，称为内圣外王孔孟没后之一人，而未尝取其说以讲《易》。其反对如欧阳文忠诸人，更无论矣。至朱子撰《周易本义》，取河图洛书与先天大小方圆各图，弁诸卷首，又另著《易学启蒙》以阐明之。而后邵子之先天学与《易经》相联缀，历宋元明清，皆立诸学官，定为不刊之程式。后之学者，几疑此诸图为《易经》所固有矣。虽汉学家抨击非难，不遗余力，而以其理数出自天然，推算又确有征验，终非讨生活于故纸堆中者空言所能排斥也。故宋之《易》学，能有所发挥、独树一帜、与汉学相对峙者，自当首推邵氏。

朱子《本义》，颇能矫王弼以来空谈玄理之弊，而注意于象数，故取用邵子之说颇多，顾未能会通全《易》，博采两汉诸家之说，以明圣人立象之意。又泥于门户之见，不敢畅所欲言，而以"圣人以卜筮教人"一言，为立说之本义。此何异以璇玑玉衡为定南北方向之用，不亦隘乎？

两宋《易》家之著录者颇多，以当时镌版业已发明，流传较易。今《四库》所存，及刊入《通志堂经解》，与《惜阴》《聚珍》诸丛书者，尚有六十余种。而纳兰氏又汇辑诸儒语录别集，暨佚书之单辞剩义，为《大易萃言》八十卷，可谓极宋学之大观已。

元明之《易》学

元明两代之言《易》学者，无甚发明，著录者大抵盘旋于程朱脚下为多。元之熊与可、胡一桂、熊良辅、王申之、董真卿，明之黄道周、乔中和，皆其杰出者也，然皆有所依傍，不能成一家之言。黄道周之《易象正》《三易洞玑》，虽以天象历数阐明《易》理，而艰深奥衍，流传不广。惟来知德氏崛起川中，以二十九年之功，成《来氏集注》一书，风行大江以南，三百年来未绝。虽其错综之说。颇贻人口实，然取象说理，浅显明白，惟恐人之不易索解，恒罕譬曲喻以明之，视故作艰深以文其浅陋者，自胜一等。初学者得此，尚为善本也。

胜朝之《易》学

有清一代，经学之盛，远过宋明。其治《易》学专家，如刁氏包_{蒙吉}、李氏光地_{厚庵}、胡氏_{晓沧}、胡氏渭_{朏明}、任氏启运_{翼圣}、惠氏奇_{仲孙}、惠氏栋_{定宇}、万氏年淳_{弹峰}、姚氏_{配中}、张氏_{乘槎}、彭氏_{申甫}，皆能独抒己见，各有心得。而顾亭林、毛大可、钱辛楣、王引之、江慎修、段懋堂、王兰泉诸氏，虽不专治《易》，其音韵训诂考据，于吾《易》亦多所发明。至若焦氏循理堂之《通释》，纪氏大奎_{慎斋}之《易问》与《观易外编》，一则宗汉学而能串合六十四卦之爻象，无一辞一字不相贯通。一则讲宋学而能阐发性理，与六十四卦之爻象变通化合，尤为历来讲《易》家之所未有。端木国瑚_{鹤田}后起，更冶汉宋于一炉，一一以经传互证，无一辞一字之虚设，视焦纪二氏为更上一层，允足以殿全军而为胜清一代《易》学之结束矣。

历代《易》注之存废

两汉之《易》注，永嘉而后，已无完书。虽经历朝好古之士探讨搜辑，然皆东鳞西爪，除李氏《集注》外，其能集合成书者，不可概见。济南马氏_{竹吾}旁搜博采，更于《太平御览》《永乐大典》与《说文》《尔雅》《文选》《水经》诸注，傍及《内经》《道藏》之所称引者，悉为编次，共得《易》部之逸书八十余种，承学之士，亦可略得其梗概矣。魏晋以降，其完全无缺者，推王弼注为最古，今与孔颖达之《正义》，陆德明之《音训》并传，与《程传》《朱义》，皆历代官书所刊布，士林所奉为金科玉律者也。其余唐宋诸家之《易》注，世罕单行，赖《津逮》《汲古》《照旷》《汉魏》诸丛书刊布，而以后之聚刻丛书者，必以《易》为甲部之冠，孤本秘录之借此仅存者，为不少矣。纳兰氏之《通志堂经解》，辑刊《易》注至四十余种，尤为各丛书之所未有。而胜朝《经解》正续两编，选录当时之《易》注，亦皆卓然可传之书也。综计清《四库全书》易部所藏，都一百五十二种，其存目著录而无书者，约三倍其所藏之数。辛斋自学《易》以后，历年购求，所得已有四百六十三种。计《四库》所藏之一百五十二种购求未得者，尚有二十九种。《四库》存目所录已购得者，有七十八种。《四库》编录于道家及术数类者，如《皇极》《洞林》《三易洞玑》等计三十余种。余皆为丛书及家刻单行之本，而写本及辛斋所手抄者亦六十余种，为日本人所著述者三种。嗣在广东上海苏杭扬州，陆续又得一百五十余种。前后都六百数十种。以视历代《经籍志》及陈东塾、朱竹垞所著录者，曾不逮十之三四。然以现世所有者而论，则所遗已无几矣。

日本之《易》学

日本文学，皆我国所津逮。故我国已佚之书，而日本尚保存者甚夥，黎氏《古逸丛书》所刊，未能尽焉。光绪甲午以后，我国新进厌弃古学，而竺旧之士又墨守糟粕，不能发挥精义，与新理相调和而资利用，致精义入神之学，日就澌灭。清季以国立大学，求一完全经师而不可得，致《羲经》竟任缺席。鼎革以后，竟公然废弃经学而隶于文科之下。亦可谓臻晦盲否塞之极运矣。而日本既餍饫于物质文明之利，更反而求诸精神。虽举国喧嚣于功利竞争之途，而学术之研究，尚不忘初祖，仍有多数之学子从事于《易经》。东京有《易》学会，有《易》学演讲所，有《易学讲义》之月刊，其占筮亦尚用古法。我国二千年来失传之揲蓍法，经学巨子所未能决其用者，彼中随处可购得揲蓍之器也。惟蓍不产于日本，则以竹代之，礼失求野，不仅维系《易》学之一助也。辛斋曾购其《易学讲义》，其取象悉宗汉学，大抵取资于李氏《集解》者为多，有所谓"影象""意象"者，则为彼所扩而充之者也。有《易学新讲义》，为我国北宋人之著述，《四库》有其书，外间已乏刊本，亦为日本所印行。而近出之高岛《易断》，于明治维新以后五十年间，内政外交诸大事，均有占验论断。亦可觇彼国之所尚矣。

美国图书馆所藏之《易》

美国国会图书馆以四十万金镑，专为购买中国书籍之用。除前清殿板各书为清政府所馈送外，其余所采购之汉文书籍，亦有数千种之多，皆为日本人所贩运，直接购自中国者无几也。友人江亢虎君，现为其汉文部之管理员，丁巳夏间回国，邂逅于沪上。云彼中所藏《易》部，亦几有四百种，因嘱其将目录钞寄，以较辛斋所藏者未知如何。然彼以异国之图书馆，而其所藏，视本国《四库》所有至两倍有半，殊足令人生无穷之感也。

汉宋学派异同

自来言《易》者，不出乎汉宋二派，各有专长，亦皆有所蔽。汉学重名物，重训诂，一字一义，辨晰异同，不惮参伍考订，以求其本之所自、意之所当。且尊家法，恪守师承，各守范围，不敢移易尺寸，严正精确，良足为说经之模范。然其弊在墨守故训，取糟粕而遗其精华。且《易》之为书，广大悉备，网罗百家，犹恐未尽，乃株守一先生说，沾沾自喜，隘陋之诮，云胡可免。宋学正心诚意，重知行之合一，严理欲之大防，践履笃实，操行不苟，所谓"和顺于道德而理于义，穷理尽性以至于命"者，亦未始非《羲经》形而上学之极功。但承王弼扫象之遗风，只就经传之原文，以己意为揣测。其不可通者，不惮变更句读，移易经文，断言为错简脱误，此则非汉学家所敢出者也。元明以来。两派对峙，门户攻击之陋习，虽贤者亦或不免。甚者以意气相争尚，视同异为是非，不但汉学与宋学相争讼也。同汉学焉，尊郑者则黜虞，是孟者则非荀；同宋学焉，而有洛蜀之辩驳、朱陆之异同。其下者更或依巨儒之末光、蒙道学之假面、为弋名干禄之具者，尤不足道矣。

坊本《易经》之谬

国学沦亡，书局尽废，承学之士，求一善本之经书，已不可得。近日坊间石印之《易经》，其谬误尤甚。校对之疏略，姑置不论。序文则《程传》也，目录之标题则《本义》也，目录之卷帙则《程传》也，首列河图洛书，及先后天八卦六十四卦各图，亦《本义》也，而上下经与《系传》之篇第，则又皆《程传》也，其注则又皆《本义》也，可谓极参伍错综而莫明其妙者矣。观其封面所署，则又曰监本《易经》。推求其故，则谬误相仍，已非一日。盖明刻永乐之监本，固程子之《传》与朱子《本义》并列者，而篇第章句，悉依《程传》，而以《本义》之注，录于《程传》之后，清刻《易经传义音训》亦犹是也。后以考试功令，专重《朱义》，坊贾射利，为节减篇幅计，以去《传》留《义》，而篇帙则仍未之改。明嘉靖间苏州学官成某，复即是本而刊布之，致此非驴非马之怪象，公然流布。读者既不求甚解，而所谓教育部教育厅教育会者，皆熟视无睹，不加纠正。呜呼，易世而后，将不知经书之为何物矣。

讲《易》家之锢蔽

历来讲《易》家，无论其为汉学、为宋学，而有一宗牢不可破之锢蔽，即将"经学"二字横梗于胸中是也。埋其庞然自大之身于故纸堆中，而目高于顶，不但对于世界之新知识、新思想深闭锢拒，而于固有之名物象数气运推步之原本于《易》者，亦皆视为小道，而不屑措意。凡经传所未明言、注疏所未阐发者。悉目为妄谈、为异端，排斥攻击，不遗余力。而不知《易》之为书，广大悉备，上自天地之运行，下及百姓所日用，无不弥纶范围于其中。孔子赞《易》已明白言之，曰："书不尽言，言不尽意"，故"圣人立象以尽意""变而通之以尽利，鼓之舞之以尽神"。是书之所未言者，固当求之于意，意有所未得者，当求之于象，象有所未尽者，当变通之以尽其利，而《易》之道始应用而不穷。今乃尽反孔子之言，曰：吾言义不言利。曰：得意而忘象，得象而忘言。目光之盘旋，不出于书外一寸，此《易》道之所以终古长夜也夫。

今后世界之《易》

《易》"穷则变，变则通，通则久""黄帝尧舜，通其变使民不倦，神而化之，使民宜之"，盖民之情，恒厌故而喜新。厌则倦，倦则精神懈弛，而百事皆堕坏于无形，此蛊之象也，故"君子以振民育德"而变化之。蛊成随，则"元亨而天下治"，随"元亨利贞"而"天下随时""随时之义大矣哉"。今之时何时乎？五洲交通，天空往来，百卉并兴，地宝尽发，所谓"万物皆相见"，其重明继照之时欤。离火之功用，遍于坤舆，极则为灾，或致"突如其来如焚如死如弃如"之占。果能神而化之，变通尽利，则将由物质之文明，而进于精神之文明，是明出地上，火地为晋，"受兹介福"晋六二之时矣。《易》道于此，必有大明之一日。吾辈丁兹世运绝续之交，守先待后，责无旁贷。亟宜革故鼎新，除门户之积习，破迂拘之谬见，以世界之眼光观其象。以科学之条理玩其辞，集思广益，彰往察来，庶五千年神秘之钥可得而开。"兴神物以前民用"，必非尼父欺人之语也。

新名词足与经义相发明

物生而后有象，象而后有滋，滋而后有数。民物之孳乳无穷，而象数之递演而递进，递进而递繁，无有止境。故在黄帝之时演《易》，伏羲之八卦已不足用，乃益之以干支。文王演《易》，干支已不足用，乃益之以象爻。孔子赞《易》，则象爻又不足以尽世变物情，乃益之以《系辞》《十翼》。今距孔子之世又三千年矣，世界大通，事物之纷纭繁变，什伯倍蓰千万于古昔，而所用之文字，乃不能随世事递演递进以应所需。且小学中绝，音移义晦，经典固有之字，因废置已久，不复为人所识者，十殆四五。故说《易》者，往往于《易》之一字一义，累千万言之解释，而仍不能明。然必待小学既明而说《易》，又如临渴掘井，不能济目前之用。且不能令多数之学子尽通小学焉，则虽说亦如无说，而《易》仍不能明。则不如假世界通用之名词以代之，以补文字之阙憾，而阅者亦易于了解也，岂非《易》之一助乎？如《易》言"坤其静也翕，其动也辟"，而"翕"与"辟"之义，以旧文字释之，则"翕"为聚也合也，"辟"为开也。一开一合，字义虽尽，而于《易》言"辟""翕"之妙用，仍未著也。若假新名词以解之，则"辟"者即物理学之所谓离心力也，翕者即物理学所谓向心力也。凡物之运动能循其常轨而不息者，皆赖此离心向心二力之作用，地球之绕日，即此作用之公例也。以释"辟""翕"则深切著明，而阅者亦可不待烦言而解矣。不仅名词已也，新思想与新学说，足与吾《易》相发明者甚多。而经学家见之。必又曰穿凿附会，诬蔑圣经，则吾其奈之何哉。

俗义诂经之流弊

今日所用之字，犹数千年前之字也，然形式虽未改，而精神则非复数千年之旧。音与义，类皆变易，任举一字而衡论之，若此者盖比比焉。其仅音变而义未变者，如"下""无"等字，于诂经尚无出入。其训义变易者，虽古音尚存，于经义已不可通矣。如"君""臣"二字，古训但为主从之别，降及汉魏，犹为普通尊人卑己之谦辞，未尝专属诸朝廷也。自宋以后，则专以"君"为尊无二上之天子，"臣"为庶司百职之官僚，而"君"字遂神圣不可侵犯矣。"官"字之古训，亦仅为专任职司之名，并未含有尊崇高贵之意。人之耳目口鼻舌曰"五官"，言其各专所用，不能彼此互代也，故手足则曰"肢"而不称"官"，其义甚明。自汉后天子曰"县官"，曰"官家"，而"官"之义遂混。后世官之权位浸大浸崇，而"官"字渐成尊崇高贵之称。今之俗尚，凡物美者，辄加一"官"字以为标帜，其去"官"字之本义，不可以道里计矣。于是"龙飞九五"，遂为帝王之祥，"惟辟作威"，亦附卦爻之义，兢兢乎僭越之虞，凛凛乎生杀之柄，如《周易折中》者，《易》竟为专制帝王之护符矣，非以今义释经阶之厉哉。

大宝曰位

下《系》一章："天地之大德曰生，圣人之大宝曰位，何以守位曰人，何以聚人曰财，理财正辞，禁民为非曰义。"意义本相联贯，而文字亦紧相衔接，乃中间插一"位"字，便为上下辞意之梗。宋儒遂改"何以守位曰人"之"人"字为"仁"，以回护"位"字，而与下"聚人"一句又不相贯。于是吕氏本又改从古本作"人"，而曲为之说，亦终不可通。其实误不在"人"字而在"位"字，"人"字不当改"仁"字，而"位"字当改作"仁"字。盖"仁"字与"位"字形式相近，以致传讹。古训相传，所宝惟仁，未有以位为宝者也。况以位为天下之公器耶，则不必宝，以位为一人之私有耶，则不能宝。晋文之答秦使曰："亡人无以为宝，仁亲以为宝。"讵作《易》之圣人，见出重耳下哉。按此说初创，同人善其新颖怂恿存录。嗣阅张之锐氏《易学阐微》立说相同，更以自信。但数年以来，研穷数理名象，觉此"位"字"人"字皆文所应有。实不当轻议更改。此次重印，原拟将此务削去，惟前书既已传布，不能进改，特存之而附注原委以志吾过，并令阅者得更进一层之研究，未始不足为筌蹄之一助焉。

元字之精义

《彖传》曰："大哉乾元乃统天。"此"元"字，即"元亨利贞"之"元"。旧注："元，始也。"《本义》："元，大也。"何休《公羊》注曰："变一而为元，元者气也，无形以起有形，以分造起天地，天地之始也。"邵子亦曰："元者气之始。"合观诸家之说，于"元"字之精义，尚有未尽。辛斋以为举"元亨利贞"并言之，为乾之四德，而"元"之一字，不但可包举"利亨贞"三字，并可举全《易》而一气贯注，故曰："大哉乾元乃统天"，超乎无始，以立乎天地之先者也。《文言》"乾元者始而亨者也"，此"元"字乃天之元焉。坤《彖》"至哉坤元"，乃地之元也。《文言》"元者善之长也"，则人之元也。善之长，即仁义礼智之仁。仁从二从人，元亦从二从人，故仁为人之元，所谓天经地义，简言之即天良也。盖物各有元，大而天地，小而飞潜动植各物，均莫不具有此元，得之则生，不得则死。顾元之为元，无声无臭，无形质可见，而其功用所著，亦几非言语笔墨所能摩写而形容之。然元不可见，而仁可见，仁不可见，而仁之寓于事物者可见。古人造字，其精义往往互相钩贯，而即物定名，亦无不各寓其意。如果实核中之质体，名之曰仁，已可见矣。而元亦即可因仁而显其用，如果核桃曰桃仁，杏曰杏仁，而桃与杏之元，即在此仁之中。果核之所以能滋生者，实赖有此仁，赖有此仁中之元。吾于西人之纪载得一说，足为斯义之确证。西人于埃及地中，掘得四千年之古尸，尸腹中往往实以林禽及小麦等物，以保藏之非常完密，故均历久久而不坏。取林禽及麦而播种之，仍能发荣滋长，与新者无异，此无他，以其元之尚存在也。若其元已失散无存，则虽当年之果核，种之亦不能发生。因此可证明物各有元之理。而人元所存，则惟此天良，天良不灭，生机亦不灭，天良渐灭，则亦无元之果核，已无萌生之望，虽幸而生，亦行尸走肉而已。剥之上九"硕果不食"，即此仅存之天良也欤。

嫌于无阳

坤上六《文言》："阴疑于阳必战，为其嫌于无阳也，故称龙焉。"注疏与各家讲解，均未能明悉。郑注："嫌读如群公慊之慊，或作溓，溓，杂也。"以"嫌"作"杂"字解，杂于无阳，语亦费解。九家作"兼"，谓："阴阳合居，故曰兼阳。"则"无"字又为赘文。王弼云："为其嫌于非阳而战。"《正义》谓："阴盛似阳为嫌，纯阴非阳，故称龙以明之。"说各不同，其未能畅发经旨则一也。辛斋按阳本无尽，坤之上六为纯阴之候。近乎有无阳之嫌，今可举例以明之。五月初五日，相传为端午节，又曰"端阳节"。九月初九日，曰"重阳日"，而十月曰"小阳月"。夫五月，于卦之消息为姤，一阴始生，端者始也，当曰"端阴"，何以称之曰"端阳"？九月，于卦为剥，硕果仅存，阳已将尽，乃何以称之曰"重阳"？十月于卦为坤，爻辰正值坤之上六，纯阴无阳，何以曰"小阳"？此正扶阳抑阴之意，"为其嫌于无阳也"，故称"端阳""重阳""小阳"焉。则坤上之"嫌于无阳"，其义可比例而得，不待烦言而解矣。

阴　阳

《易》数，以阳统阴者也；《易》象，以阳变阴者也；《易》义，扶阳抑阴者也。故阳大阴小，阳贵阴贱，凡对待之字，几无不以此为例。顾何以"立天之道"，不曰"阳与阴"，而曰"阴与阳"？又曰："一阴一阳之为道"，又曰："分阴分阳。"辄以阴居先而阳居后，必曰"阴阳"，无言"阳阴"者，其义何居？曰：此即天地之大义，而《易》道之妙用也。天尊地卑，《易》之序也，乃乾天颠下首而周乎地之下，坤地有常而高举于天之上。于是地天泰，四时成，天德不为首，而地道代终，一阴一阳，往来升降，至三阴三阳水火既济，六爻皆当位，乾坤定矣。反之为一阳一阴，至三阳三阴，乃火水未济，六爻皆不当位，离坎"不续终"，而为"男之穷"矣。

阳卦多阴阴卦多阳

《系传》曰："阳卦多阴，阴卦多阳，其故何也？阳卦奇，阴卦偶，其德行何也？阳一君而二民，君子之道也；阴二君而一民，小人之道也。"此章阐明《易》道阴阳之大义，为全《易》之关键。辨卦爻阴阳之德行，数理之体用，乃学者入手之纲领，故设为问答以明之。阳卦者，震坎艮，皆一阳而二阴。阴卦者，巽离兑，皆一阴而二阳。乾坤为各卦之原，且纯体不易，其阴阳易知，故不在此设问之列。历来注《易》家，于一君二民、二君一民之义，异说纷歧，莫可折衷。皆因泥于一二之数联属君民，故无论如何曲折迁就，终不可通。孙氏取郑康成氏《礼记·王制》注云："一君二民，谓黄帝尧舜。地方千里，为方千里者百。中国之民居七千里，计七七四十九方千里，四裔之民，居五十一方千里，是中国四裔，二民共事一君。二君一民，谓三代之末。以地方五千里，一君有五千里之五，五五二十五，更足以一君，二十五始满千里之方五十。乃当尧舜一民之地。故曰二君一民。"可谓极迂回曲折之致，而不敢谓其确合经义。至《朱子语类》谓："二君一民，试问一个民而有两个君，看是甚么样？"则尤为滑稽矣。宋人讲解大意与朱子略同。其实孔子语意，甚为明白。一君二民，谓君得其一民得其二也，二君一民，谓君得其二民得其一也。一、二两字，不过表示多寡之意。故下文曰"君子之道""小人之道"，经义显豁呈露，无待曲解。何以时历三千年。经无数之经师大儒而迄未讲明，是可怪也。

见伏动变

见伏动变，谓之四通。见者，即本卦所独动之一爻也_{如地雷复，则复之初九即为见}。见之下，即为伏_{如复内为震，震下即伏巽}。见显而伏隐，所谓由其可见，推其所不可见，故有见即有伏。见者动。动必有所之，之者往也，动之始也。有所之而之其所，则见者伏而伏者见，所以为变也。于八卦之象，兑见巽伏，震起艮止，而八卦之循环变化，悉在其中。故即以此而推之于爻，则亦不外此四者，而爻之性情才用，亦胥可见矣。

见知现在，伏知将来，覆以穷其相反之情。变动中爻以尽其曲折之妙，故动而之于伏曰动，通变而存其位曰变。通一爻而有四卦之通，是以能该隐显，极常变，以周知天下之务。

见伏动变，循环迭更。如坤初为见，则乾初为伏，而姤复包其中。如复初为见，则姤初为伏。而乾坤又包其中。至其性情之同，则伏与动变，均与可见之爻互相发明。阴阳动静，流行不息，无往而不还隐而不见之理。故伏卦者，即见卦之所托以变动者也。动在内卦，则阴下而阳上，动在外卦，则阴上而阳下。是阴阳所生之阴阳。所以有少阴少阳之别，变在内外卦者反是。见伏为交，则动变为之摩荡矣。

一爻而具四爻之通。如乾二独动，则坤二伏矣乾"利见大人"。坤"直方大"。师二为动，则同人之二为变矣。故设卦观象，不可泥于一卦一爻。古人一家之学，虽未必能通贯全经，而一无障碍，如孟氏之"旁通"，京氏之"飞伏"，虞氏之"之正"，邵氏之"加倍四分"，均各有独到之处。但证之于经传而合者，固皆有可取，而足与经义相发明，由博反约，慎择精审，是在学者之神而明之，非言之所能尽者矣。

八字命爻

胡氏煦《周易函书》，原文多至一百余卷，后虽节录为《约注》《约存》《别集》，尚有三十余卷，亦《易》说之大观矣。其全书纲要，以《系传》"开而当名办物"一语为主。谓："伏羲先天图，以黑白二色分别阴阳，皆连贯若环。至文王始开而为八卦，开而为六十四卦。"以为发千古未有之秘。其实周子太极图，阴阳相互，分为三层。胡氏所绘之先天小圆大圆图，即由周子太极图衍而成之。又拆之为八卦六十四卦，谓为文王所开。其牵强固不待智者而知，即其本书中亦往往不能自圆其说。盖八卦不但有其象，尚有其数，若以黑白二色分别阴阳之爻，将一九四六之数，亦以黑白二色代之乎？其诬不待辨而明矣。然其于《易》理，致力颇深，融合汉宋，时有心得。瑕不掩瑜，三书之可取者甚多。其八字命爻之说，尤为详人所略，语极精到，大有畀于初学。特约其大意如下：

圣人命爻之义，有十二样笔法，阴阳各六，九六分称是也。然其因卦论爻，因爻论卦，而三百八十四爻之义，已各各迥别。顾此十二样笔法，要其寓意止有八字，初上九六二三四五是也。

何以初命为"初"，上命为"上"也？曰：圣人立卦，止于三爻，不以两画，不以四画，其妙正在于此，何也？以天下之物，各有其位，位之所乘，各有其时，时与位合，而参差不齐之数出焉。圣人设卦立象，凡以考时之所值，位之所乘而已。然时有三候，位有三等，故立卦亦止于三爻。何云"时有三候"？曰：此概辞也。今但取一时，铢铢寸寸而较之，虽累百千万，不足尽此一时之数矣。譬自盘古开天以及尧舜，其中历年原不可考，今以三候约之，曰：此古之初，此古之中，此古之末，则无不可以意会者<u>近世科学家研究历史地质等学者亦概用此法</u>。又一岁十二月，今亦以三候约之：为岁之初，岁之中，岁之末，亦无不可以意会者。下至时日亦然。是流行之机，或远或近，或舒或促，皆无有逾此三候者也。何云"位有三等"？曰：此亦概辞也。今但取一物铢铢寸寸而数之，累千百万，不足尽此一物之位矣。譬若立五尺之竿于此，以三等约之：上者上，中者中，下者下，尽之矣。又立千尺百尺之竿于此，亦以三等约之：上者上，中者中，下者下，尽之矣。是形器之属，或高或卑或广或狭，均无有逾此三等者也。况上古民淳事简，以三候约时，以三等约位，得其大概，已可共喻。后世知识日开，人事日繁，一岁之候，分而为月，又分而为日，又分而为时刻分秒，细分之至于毫厘丝忽之不可尽。其于位之大小长短。亦复如是，皆其细已甚者也。至约以三等三候，曾有出圣人之范围者乎？凡有位者必有时，于是乎有上之时，中之时，下之时。凡有时者必有位，于是乎有初之位，中之位，末之位。圣人欲以卦象尽天下之物，则不得不体物象所自具之时位而命之爻，所以三爻之设，决不可以增减也。然就三爻而立之名。则取时必遗位。取位必遗时，圣人知阴阳必偶，而物生必先气而后形，于是乎立为重卦，以时而命内卦之初，明乎气之肇端，于此始也。以位而命外卦之上，明乎形之成质，于此定也。周公释爻，每兼时位，职是故也。时阴而位阳，时虚而位实，时由乾出，位由坤始也。

流行不息者时，乾道之动用也，故不可定之以位。镇静而有常者位，坤德之静体也，故不可定之以时。卦爻刚柔，悉出乾坤，无一卦一爻无刚柔，则无一卦一爻无动静。则无一卦一爻不具此时位者矣。然时出于乾，而阴爻亦得言之，位出于坤，而阳爻亦得言之者，此又乾坤相须之大用，不可偏废者也。

言"初"而不言"中""末"，言"上"而不言"下""中"，何也？曰：《易》为上古之书，文字初起，不能不简而赅，使人便于传习，而深致其思。后世文字既繁，遂连篇累牍而不止，反不若古人之简而能核其要也。如屯卦继乾坤而居《序卦》之首，曰"刚柔始交"，"刚柔"者，乾坤也，"交"者，刚柔之互也，"始"者赅六十二卦之辞。圣人知六爻各一其时位。而又不能合一时位，乃赅以一字，即以"初"字著其时之理于下，而以"上"字著其位之理于上，各从其所重而定之云尔。乾以始之，故举其端而言"初"，坤以终之，故竟其委而言"上"。又使知卦既有"初"，则其为中为末举可类推，既有"上"，则其为中为下举可意想也。又使知"上"与"初"对，则"上"字原可以赅末。"初"与"上"对，则"初"字原可以赅下，皆简而能赅，引端而无待竟委者也。《周易》卦爻，文字所不能赅者，而象无不可以赅之，象固不可限量也。

内卦为来，外卦为往，"初"则来之始，"上"则往之极也。用一"初"字，是欲人溯源于太极，用一"上"字，是欲人知极则必反也。有往则必有反，有来则必有初，如人从何处来，则必有最初发足之地，非仅向发足时考之也，是要穷到地头。知其来自何处耳。缘爻象从来之处，非可易察，故孔子曰："其初难知。"若其既有所往，自无往而不反之理，今以一字说到极处，而必反之理即在其中，由其上之已无可加，则往到极处，已显而易明，故孔子曰"其上易知"也。

今以"上"之一字例诸初，则初当曰"下"，以二三四五之序次例诸初，则初当曰"一"。乃不曰"下"不曰"一"而特命为"初"，此正圣人寓义之最精处。因《易》之卦爻，原本先天，在阴阳未判之先，浑然一太极耳。逮一画开天，自无出有，乾元一亨，万物之始，悉资于此。但形质未成之先，止有气耳，气机初萌，实托始于乾元，毓灵于太极。方斯时也，既无实质可指以定其位，非考之以时，曷由辨乎？顾时有三候而初则气机之方萌，方从太极天心流衍而出，故特用一"初"字，以发明卦爻所从出源头。而"来"字之义，亦即寓于"初"字之中，象以内卦称"来"，即从"初"字出也。凡物既有"初"，则此后岂有穷尽，故不言"中""末"，是"初"之重于"中""末"也。位既定于"上"，则下焉皆其所统，故不言"下""中"，是"上"重于"下""中"也。八卦本于太极，而太极无象可求。故以两仪初成之爻命之曰"初"，为其有形可睹自此一爻而始。故二三四五皆纪之以数，乃"初"之一爻，非数所能始，以有太极在其前也。巽以伏卦而取震象一阳未生之始，亦曰"无初"，是正有无分界之始，亦即此"初"字之义也。缘其分位，本属两仪，又不得上侵太极之一，论其成质，实居有形之最先，又不得连太极而序之，以下侵中爻之二。故以"初"命爻，使人探本穷源，由其能来之故，而追索于所以有初者果何在耳。

　　以初爻之义例诸上，则上当曰"末"，以二三四五之序例诸上，则上当曰"六"。今不曰"末"不曰"六"而特命为"上"者，言乎其爻极于此止于此也。盖立卦定于三爻，重卦止于六画。伏羲画卦至六爻，已成六十四象，足以备天下万事万物之理。六爻之外，无以复加，圣人即寄无以复加之义，于最后所成之一爻，而命之为"上"，言此外已无可上也。二三四五纪之以数，而"上"独非数者，以数之所衍，原无终穷之时，即"上"之一位，亦非数之所能极也。然以九二六二之类比之，而初之九六，何独在下，盖因乾元之亨，先气后形，而气之将至，则无形可执。今观揲蓍求卦之时，分二挂一揲四归奇，明知此爻之形体，必将有成，则是此爻已有其初矣。然气至而形未著，则阴阳之体犹未可定，故不能定之以位，而但可考之以时，而称之为"初"。必待三变既足，察其数之多少，有阴阳老少之可辨，乃始有九六之可称矣。譬若妊娠将娩，当胞胎乍转，业已知其生之初矣，然分别男女，必待既生以后，审其形体而后能定。是时之可征者在先，而形之可观者在后，故九六在"初"字之下也。

二三四五别之以数，不与"初""上"同类何也？曰：圣人立卦之法，取象于天地之化育。上爻覆之于上，天也，初爻承之于下，地也，其中所有，则资始资生之化，所称为万物者也。万物成形之后，其类实繁，非纪以数，曷由辨之。曰："初""上"何独不记之以数也？曰："初"在理气相接之始，非数之所能始也，"上"爻极尽而反，贞下又复起元，岂有终穷之数？故亦不以数纪也。

初上二爻，九六在下，二三四五，九六在上，何也？曰：卦之初爻既成，阴阳两象，确有定体。然后审定阴阳所至之分数，如阴阳到二分，便以为九六之二，到三分，便以为九六之三。若婴孩既生，业已男女可辨，然后可以数纪其长幼之次序。故二三四五在九六之下也。

卦至上爻，九六又复在下，何也？曰："上"为穷极将返之时，其上更无可加，是"上"之一位，即此卦之大终大止，其位得而主之，阴阳至此，皆不能以自主。泰之"复隍"，否之"倾否"，剥之"剥庐"，皆谓其极则必反，故九六字在下也。

既以"初"为来处，则来之义只可言于"初"，既以"上"为往时，则时之义只可言于"上"。乃内三爻均言"来"，外三爻均言"往"，何也？曰：圣人以三画成卦，则此三爻虽阴阳上下不同，莫不同具此一卦之性情，又不可执定实有此等三画之象。确然植立于此而不可易也。只是圣人假此著数，以探讨太极阴阳将形未形之气机，不能无太少动静之别，而因画出奇偶以拟议阴阳相变之分数，其内外上下多寡纯杂有如是耳。气机无截然可分之候，故三画只宜作一卦看；气机亦非形体之可似，故亦不必以连断之形体拘也。重卦虽分内外，不过体用两端而已。今既同为内卦，则皆可自初而言来，同为外卦，则皆可因上而言往矣。

初爻考之以时，然欲追寻来处，则又宜在位上考究。上爻定之以位，然欲人知为穷极将反，则又宜在时上着意。即此时位两字，所谓有位中之时，有时中之位，参伍错综、维精维妙维肖，神而明之，更非言语可尽矣。

读《易》之次序

或问读《易》之方法如何？曰：必先读经。或曰：经文奥衍，初学者不能骤解，必先得明白解释之注本，而后经始可读。现所通行之读本，大都为朱子《本义》，而《本义》之解释既略，且多以不解解之，往往曰："其象如此""其占如此"，而究其何以如此，仍不得而知。初学读之，不但茫无头绪，且如其解以解经文，亦味同嚼蜡。虽极好学者，读不终卷，已昏倦欲睡，则经又乌能读乎？曰：不读经而看注无益也，不熟读经而看注，亦仍无益也。读经之方法，宜先读最后之《说卦传》，次读上下《系传》，然后读上下经，则于卦位爻位象义及彖象爻之材德，已略有头绪，以读经文，自可领会。必逐卦读之极熟，认之极清，任举一爻，而各爻之文相类而相似者，俱可列数，任举一卦，而反正上下变互诸卦，俱可意会。更有未喻者，然后求之诸家之注释，方能择善而从，确获其益也。曰：诸家之注释，浩如烟海，宜先阅何种为最善？曰：《易》有四道，辞变象占。尚辞者莫备于《程传》，深有得于"洁净精微"之旨。然其所短者，往往离象数以言理，而有时不免于凿空。是宜参以纪慎斋之《易问》及《观易外编》纪氏名大奎，临川人，有《双桂堂丛书》。以性理说《易》而不离于象数，能会汉宋两派之说而撷其精，乃近人《易》说之最善者也，庶可以补其阙失矣。至于象数，宜从汉学。但两汉《易》说之存于今者，几无一完本。李氏《集解》唐李鼎祚编纂，《汲古》《津逮》《照旷》均有精刻，卢氏《雅雨堂》刻本亦佳，虽搜罗宏富，然东鳞西爪，初学每苦其不能贯串。则宜先阅瞿塘来知德氏《集注》，其于象也较详来注颇盛行于西南，坊间多有刻本，浙江萧山来氏宗嗣亦尚有存书，且处处为初学说法，反覆周详，惟恐读者不能了解，与貌为艰深，故意令人无从索解者，殊有上下床之别。惟来氏僻处巫峡，仅凭自力之研求，于古人之著述，未得遍览，故其间有自以为创解者，实早为昔人所已言。如用九用六之类，不胜枚举，而其错综之说，尤为后人所攻击。盖儒流积习，凡讲学者，或汉或宋，必标明一种旗帜，而附他人门户之下，而后其学说始克成立。虽亦不免一方之攻击，而必能得一方之拥护。来氏之学，非汉非宋，故受两方之攻击，几体无完肤矣。然来氏于象，亦仅得十之五六初学阅之，亦足为一隅之举矣，而于数尤未能辨晰。盖数虽原本于河洛，但《易》有体数，有用数，有五行数即纳音数，有纳甲数。各有不同。来氏不辨于此，故遇言数之卦，开口便错，是则其所短矣。曰：《易》注之言数者，宜阅何书？曰：《易》之言数，皆根于孔子《系传》之"天一地二"至"天九地十"，河洛实数之渊源，虽汉学家尽力辨驳，而数理实有其征验，非空言所可掩也。朱子《启蒙》，演绎颇详，宋人丁易东氏之《数衍》及近人江慎修氏之《河洛精蕴》，更推阐尽致。余如宋末朱元昇氏之《三易备遗》，于五行数尤有独到之处。至邵子《皇极》先天数，虽自成一家邵子专以一二三四五六七八分阴阳刚柔之太少，乾兑离震但为一二三四之代名词耳。惟先天圆方二图于阴阳消长推衍精详，妙合天然，是于六日七分之外，又另辟蹊径，然以之入用仍取京图，然于卦义发明实多。朱子《启蒙》，采用其说十之八九，自为言象数者不可不读之书也。扬子《太玄》，演数甚精，足与《易》道相证。学者果有余暇，不妨涉猎及之，以广理趣。若温公之《潜虚》，更不逮《太玄》远矣。或曰：向之言《易》者，每曰理象气数。理象与数，既闻之矣，所谓气者，是否即指卦气？曰：气者，即天地阴阳之气。故一曰气始，二曰形始，气居于形之先，形包于气之中，流行不息，运化无穷，大无外而细无间，皆气之所周也。然气不可见，故显之以象，而节之以数，析之以理，言理言数言象，皆所以言气也。固不仅为卦气，卦气但以明一岁四时七十二候之序耳。五行者,所以别气之刚柔,干支者,所以明气之盛衰,纳甲以象气之交错,纳音以尽气之变化。而出入内外,节以制度,皆在于数,故明乎数之理,象与气可坐而致焉。曰:然则以何书为善?曰:是宜求之于阴阳之学。向来阴阳术数之书,皆精粗杂糅,瑕瑜参半,《数理精蕴》与《仪象历象考成》《五行大义》诸书,皆宜参看。《易纬乾凿度》《乾坤凿度》《稽览》等书,亦不尽无稽,是在读者能审择其当否耳。曰:《易》道广大,固不仅为占卜之用,然辞变象占,则占亦在《易》学所不废,究竟言占者,宜何道之从?曰:周人占筮,各有专官,三《易》分称,则三《易》当各有其占法,而今已失传。孔子赞《易》,实以明道,非为卜筮,故《系传》未述其法。仅"大衍之数五十"一节,明揲蓍求卦之方,而所以判断吉凶分别去取者,迄未尝言之。后人但取《左传》《国策》等书所纪占筮之文而模仿之《启蒙》等书是。以一爻变二爻变至六爻变,定为去取之例即用本卦,或用之卦。无论其或用变爻,或用不变之爻,已与《周易》用变之例自相矛盾。即如其所言,则所得之爻或吉或凶,亦无方法以判断其所以吉凶之故。亦如问签枚卜者之偶中即以为验,不中亦无以明其不中之故,至精至神之《易》道,恐不如是也。夫《易》彰往察来,断无占而不验,验而无以知其所以然之理。特占法未明,《左传》等书所载,但如纪算术者,只载其得数,而未演其细草也。既无细草,则安能知其方式?不知其方式,又安知其数之从何而得哉?今但以其得数为方式,宜其所求之数无从而得矣。故《火珠林》之术今术家所用者是,以及六壬、太乙、奇门三式。其操术精者,尚无不验,独宋贤筮仪之揲蓍求卦,其验否茫无把握。岂孔子知来藏往之说为欺人哉?是未得其法也,断可识矣。盖京焦之术,大儒所薄为方技而不屑道者,而不知西汉去古未远,其飞伏世应五行顺逆之法,必有所受孔子上《系》起中孚,下《系》起咸,与京氏卦气正合。可见孔子以前,必有此六十四卦之序,故孔子于无意中即举此二卦为言。否则六十四卦何卦不可为《系辞》之首,又安有如是之巧合也。即此以推则世应飞伏之有所自来,亦断可识矣。故以之推算,非但吉凶确有可凭,而远验诸年,近征之日,虽时刻分秒亦均有数之可稽。管辂、郭璞等占验，亦均有准的，皆是术也。自王弼扫象，后之言《易》者，以性理为精微，凡阴阳五行九宫星象，皆目为芜秽而绝口不谈。不知《易》道广大悉备，况占筮本术数之一端，阴阳乃《易》道之大纲，既言《易》，而屏除阴阳，既不明术数，而仍欲言占卜，岂非至不可解之事乎？故余以为欲明象占。宜求诸术数，更由术数而求诸经义，方可谓技焉而进于道，必有超出寻常而为术士所不及者。盖术者但知其当然不知其所以然，果能一一以经义证之，以明其所以然之理，此正吾辈之责耳。自邵子以降，如刘青田、姚广孝之俦，类皆能明其所以然之故者，是以能知未来，如烛照数计。惜处专制政体之下，禁治阴阳壬遁之学，有其书者，必令销毁。今所传者，都为抄本，传写谬讹，且多割裂改窜，仅略留形式，尚不完备，又乌能施之于用乎？且不但禁三式诸书，即《易》注之涉及神化，或精论术数者，亦在所严斥。故士流所习，仅限于《王注》《孔疏》《程传》《朱义》，此外皆属违式。至有清中叶以后，居然上及马郑。而道咸之际，且盛行虞义者，则以阮仪徵辈之提倡，而朝廷欲博右文之虚名，故为之网开一面耳。今政体既革，读书尚得自由，则《易》道之昌明，更无其他之阻力。学者宜致力于全经以立其本，然后广求秘籍，旁及科学。凡有足以与吾《易》相发明者，无不可兼收并蓄。既会其通而征诸实，然后由博反约，以撷其精英，而仍缩千里于尺幅，《易》之大用，庶乎其可见欤。曰：致力全经，更有无较善之注本？曰：向之说《易》者，其空谈性理无论矣。即能求诸象数者，要皆见卦说卦，见象说象，鲜能会六十四卦之通，合全《易》以明一卦一爻者。胜清之季，惟焦氏循之《易通释》，姚氏《易》_{湖北局刻及《续皇清经解》}，端木氏之《周易指》，与纪氏之《易问》《观易外编》，皆能自出机杼，不依旁古人门户，会通全《易》以立说者。虽各有所弊，而精到之处，有非前人可及者。学者但依据经文以为去取，自能可得其所长，更可触类而有所悟矣。又长沙彭氏，刻有《易经解注传义辨正》一书，虽以李氏《集解》、王弼《注》《程传》《朱义》为本，而引据极博，各家注释，皆采取其精。携此一编，足以荟百数十家之学说而便于参考，亦近今之佳著也。

观象之方法

或曰：读《易》之次序，既闻之矣，观象之方法如何，可得闻欤？曰："君子所居而安者，《易》之序也，所乐而玩者，爻之辞也"《系》上传。故观象必先观其序。《周易》之卦序，与《连山》《归藏》不同，《周易》之象辞爻辞，皆一依《序卦》之义。如乾坤后继之以屯，屯后次之以蒙，《序卦传》已详述其义，凡一卦之象及六爻之辞。即本此义，与本卦之名义而发挥之者也。如屯之义为难，故六爻皆取屯难之义，蒙之六爻皆取蒙昧之义，此犹其易见者也。如睽之六爻，曰："丧马勿逐自复，见恶人无咎。"曰："遇主于巷。"不观卦名之义，其爻辞即无从解释。盖睽有乖舛违戾之意，故其辞爻无不乖违。夫丧马宜逐者也，乃勿逐自复，见恶人宜有咎者也，乃无咎，遇主应于朝庙，今乃遇之于巷，皆乖异之极者也。盖当睽之时，祸福颠倒，见为祸者或且为福，见为福者或反得祸，以下爻辞，亦皆类此。若不明睽之义，又何从而测之，略举其一，余可类推矣。既观其序之次，与本卦命名之义，以读其辞，已思过半矣。然后玩内外之卦象，为阴为阳，为正为隅<small>坎离正也，中也，震兑正也，乾坤巽艮隅也，然乾坤先天亦为中</small>，或相成，或相害<small>大有初九"无交害"，"害"即火克金也</small>，如水火相息，水上火下为既济，二女同居为睽为革之类，皆合两卦之名义而取象者，不可不察也。内外之义既明，然后分六位而观之，别刚柔，分阴阳，察往来，定主爻，看应与之有无，辨爻位之当否，而六爻之象始可睹矣。以验爻辞及《象传》，是否与所观察者相合，如爻象之辞，出于所观察之外，则必详求其故，或求诸中爻，或求诸互卦，更有未得，则求诸反卦<small>即来氏所谓"综"</small>，对卦<small>即来氏所谓"错"。虞氏曰"旁通"</small>，与上下交易之卦<small>如山水蒙，上下相易水山蹇</small>，则必有所得矣。更不能得，再详玩先后天八卦之图，以本卦之方位合之，看是如何。如山风蛊，六爻皆取父母之象，反覆推求不能得，考之各家注释，亦均无发明，最后求之先后天方位，乃恍然矣。盖艮巽在先天图，巽西南而艮西北，即后天乾坤之位，乾父坤母，故蛊卦之父母之象，即由此而来。须知圣人《彖》《象》之辞，皆根于卦象，无一字之虚设，无一义之虚悬，即假借之虚字，亦均与卦象有关。而《象传》之韵，更字字分阴分阳，或双声叠韵，或一字两音，则必阴阳相通，而以一字兼绾二卦之义者也。精细致密，剖析毫芒，故读《易》必须字字咀嚼。字字反覆推求，方能得圣人之意于万一也。一卦既明其大意，然后推之于类卦以及六十四卦，证之以《系传》《杂卦》，更参之以数理，准之以天时，《易》之道庶乎其可通矣。

卷 二

立人之道

"立人之道，曰仁与义"，实惟六爻中三四两位。孔子赞《易》，借以明人道而立人极，以参天地之化育，故特注重中爻。三五同功而三多凶，二四同功而四多惧，以见人生为忧患始，毕生在多凶多惧之中，如作茧自缚而不能脱。于是本悲天悯人之心，不惜韦编三绝，阐发阴阳造化之机，明贞胜贞一之理，而示人以进德修业人定胜天之道，皆在于三四两爻尽之。乾之九三九四，六十四卦人爻之开始也。九三曰："君子终日乾乾，夕惕若厉，厉无咎。"九四曰："或跃在渊，无咎。"乾乾夕惕，修己以仁也，跃而称"或"，揆之于义也。常存戒谨恐惧之心，庶几可免于大过<small>乾六爻中四爻动成颐☲☷，颐失道而口实自养则成大过☲☷，乾九三九四两爻本小过之中爻☲☷</small>，能得其道则小过亦可免而成中孚☲☷，中孚则合乎立人之道矣。故曰：《易》者圣人教人寡过之书，吉凶虽有命，而悔吝寡矣。故曰："无咎。""无咎"者，善补过也。九三《文言》曰："知至至之可与几也"，因三爻在上下之交，乃进退存亡之几。理欲之界。人禽之别，得失之间，不容毫发，孟子曰："人之所以异于禽兽者几希"，即此几也。屯六三曰："君子几，不如舍"，豫六二曰："介于石，不终日"<small>乾九三曰"终日"，豫六二故曰"不终日"</small>，《系传》曰："知几其神乎？君子上交不谄，下交不渎，其知几乎？几者动之微，吉之先见者也。君子见几而作，不俟终日。《易》曰：'介于石不终日贞吉。'介如石焉，宁用终日，断可识矣。君子知柔知刚，万夫之望。"又曰："颜氏之子其庶几乎""夫《易》者圣人之所以极深而研幾也""唯幾焉故能成天下之务"。皆所以阐发此九三一爻之义也。至九四，则其动已著，已由下卦而进于上卦。进而及时，则为豫之"大有得"，为随之"有孚在道"，为大过之"栋隆"，为萃之"大吉无咎"，为革之"有孚改命"。进而失时，为晋之"硕鼠"，为夬之"无肤"，为姤之"无鱼"，为震之"遂泥"，为鼎之"折足"。或得或失，只能安之于义命。孔子更于咸之九四一爻，特畅其义，曰："天下何思何虑。天下同归而殊涂，一致而百虑，天下何思何虑。日往则月来，月往则日来，日月相推而明生焉。寒往则暑来，暑往则寒来，寒暑相推而岁成焉。往者屈也，来者信也，屈信相感而利生焉。尺蠖之屈以求信也，龙蛇之蛰以存身也，精义入神以致用也，利用安身以崇德也。过此以往未之或知也，穷神知化德之盛也。"盖乾为上经之首，咸为下经之首，故特于此两卦，分言三四两爻，以明立人之道。而圣人作《易》，与孔子赞《易》之微旨，胥于是见之矣。

乾九三为当位之爻，九四为不当位之爻。故九四《文言》"上不在天，下不在田，中不在人"。而咸《象传》曰："君子以虚受人。"以虚受人者，即此九四一爻为虚爻也。九四为虚，则九三为实。修辞立诚，忠信进德，学以聚之，问以辨之，宽以居之，仁以行之，皆立德之事也。一致百虑，殊涂同归，日月生明，寒暑成岁，而一身之往来屈信，亦如日月寒暑之推移迭更，而悉出于自然，是能与天地相感通，如龙蛇之变化，所谓阴阳不测之谓神，皆形而上者之谓也"无思也，无为也，寂然不动，感而遂通天下之故，非天下之至神，其孰能与于此。"此即咸之精义。二气感应之妙用，而下文即继之以"极深研幾"，可见三四两爻贯通之线索矣。道运于虚，而德征诸实。孔子赞《易》立教，是为中人说法《论语》："中人以上可以语上也，中人以下不可以语上也"，故以仁义立本。以致用为归，言有不言无，言德不言道，于六十四卦《象传》，发明立教之旨，皆以人合天，修身俟命。凡卦《彖传》以释上下两象，《象传》则合两卦而贯串之，即以明中爻之义，即以明三四两爻之义，所谓"立人之道"。详《易楔》"以"字下。乾以易知，坤以简能，夫妇之愚，可以与知与能者也。至形上之道，则下学上达，乃成德以后所有事，不在教义范围以内。《论语》："夫子之文章可得而闻也，夫子之言性与天道不可得而闻也。""文章"即九三之修辞立其诚，"性与天道"则九四之感而遂通精义入神穷神知化之功也。故《序卦传》以"有天地、有男女、有夫妇、有父子、有君臣、有上下，然后礼义有所错"，以标明立教之旨。而六十四卦，独不列乾坤与咸之卦名，盖以乾为天道，坤为地道，咸乃无思无为形上之道，特阙之以清明道与立教之界限。而于《系传》中，阐发明道之功，更于《说卦》"穷理尽性至命"一章，为上达之指归。孔子赞《易》以明道立教之旨，固已脉络分明，先后次序，一线不乱。乃朱子《本义》，犹谓以卜筮教人，示人以避凶趋吉之书，不几与《感应篇》《阴骘文》等量而齐观耶，是何异以璇玑玉衡而仅为指南针之用焉。

中　孚

孔子立教之要义，曰"中"，曰"时"，大过乎中者曰"大过"，小过乎中者曰"小过"。无往而非中者，乾坤坎离也，巽兑震艮，皆过乎中，故泽风䷛为大过，雷山䷽为小过。圣人教人于二四三五致其功，大过而至于小过，小过而至于无过，皆三四中爻反复其道。小过反之为颐䷚，大过反之为中孚䷼，而过可免矣。中孚"豚鱼吉，"至诚之所感，物无不化，而况于人乎。然中孚之风泽，非即大过之泽风乎，何以泽风为大过而不中，风泽即为中孚而合乎中？旧说或曰："以其中虚也。"然颐之中更虚，何以不言中？或曰："孚者信也，大象离伏坎，故曰中孚。"然则重坎更孚矣，何以曰"习坎有孚"，不曰"中孚"？是皆于"中孚"之义未有得也。按天地之数，坎天一至兑地十坎一艮二三震四巽五六离七坤八九兑十，巽五兑十，五十居五十五数之中，所以神变化而行鬼神者也。巽与兑合，五与十合，故曰"中孚"。子曰："五十以学《易》，可以无大过矣"，即"中孚"之道也。卦气冬至起中孚九二，夏至起咸，故孔子于上《系》十一爻，首"鸣鹤在阴"，下《系》十一爻，首"憧憧尔思"。而中孚《象传》曰："中孚利贞，乃应乎天也。"应乎天则合乎天之气，而日月寒暑相推，则二气感应之理尤明。孔子系《易》，虽未明言卦气，而言行昭垂，无不上合法象《中庸》："仲尼祖述舜尧，宪章文武，上律天时，下袭水土，辟如四时之错行，日月之代明。"所以与天地参，而建中立极也夫。大过反覆为中孚，小过反覆为䷚颐。初九"舍尔灵龟"，六四"虎视眈眈"。龟离象而属北方玄武，火伏水中。故能服气，虎艮象下应初，金生水，丹家所谓"龙从火里出，虎向水中生"之象也。初若"舍其灵龟"不能应乎四。则"虎视眈眈"两败俱伤矣。颐曰"观颐"神道，本言道之卦，孔子不言神，故以"君子以慎言语，节饮食"释之。

曰仁与义

孔子以《易》立教，示人以用世之道，故"立人之道，曰仁与义"。仁从二人，盖必人与我相交接，而后可用吾仁。义从羊，羊者善群之物也，合多数人而为群，则有亲疏远近同异好恶之殊，于是仁之术，或有时而穷，不能不裁之以义。群既合，则必循有条理之组织，以定其秩序，于是礼缘义起。礼者理也，履也，各有定程，为人所循其当行者，而躬行实践者也。有组织，有定程，则必有所契约以共守之，而信著焉。故礼与信者，仁义之器也，皆入世之道也。《易》曰："元亨利贞"，孔子以四德释之。君子行此四德，用之则行者焉，故曰用世。若离群绝世，翛然物外，则将何所用吾仁，何所用吾义，又何所用吾礼与信？然非无仁义也，非无礼与信也，舍之则藏，蓄吾德以复吾性，率性为道，庶几下学上达，由器而进乎道矣。是故"形而下者之谓器"，非必制器尚象舟车宫室耒耜杵臼等之为器也，苟不能尽吾性，则礼乐政刑皆器也。仁义亦器也。"形而上者之谓道"，非必仁义礼信之为道也，能尽吾性，即一器一物之微，亦何莫非道之所寓。然因人立教，故未可骤言道也，故曰立"仁与义"佛家出世法无所谓仁义礼信，大圆性海中惟智灯独照而已，

六日七分

《易纬》卦气，六十四卦中提出坎震离兑为四伯，亦曰四监，以主一年二十四气。坎主冬至迄惊蛰，震主春分迄芒种，离主夏至迄白露，兑主秋分迄大雪。余六十卦，以中孚起冬至，每卦主六日七分。每五卦分公辟侯大夫卿，主六候两气一节。六十卦共三百六十五日四分日之一，以合周天三百六十五度四分度之一。又别置复、临、泰、大壮、夬、乾、姤、遁、否、观、剥、坤为十二辟卦。每爻各主一候五日五分又六分分之五为一候。自复至乾为息卦，曰太阳，自姤至坤为消卦，曰太阴。息卦所属者曰少阳。消卦所属者曰少阴。以四伯领十二辟，十二辟领公辟侯大夫卿五卦，以司一岁之卦气，以推吉凶。名为"六日七分之学"。盛于西汉，而尤于京氏为精，故后人辄称之为"京房卦气"。其实此法相传最古，今所传《连山》，卦虽残缺不完，然以坎离震兑分主四季，亦复相同。可见自三代时已有此学，故孔子《系传》上《系》起中孚下《系》起咸，亦述而不作焉。汉人去古未远，三代遗法犹有存者，京氏之学，自必有所师承，非所能臆造者。特其时谶纬之说盛行，各自为说，真赝莫辨，渐入于怪诞支离，几不可究诘。至禁习纬书以遏其颓波，而三古仅存之遗法，亦为之湮没不彰，良可痛也。后之言卦气者，变化百出。有自乾至未济，依文王《序卦》，以一卦直一日，乾直甲子，坤直乙丑，迄未济直癸亥，周而复始，六周尽三百六十日，而坎离震兑直二分二至，此焦氏之法也。有以乾坤坎离为橐籥，余六十卦依《序卦》一爻值一时，而周一月，又以十二辟卦，每卦管领一时，此魏伯阳之法也。有以六十卦，一爻主一日，上经起乾甲子，泰甲戌，噬嗑甲申，至离三十卦，而三甲尽；下经起咸甲午，损甲辰，震甲寅，至癸亥而终，亦三十卦。另以中孚小过既未济，代坎离震兑，以应分至，每爻直十五日，以应二十四气，此史绳祖之法也。至邵康节以先天图定卦气，以复起冬至，姤起夏至，以乾坤坎离，分主二至二分。而张理又取邵子先天方图，以冬至起复，至泰而正月，乾四月，否七月，坤十月。又以一阴一阳至六阴六阳分列，六阳处南。自下而升，六阴处北，自上而降，则又合汉宋为一家矣。《易占经纬》，又以文王八卦，依邵子先天式列为圆图，而以涣起冬至。纷纷不一，除焦氏为别立占法，非关卦气，魏伯阳《参同契》乃借《易》以演其丹经，邵子先天数，以《易》演其《皇极经世》，各自成一家。当从别论外，其余皆模仿六日七分法以之推演者。虽具有条理，而按诸理数而无当，验诸天时而不合，虽斥为无知妄作，亦未为不可。至因众说之芜杂，并卦气而亦妄之，无乃矫枉而过其正欤。

月建积算

攻京氏之术，其占法所用月建，与近世术家之所谓月建不同。近以占日所隶之节为月建，而京氏以爻直月，从世起建，布于六位，惟乾坎二卦从初爻起，余卦均从世爻起，如乾起甲子，坤起甲午，一卦凡六月也。积算则以爻直日，即从建所止起日，如姤之上九乙亥，即以乙亥起上九为一日，终而复始，一卦凡一百八十日。近则月为直符，日为传符，以见于爻之卦支，合于日月者当之，与古法异矣。盖京氏之学，魏晋以后，已鲜传人，至宋时仅存《火珠林》之法。而所谓《火珠林》者，亦不详其所自，未知撰述者何人，要之以钱代蓍。与近世所传相近。而《火珠林》之书卒不可见，间有传本，又钞写不同，未能确辨其真伪也。今所传卜筮之书，大都出于唐宋之后，溯其渊源，终不出京氏世应飞伏之范围，而取用分类，或视昔较繁。世事纷纭，孳乳递演，累进无已，机械之用，尤日出不穷。故推算之术。往往今密于古，但按于理而可通，征诸道而不悖者，正不妨变通以宜民，必执旧法以相绳无谓也。

夕惕若夤

乾九三："君子终日乾乾，夕惕若夤，厉无咎。"旧本无"夤"字，后据《说文》所引补入。高邮王氏驳之，列举五义，其说详矣。然以卦象推之，乾九三爻即艮爻。艮九三："艮其限。列其夤，厉熏心。"足以证乾九三之"夕惕若夤，厉无咎"之"夤"字，决非《说文》所误引，与后人传写之讹也。王氏以《文言》亦无"夤"字，为所据五证之最有力者，然传以释经，固未必全录经文。坤"先迷后得主利"，而《文言》曰："后得主而有常。"亦无"利"字，岂足以证坤《象》"先迷后得主利"之"利"字为衍文乎？"夤"字于卦义爻义，均极有关系，当别为说以详之。

改经之贻误

《系传》"天一地二天三地四"至"所以神变化而行鬼神也"一节，原本在"《易》有圣人之道四焉"一节之前，下文所谓"参伍以变错综其数，通其变极其数"云云，皆根据于此。程子以之移在"大衍之数五十"之上，后人皆因之，遂将经文前后隔截，不相贯串，致发生二种错误。其一"参伍""错综"二语，无所附丽，辗转相讹，异说滋多。来瞿塘之错综，张乘槎之参伍，其病根皆伏于此。其二令"大衍之数五十"，因与"天地之数五十有五"不符，发生无数异议，其实天地之数自天地之数，大衍之数自大衍之数，本不相蒙。因经文移易之后，两节相为联属，遂混两说而一之，费无限辨论驳议。于经文无所发明，转多镠葛，此皆改经之流弊也。宋儒好擅改经文，贻误后学实多，此特其一耳。至有明乔氏、黄氏及清任钓台等，擅将《系辞》颠倒错乱，尤为无知妄作，要亦宋儒之有以开其先也。

九　　六

《周易》用九用六，九六二字，注《易》者立说不一。《正义》云："阳爻称九，阴爻称六，其说有二。一者乾体三画，坤体六画，阳得兼阴，故其数九，阴不得兼阳，故其数六。二者老阳数九，老阴数六，老阴老阳皆变。《周易》以变为占，揲蓍之数九过揲则得老阳，六过揲则得老阴。少阳称七，少阴称八，皆不变，为爻之本体。老阳老阴交而后变，故为爻之别名。"邵子曰："《易》有真数三而已，三天者三三而九，两地者倍三而六。阴无一，阳无十。"杨氏万里曰："积天数之一三五曰九，积地数之二四曰六。"《朱子语类》："奇阳体圆，其法径一围三而用其全，故少之为数三。偶阴体方，其法径一围四而用其半，故多之为数二。归奇积三三为九，过揲四九为三十六。积三二为六，过揲四六为二十四。积二三一二为八，过揲四八三十二。积二二一三为七，过揲四七二十八。七八九六：经纬乎阴阳，阳进阴退，故九六为老，七八为少。阳极于九，退八而为阴，阴极于六，进七而为阳，占用九六而不用七八，取其变也。"王氏夫之曰："于象一二函三，三奇之画一，全具其数。三奇而成阳，三三凡九。阴左一右一，中缺其一，三二而为六。"来氏之所谓"参天两地"，即杨氏万里说也，其余诸家，大约宗孔《义》与朱说者为多。王氏夫之虽似从《正义》第一说，而实较孔氏为精，盖数极于九，本阴阳之所同具，故二九十有八变而成卦，阴之称六，特虚其三耳。以推之象。则惟乾九坤六，震坎艮皆七，巽离兑皆八，此《易》之独系二用于重乾重坤之下欤《易》数称奇偶，不曰单双，奇圆偶方，称数而形已寓其中。乾圆坤方，圆周三百六十为率，分四象限为九十度，圆内容方，方边自为六十度，此数理之自然，图见《易数偶得》。

贞　悔

爻有动静，卦有贞悔。占例内卦为贞，外卦为悔，静卦为贞，动卦为悔。《春秋左氏传》曰："贞，风也，悔，山也"，此内贞外悔者也。贞屯悔豫，此静贞动悔者也。向来讲《易》家皆宗此说，朱子《启蒙》言之尤详，而不知《易》之经文，已明明自举其例。坤六三曰："可贞"，明内卦之为贞也，乾上九曰："有悔"，明外卦之为悔也。如乾初九《传》

曰："阳在下也"，坤初六《传》曰："阴始凝也"，亦为阳九阴六自举其例也。

先天卦位不始于邵子

朱子以河图洛书及先天卦位圆方各图，弁于《周易》之首，为后世言汉学者所抨击，几于体无完肤。然赵宋以前，虽未有先天之图，而乾坤坎离震巽艮兑之卦位，固早散见于汉人之《易》注。荀慈明之升降，虞仲翔之纳甲，细按之殆无不与先天之方位相合。即以经文上下二篇之卦论之，上经首乾坤终坎离，非四正之卦乎？下经首上兑下艮之咸，上震下巽之恒，非四隅之卦乎？至《说卦》"天地定位山泽通气"之一章，两两对举者，更无论矣。乃汉学家必一概抹煞，谓经传无乾南坤北离东坎西之文。然先王制礼，推本于《易》，固汉学家所公认焉，乾天坤地，离日坎月，亦汉学家所公认焉。祭义祀天南郊，祭地北郊，朝日东门，夕月西门，岂亦"帝出乎震"一章之方位乎？"河出图，洛出书"，明见于《系传》，是否即今所传之河图洛书，诚不敢必。但天地之数五位相得而各有合，既为孔子所明言，一六二七三八四九之位数。又为郑康成、扬子云所列举。而两数之经纬错综，加减乘除，又极尽阴阳变化之妙，悉出造化之自然，非人力所能造作，乃亦以经所未载，訾议驳斥不留余地。毛西河改河图为天地生成图，洛书为太乙九宫图，夫此二名讵为经文所载乎？郑康成之爻辰，所谓子寅辰午申戌，亦经所未载，乃一则据为典要，一则斥为异端，岂得谓是非之平？党同伐异之见，不能为贤者讳矣。许叔重《说文》云："《秘书》日月为《易》，象阴阳也。"所谓《秘书》者，当时必有传本，许与魏伯阳同时，决非指《参同契》也。杜预《春秋左氏传集解》后序曰："汲郡有发旧冢者，大得古书。《周易》上下篇与今本同，别有阴阳说，而无《彖》《象》《文言》《系辞》，疑于时仲尼造之于鲁，尚未播之于远国也。"由是观之，《周易》上下二篇外，必尚有类于图说之简篇，汉时犹有流传，或称为《秘书》，亦未可知。朱子谓"先天各图，决非后儒所能伪造，必当初所本有，后来散佚，流入道家，至希夷传出，得复还儒家之旧"云云，殊非无所见而云然也。后人或据刘长民之说，以九为河图，十为洛书。或欲避先后天之名，以先天为伏羲八卦，后天为文王八卦，或以先天为天地定位图，后天为帝出乎震图，舍其实而骛于名，是更可以不必矣。

《易》学厄于王莽

《易》学于西汉为盛，乃至东京，几成绝响。施、孟、梁丘三家之学，若存若亡，费氏高氏，亦罕传述。至汉季始有马郑荀虞诸氏，继绪而兴，陆绩、刘表、宋衷诸氏，均有撰著，然习费氏古文者为多，三家之《易》，仅虞翻延孟氏一线，余子皆湮没无闻矣。尝疑东西二京，相去非遥，何以《易》学之骤然衰落，一至于是，此其中必有原因。嗣据金石家所探索，谓西汉无碑，因王莽恶称颂汉德，故铲除殆尽，间有存者，非伏藏土中，或深埋穷谷，为搜剔所不及者耳，于是悟《易》注之亡，亦或莽之所为。盖西汉《易》学既盛，而谶纬之说，又成俗尚，西京士大夫，往往侈言阴阳，观马班诸书所录书疏，可见其概。莽初则利为己用，名位既成，恶而去之。乃势所必然，窜改五经之作用。亦此物此志焉。又据班书《儒林传》，高相子康以明《易》为郎。王莽居摄，东郡太守翟谊，谋举兵诛莽。事未发，康候知东郡有兵乱，私语门人，门人上书言之。后数月翟谊兵起，莽召问，对受师高康，莽恶之，以为惑众斩康，亦足为莽摧残《易》学之一证焉。行箧无书，他日当详考之。呜呼，《易》幸不亡于暴秦，乃厄于伪新，殆所谓"美新剧秦"也欤按吕政不知书，故侪《易》于卜筮不甚注意。而王莽则深于经学者也，知《易》道广大，必为小人之忌，乃阳奉而阴沮之。一手遮天，直欲尽掩天下后世之耳目，谚曰："家贼之祸倍烈于盗"，洵哉。

王弼为后生所误

　　辅嗣说《易》，陈谊甚高，而文辞隽逸，超乎物外，故能得意忘象。司空表圣所谓"超于象外得其环中"者，其斯之谓欤。惟必超乎象之外，方可以忘象，如探骊龙之颔而既得其珠，则龙亦废物，更何论乎鱼兔之筌蹄。后之言《易》者，既畏象数之繁赜奥衍，莫窥其蕴，喜王氏之学，可以避去繁赜奥衍之象数而说《易》也，于是群焉奉之为圭臬。而又病辅嗣陈义之过高，未能企而及焉，乃曰："此玄谈也，非孔子之道，为王《易》之微疵焉，吾辈舍其短而取其长，斯尽善尽美白圭无玷矣。"因之空谈性命，不着边际，但读"一阴一阳之谓道"一句，卦爻尽属赘疣，《彖》《象》《十翼》，望文生义以解之，而《易》之能事毕矣。不知王《易》之所以能扫象而仍无碍其说者，正惟其深得玄理，故能独超乎意象之表也。乃以玄谈为病而去之，则所存之不病者，皆糟粕耳。犹冥然自侈为辅嗣之功臣，致令后世宗汉《易》者以扫象为王氏罪，曰："辅嗣学行无汉《易》"，辅嗣岂任受哉。

坤《彖》三无疆

　　坤《彖传》："坤厚载物，德合无疆。""牝马地类，行地无疆。""安贞之吉，应地无疆。"《程传》虽已分晰言之，殊未悉当。郭白云雍曰："坤合乾德之无疆，马行类地之无疆，圣人应坤之无疆。"邱建安富国曰："德合无疆，乾之无疆也。行地无疆，坤之无疆也。应地无疆，君子之无疆也。无疆，天德也，地能合天之德，君子法地，地法天。"郭邱二说，似较《程传》为胜。此与"大哉乾元""至哉坤元""元者善之长也"三"元"字，为例正同，所谓三才之道也。

字义有广狭之分

经传用字，往往含有广狭二义。如天，以狭义言之，则与地对，而广义之天，则广大无垠，非地可并拟者也。如阳之狭义，则与阴对。而广义则阳可统阴，阴生于阳，非阴可同论矣。如乾之狭义，则与坤对，而广义则乾可包坤，乾之一卦，实统辖乎六十四卦。上下篇六十四卦，为三十六卦之反覆，实得二百一十有六爻，为重乾一卦之策，如坤之百四十有四策，悉归纳于乾之内矣。此意义广狭之最显者也。若更进一层言之，则广义狭义之中，又各有大小或浅深精粗之不同，非详察其上下之文义。及所联缀之名词，逐字剖晰，则与经传之本意，便大有出入。往往因一字之牵连混合而误会经旨，辗转谬误，歧中又歧，遂致乖戾不可究诘。如"道""德"等，皆经传中最主要之字也。而"道"字之意义，其范围广狭大小，各各不同。《老子》曰："有物无形，先天地生，无以名之，强名之曰道"者，此"道"字范围最大，乃立乎天地之先，孕育万有之根，此先天之道，无可比拟也。《易》以有立教，从"《易》有太极"说起，故《易》之道，皆"一阴一阳之谓道"，此《易》中"道"字广义之界说也。经文"道"字凡四见，皆属此义，《十翼》中如"未失道焉""道大悖也""其道光明"等"道"字，皆广义也。其狭义者，如"天道""地道""人道""君子之道""小人之道"是也。而"夫妇之道""阴阳之道""三极之道"，则又狭义中之广义矣。"德"字如"通神明之德""德之盛也""和顺于道德"之"德"字，皆广义之德也。如"阴阳合德""位乎天德，而德不孤"之"德"字，则狭义矣。但无论广义狭义，又各有内外之别。如健顺动入为卦德，乃德之见外于者，为才德之"德"。如三陈九德之德即"履德之基也"一章及"进德修业""神明其德"等"德"字，乃德之蓄乎内者，为道德之"德"。类乎此者，不胜枚举，非极深研几，逐字衡量而剖晰之，则差以毫厘谬以千里矣。此犹就一字言之，更有两字互相为用，而彼此迭相发明者。如乾九五曰："位乎天德"，坤六三曰："地道光也"，此"道""德"二字，实互相关联，各卦之类此者。亦不胜枚举。盖圣人作《易》，实与造化同功，其神妙不可思议，而文字亦非常理可以测度。故有以非同一之字，而以形声之相同而通之为一者，如弟娣梯涕、烂兰、连涟之类是也。即有以同一之字，同一意义，而大小内外分际各殊，绝不相假借者。二四三五"同功异位"，同人"以同而异"，睽"以异而同""神而明之，存乎其人"，先圣已一言以蔽之矣。

因　革

泽火革，《象传》曰："水火相息，二女同居，其志不相得，曰革。汤武革命，顺乎天而应乎人。"《序卦传》曰："井道不可不革。"《杂卦传》曰："革，去故也。"《易》之言革也著矣。而言因无专文，读者胥不甚注意。不知有革必有因，天下万事万物。无事无因，无物无因。故六十四卦，皆因而重之，因而重之而爻在其中，刚柔相推而变在其中，变则革矣。因与革皆在其中中爻，因与革皆人所为，故尤在中爻中之三四两人爻。乾九四《传》曰："乾道乃革。"三爻《传》曰："因其时而惕。"盖重乾二与四是恒乾，三与五是咸乾。三爻居恒乾之中，恒不易方，不易因也，四居咸乾之中，咸为恒之反，则不易者易，革也。乾三爻天五数，四爻地六数，天五地六，相乘为三十，革古文从三十，三十年为一世。四与初应，初"不易乎世"，至四则易世，易世，革也。五六于干支为戊己，故革曰"己日乃革"，以三四重刚不中，变则为中孚，故革曰："己日乃孚。"明乎革而因可知矣。《论语》："殷因于夏礼。""周因于殷礼。"明乎因而革可知矣。

乾坤为《易》之门

《系传》："乾坤其《易》之门邪？是故阖户谓之坤，辟户谓之乾，一阖一闢谓之变。"案天地数，天一始北方坎，地十终西方兑_{坎子一，艮丑寅二三，震卯四，巽辰巳五六，离午七，坤未申八九，兑酉十，乾戌亥无数}，而乾无数。乾圆周流坤方，西北不掩，是为"不周"，故八风于西北为"不周风"。西北娵訾口，亥东辟，辟，闢也，是"闢户谓之乾"也。坤西南"括囊""天地闭"。天地建候数七十二_{五日一候，一年七十二候}，四隅方数，西南未申八九，合七十二，为天地包象。东北丑寅二三，成六，东南辰巳五六，成三十，皆坤用数六。坤地数，三十包之_{南极入地三十六度，北极出地三十六度}，为地坤囊包藏万物之象。是"阖户谓之坤"也。乾户闢而开物成务，自无出有，坤户阖而万物归藏，自有入无。天地门户，出入于东西卯卯酉酉震兑，得乾坤之门，而《易》道始可言矣。

乾坤成列

庖牺画卦以象天地人物，而代结绳之治。然书契未兴，又未有方策帛书之制，则所赖以纪录者，要不外以石质之刀锥，刻画于竹简，或皮革之上耳，故曰"画卦"。考古人简策之制，皆狭而长，庖牺之画卦，未必如后世八卦六十四卦之方圆各图，故《系传》曰："乾坤成列。""成列"云者，必以乾坤分列二行，而兑离震，巽坎艮，或以类从。三代时八卦排列如何，固不可考，而自秦汉以迄五代诸家之《易》，则均无八卦六十四卦之图。故邵子学《易》数年，未得要领，及师事李挺之，挺之授以乾一兑二离三震四巽五坎六艮七坤八之数。始恍然大悟，先天之学，即由是发明。一部《皇极经世》，无非此一二三四五六七八所推衍，可知邵子以前之《易》，其八卦之排比，皆为行列，而未有此八角形之方式也。"帝出乎震"一章，虽明言八卦方位，而当时亦未必有图。故汉人之言《易》者，或以乾坤列东，艮兑列南，震巽列西，而坎离处中，无一定之方式。然其升降消息纳甲诸说，实已为先天八卦之端倪，是以邵子闻李氏一言，即能触类旁通而发其神悟也。顾李挺之氏亦必有所受。故朱子疑三代以前所本有，后经散佚而流入道家者，虽为臆度之辞，亦或有可信之理也。

一生二二生三

天地之数，一生二，二生三。《老子》曰："一生二，二生三，三生万物。"盖物一者自无而有，未为数也，至二而成数矣。然犹为一奇一偶之名，而未著乎数之用也近世俗语尚有以二为一双、为一对者，由今以溯古其意可想见矣。至三，则数之用生，以此递衍，可至于无穷。故一不用，二为体，三为用。《易》有太极一也，阴阳二也，阴阳之用三也二其三用六，三其三用九。如六爻皆一乾也，六爻皆一坤也，而动则或为〇或为×，必用其一。如六爻皆变为〇，则乾变为坤，然此六〇之坤，与六- -之坤，其占不同，是由二而生三矣。是故《易》之道备于三。由天生地，一生二也，由地生人，二生三也。非人则天地之功用不彰，故曰"与天地参"。卦画止于三，数之体也。爻以静为一，动为二，用为三，数之用也。有一即有二，有二必有三，乃天地自然之理，自然之数，所谓"先天而天不违"者也。《乾凿度》曰："《易》一名而含三义，易也，变易也，不易也。"郑康成氏《易论》云："易简一也，变易二也，不易三也。"圣人以《易》立教，其道亦有三，上焉者道也，中焉者德也，下焉者占卜也。老子取其上，孔子取其中，焦京取其下。三者各有其用而不相悖，且互相发明而不可离道不准诸象数则失其鹄，德不原于道则失其统，占卜不合乎道德则惑世诬民而已矣。后之学者，择其一以为宗，而严立界说以明系统则可。若入主出奴，不揣其本妄自尊大，而排斥异己，执一不化，欲求其通也难矣。孔子立教，虽为中人说法，然正所以立德以明道，以为下学上达之阶梯，故《十翼》传经，无一字一言不根据于象数。法象莫大乎天地，必合乎法象者乃谓之法言。《孝经》"非先王之法言不敢言，非先王之法行不敢行。"法言、法行皆合乎天地法象者也。故曰："建诸天地而不悖，质诸鬼神而无疑，百世以俟圣人而不惑。"若舍法象以为言，则《诗》《书》执《礼》所雅言者，其为教焉详矣。又何必韦编三绝，为此钩深致远之辞乎？子贡曰："夫子之文章可得而闻。"凡立言必有合乎法象者，乃谓之"文章"，孔子特于《易》象阐发之，以为万世之准，此为学《易》者所不可不知者也。故论及之。

祭　祀

《易》之言祭祀享祀，均含有二义。一为祭神祀鬼。此祭祀之本义也。一为人群之集会，以谋一群公共之事。亦以祭祀行之。盖古人风气淳朴，而庶民之家，又无广庭巨厦，足以为集会之地者。故凡有会议之事，往往藉祭祀以行之。一乡一邑之事，则集之于社，一家一族之事，则集之于宗庙，所谓"利用祭祀""利用享祀"及"孚乃利用禴"等象，不尽为祷祀求福，实含有会集群众之意焉。降及后世，厉行专制政治，普通人民，更不容有公然集会之事，幸有此祭祀成例可援，得藉事神为合群自卫之一道_{上以神道愚民，民以神道自卫，可见无平不陂，《易》道之妙用即寓于其间矣}。近如各乡之有社庙，各业与侨民之有会馆，无不以祭祀为集合群众之介，犹足以觇《易》之遗意焉。

典　礼

《系传》："圣人有以见天下之动，观其会通以行其典礼，是故谓之爻。""典礼"者，乃所以处断万事万物之一切制度之谓也。故古圣王之所以治天下也，大而礼乐政刑，小而训诂名物，无不下顺民情，而上合法象。法象莫大乎天地，民受天地之中以生，能合乎天地法象者，民情自无不顺，故谓之"典礼"。典者守也，礼者履也，必能会通乎天人，然后足以昭信守而见履行。孔子之周问礼于老聃，即此礼也。盖周自东迁而后，文武之道载于方策者，散佚殆尽，诸侯恶其害己焉，皆毁之以自便。孔子周流列国，虽得百二国之宝书，要皆属各国之历史故事，而所谓典礼者，迄不可得，故不得不求诸老聃。老氏世掌周史，耳熟能详，先王之典礼，不啻若自其口出，而提纲挈领，巨细毕赅，则莫备于《易》。孔子受之，极深研幾，得其会通，又虑触当世诸侯之忌也，正言之不可，乃寓微言于《十翼》之中，所谓"其称名也小，其取类也大，其旨远，其辞文，其言曲而中，其事肆而隐"者，非夫子之自道邪。于是更广其旨以修《春秋》，删《诗》《书》，订《礼》《乐》，而古先圣王之典礼，乃灿然大备于六经，永如日月之经天，江河之行地，与天地法象，并昭千古。此孔子所以为述而不作，而功在生民者，非《易》又乌乎知之。

讼　狱

讼《象传》曰："上刚下险，险而健，讼。"讼者争也，君子平其争则讼解，《传》曰："讼不可长"，讼不可长，则不至成狱矣。故讼者，民事之争，尚情感理喻而不必恃乎用刑。九五曰："讼元吉"，是能平其争而使无讼者也。讼之凶在终于讼而不可解，则成狱矣。噬嗑曰："亨利用狱"，《象传》曰："君子以明罚敕法"，则不能不用刑以辟以止辟矣。噬嗑之象上离下震䷔，离者明也，万物皆相见，则物无遁形。以示治狱者必明察庶物，一无壅蔽。中爻三四五为坎，坎为法律，为智，为水；二至四为艮，艮为手，为山，为止；下震为动；治狱者既明且智，用法如水之平，绝无偏倚<small>坎离皆中正象</small>，无论在下者变动百出，皆能明烛其隐，执法如山。止而不动，所以能止一切之动。而令悉合于法<small>噬嗑，合也</small>。只此六画之象，已将近世司法之精义，包括无遗。盖古圣王之治天下也，道之以德，齐之以礼，刑罚但以济礼之穷。礼以待君子，刑以治小人，人之情无不乐为君子而甘为小人者。故人人能范围于礼。而刑罚可以不用。自上失其道，君子弗用，小人诪张，不耻不仁，不畏不义，不见利不劝，不威不惩，始讼狱繁兴。故睽之六三曰："其人天且劓。"<small>天同而，即髵字，去其发髦也。</small>困初六曰："臀困于株木。"九五曰："劓刖。"睽失道，困刚揜，理穷数极<small>《杂卦》困数三十，睽数三十六。四九三十六而乾道穷，五六三十而天地之数极</small>，礼崩乐坏，不得不用刑以济之，所谓"穷则变"，非《易》之常道也。圣人犹忧之，虑后世淫刑以逞者有所藉口也，特于丰著之曰："君子以折狱致刑。"言刑非折狱者不能妄用也；于旅曰："君子以明慎用刑而不留狱。"言用刑者宜审慎迅速不可留滞也；于中孚曰："君子以议狱缓死。"恐折狱者之或犹有冤滥。更议拟之而求其当也。呜呼，《易》道之生生，与圣人赞《易》之深心，可以见矣。

司法独立

司法独立者，近三十年来之学说也。我国自三代以降，于古人设官分职之遗意，久已泯棼而莫可纪极。以行政官操生杀之柄，威福自恣，积非成是，恬焉安之而莫以为妄。而不谓《易》象已明著之，孔子赞《易》，更一再言之。贲之《象》曰："君子以明庶政无敢折狱。"明示以折狱之必有专职，行政者虽明，亦无敢越俎，非司法独立之精义乎。丰象曰："君子以折狱致刑。"明示以用刑为折狱者之专责，凡非折狱者，皆不许有用刑之权，非司法独立之明证乎。盖丰与噬嗑为同体之卦火雷噬嗑，雷火丰，噬嗑曰："利用狱。"故孔子更于丰申明其义，以见除此之外，虽贲为噬嗑之往来卦，亦无敢折狱，其谨严如此。近世诩为新学说，而《易》象已深切著明于七千年之前，《易》道之广大悉备，此其一端矣。

教　育

近世教育制度，发轫于欧西，裨贩于日本，规模弘远，成效彰著。适值我时衰俗敝之秋，以国力之不竞，舍兴学无以为图强之本，遂尽弃其学而学焉。而不知现世所行之学制，为我国所采取而未能遍举者，无不悉备于《易》象之中。河南张之锐氏，近世以新学讲《易》者也，其论近世教育，足与《易》相印证者。略谓《易》之教育，约分五种，一曰蒙养教育，二曰国民教育，三曰人才教育，四曰通俗教育，五曰世界教育。蒙之"蒙以养正"，蒙养教育也。蒙养本于家庭，故九二曰："纳妇吉子克家"，以明克家之子，必有赖于母教也。"包蒙"之"包"，亦作"彪"，蒙与革旁通，以明"豹变""虎变"之大人，皆正始于"彪蒙"也。蛊之"振民育德"，国民教育也。国事之败坏，由于民气之痿靡颓丧，昧匹夫有责之义，故先甲后甲，教令一新，以振民气。《传》曰："蛊元亨而天下治。"六十四卦言"天下治"者，除乾元用九外，惟此一卦也。临之"教思无穷容保民无疆"，人才教育也。政以临民，培植政治之人才，非有专门教育不为功。盖普通教育，有一定之教科，有不二之主义，而专门教育，则任学者自由研究。盖人类之知识不可限量，不能限学者之思想，而范之以有尽之课程，故曰"教思无穷"也。观《象》之"省方设教"，通俗教育也。四方之风气不齐，习尚亦异，故必省其方俗之所宜，观其民情好尚而设教始当。无妄《象》曰"君子以茂对时育万物"，世界教育也。《中庸》曰："能尽人之性则能尽物之性，能尽物之性则可以赞天地之化育。"大亨以正，使天下万物各正其性命，各全其天赋之能，而后教育之道始达于圆满之一境，则尚非近世言教育者可能几及焉。以上张说之大恉如此，未知于近世师范之学，有当否也。

死生之说

死生亦大矣。《系传》曰："原始反终，故知死生之说。"始终者数也，天也。万物数一始十终，始子一丑二，而终于酉十。戌亥无数，万物自有而入无，为死之候。乾居西北戌亥之地，故"无方无体"_{太虚之象}。人而克全其为人，则全受于始者，全归诸终。终则反乎太虚，精气不灭，与造化同游者神也。是以"君子有终"_{君子之死曰终}。终则有始，顺乎天行，自有而入无者，亦自无出有。乾知大始，复藏于坎，一纯二精_{坎子一。坎艮之间丑二}，至艮寅三而仍为人。此生死循环，佛家轮回之说所自来也。人而不能全其为人。则自失其人道，斫其生理，全受于始者，不能全归于终。数尽则死<small>小人曰死</small>，形消骨化，余气无归，"游魂为变"者鬼也。变则失常，依其生前所自造之因而证其果，则为人为物，所趣各殊，此佛家轮回六道之所由分也。故生者死之始。死者生之终，死于此者生于彼。《易》道乾息于坤，坤即消于乾，《庄子》曰："方死方生，方生方死。"立论之最精者也。圣人作《易》，穷造化之原，泄阴阳之秘，无非示人以所以全其为人之道。"原始反终"者，即由终而反始，老氏佛氏，皆由终反始，皆由后天而反诸先天，由有而反诸无，由形而反诸气，由气而反诸神，实即由生而反诸死，故曰"原始反终"。"反终"者，"不续终"也<small>未济不续终也</small>，"不续终"，则始无暨极。故老氏曰"元始"乃长生而不死，佛家曰"无始"乃无始而无终。<small>乾西北为无，乃由有而反诸无者也。故老氏之无为万有之根，佛教之无为不生不灭之本。乾为金为圜为刚，老曰"金丹"，佛曰"金刚"，而《易》曰"终日乾乾"。"乾乾"者，上乾为咸乾☰，下乾为无恒乾☰，咸无也，恒有也。观其所咸而天地万物之情可见，观其所恒而天地万物之情可见。盖斟酌于有无之间而用其中，而要皆殊涂而同归者也。</small>无始无终，夫然后归于太极，则无所谓《易》矣。《易》之立教，为中人说法，故执两而用其中。然圣人致治之极功，则亦曰"无为而治"，德成而默契乎天，亦曰"予欲无言"，则亦与由有而反诸无者，初无二致焉，故《易》者逆数也。儒与佛老之立教虽异，而道无不同。盖天地之数，至三而备，天地万物，举莫能外。损之六三曰："三人行则损一人，一人行则得其友。"始终生死之道，不外乎此三者。后之立教者，可等诸自桧以下矣。

鬼神之情状

《中庸》曰："鬼神之为德其盛矣乎。"《系》下传曰："过此以往未之或知也，穷神知化德之盛也。"然则鬼神之为德，又何以知之？曰：以幽明之故。坎幽离明，阳变阴化，天地万物，无一非气与形二者之相迭更。既"原始反终而知死生之说"，则"精气为物游魂为变"，"鬼神之情状"

亦可由是以知矣。精坎也，魂离也，故天地八卦，六爻上下，上五天爻为天易，三四人爻为人易，二初地爻为地易，游魂归魂，复取三四两爻，则为鬼易。三四两爻，有当不当之别。克全乎其生之德者，即不失其死之道，乃得当而为神。不能全乎其生之德者，亦失其死之道，即不得当而为鬼生之德"立人之道曰仁与义"是也。苟生而既反乎人道，是不待其死已失其为人，尚何鬼神之有。卦象天地生人，始乾三中爻坎子，终地十兑酉，终始死生，反复有游魂归魂。而以三归之地十归妹，为天地大归魂卦，而六十四卦终焉。归妹东震西兑，其先天为东离西坎，日魂月魄，合为天地中生人精气，子一丑二，为天地始合子丑日月天地之数一二为始合，五六为中合，九十为终合。一主日，二主月，子一日，至酉十月，故人十月而生，此日月魂魄合，精气始也。阴阳之道，始坎终离，魂升魄降，离午七未八，日魄七日不复，月魄八月有凶，离上坎下，归魂不归，而"游魂为变"者也。是故八卦之六变为游魂，仍为三爻变，至七变则复归本宫，游魂乃有所归，苟不复本宫，则游而不归乾宫游魂为火地晋，七变复，下卦三爻乾成火天大有。若不复，乾之三爻而依次以四爻变则成火山旅，游入离宫而游魂为变矣。必七日而后来复火山旅为离宫二世卦，再七变成天火同人为归魂，上卦始复为乾，复而反，丑而子，气来信为神。复而不反，午而未，气往屈为鬼。往来屈信，均以天地之数可推而知之。季路问事鬼神，子曰："未能事人，焉能事鬼。"问死，子曰："未知生，焉知死。"此即"原始反终"之说。言之所不能尽者，圣人以象显之，以数明之。"精气为物，游魂为变"，于六十四卦之象数推衍，皆合乎物理之自然，或有或无，各依其类，而未可概举也。故经文有明言者，不明言者，明言者以举其例，而不明言者皆触类而知之矣。如风火家人"夫夫妇妇父父子子而家道正"，人情之各得其正者也，而反乎人情者，则为鬼之状，故睽曰："见恶人。"曰："载鬼一车。"雷天大壮，大者壮也，大者正也，壮者状也，即正大之状也。能通乎正大之状者，则知鬼神之情状。故观曰："观天之神道。"曰："以神道设教。"此《易》言鬼神情状之最著者也。

天地大义人终始

乾坎艮震巽离坤兑八宫，六十四卦，终于雷泽归妹。归妹为兑宫归魂，而兑又居八宫之终。故归妹为天地大归魂卦。归妹上下错为随泽雷随，随"元亨利贞"。"天下随时""出门交有功"，男之始也，归妹"女之终也"《杂卦传》。《象》言"人之终始"，则合男女而言之也。归妹上卦震东甲乙，帝出乎震，甲不为首首乙。故曰"帝乙归妹"。下卦兑西庚辛，前坤后乾，坤乾为地天泰，故泰之六五亦曰"帝乙归妹"。泰反为否，否《象传》曰："则是天地不交而万物不通也。"而归妹《象传》亦曰："天地不交而万物不兴。"泰否天地反类《杂卦传》曰泰否反其类也。邵子曰天地定位泰否反类，皆东西震兑出入反复。而日月寒暑往来离日坎月乾寒坤暑，循环不穷。坎离既济定，有归妹在中，而南北离坎未济"不续终"者，首尾续终未济《象传》曰："不续终也。"《杂卦》归妹在既济、未济两卦之中，故曰"天地之大义也"。归妹渐相错成随蛊，故渐《象》曰："女归吉。"蛊《象传》亦曰："终则有始。"盖蛊之始，乃由故之已终而新复更始，归妹之终始，乃续终其始，故《象传》曰："永终知敝。""天地大义"者，夫妇之道也。人类之所以不绝以有男女夫妇，生生不已，终则有始。家人为夫妇之正，故《传》曰："家人男正位乎外，女正位乎内，天地之大义也。"然天下之事。有常有变，有得有失。先王之制，女子十五而笄，男子二十而冠，为婚媾之始。女至二十而嫁，男至三十而娶，为最迟之限。此婚媾之常，得其时者也。逾此限则为失时，但或于此时而更遇变故，如父母之丧之类，则至二十三年而嫁。此婚媾之变，失其时者也。处变失时，乃人情之大可怜也，故先王亦不以常制限之。能守正不阿。为渐之"女归"，则固协于礼而得吉。即不能固守其正，如归妹之"说动而随"，而天地之大义，亦仍不可废。所谓"聘则为妻，奔则为妾"，但以礼绌之。而不以法禁之也。故特著之曰"天地大义""人之终始"，深望后之人能慎终于始，不至变常而失时，庶免乎凶，而维人道于不敝矣，意深哉。

卷 三

革治历明时

乾九四《文言》曰："或跃在渊，乾道乃革。"以九四去内卦之终，而居外卦之始，为新陈代谢之际，故《杂卦传》曰："革去故也。"乾二之坤五，乾成同人，坤成比。再以乾四之坤初，乾成家人，坤成屯，屯反蒙，蒙通革，家人反睽，睽上下交错亦为革。革上兑下离☲，《象》曰："泽中有火革，君子以治历明时。"其所以"治历明时"者，仍在九四之一爻，与乾之九四爻，实互相发明者也。《周易折中》以革九五为成卦之主，于《彖》《象》之义无当也。乾坤二策，合三百有六十，当期之日，变通在四时，时各九十日，八卦分值一年，一卦尽，得四十五日五日为一候，三候为一气，八卦一爻主一气，三气四十五日而一卦毕。乾九四已入外卦，内卦三爻之气已尽，故曰"乾道乃革"。兑离为西南之卦，金火相乘四时春木生夏火，秋金生冬水，冬水又生春木，惟夏秋为火克金，故金曰"从革"，志不相得乃革，故《彖》曰："己日乃孚。"己者土也，以坤土行离兑之间，孚而信之，革道乃成。《彖传》曰："天地革而四时成。"虞仲翔氏云："历象谓日月星辰，离为明，坎为月，离为日，蒙艮为星革通蒙。四动成坎离，日月得正，谓四爻动外卦变坎，成水火既济。日月得正，历象正而时序明矣。"王弼云："历数时会存乎变。"则浑括其意，义虽当，初学视之益茫然矣。盖革象下离为日，上坎为月，而九四一爻奇于其间，致日与月，不能相齐，日有余而月不足，三为终，四连于三，归余于终之象。归日之余于终，积而成月，则闰也。积闰为章七闰十九年为一章，积章为蔀四章为一蔀，二十蔀为一遂，三遂为一首，七首为一极，详《周髀算经》，章蔀之名，不见于革而见于丰。丰六二、九四皆云："丰其蔀"，上六"蔀其家"，六五"来章"，盖丰五变则成革也。孔子赞《易》，于一字一义，无不与卦爻往来脉络贯通，非参互错综以求之，又乌能得其意之所在哉凌锐按：革五爻皆当位，惟九四一爻不当位，故曰"革而当，其悔乃亡"。

辨纳甲爻辰

京氏卦纳甲，乾贞子，坤贞未，乾纳甲壬，内子外午，坤纳乙癸，内未外丑。六子之卦，各按其所纳之干，而依乾坤之爻以为序，震贞子，坎贞寅，艮贞辰，巽从坤而内外相易贞丑，离贞卯，兑贞巳。乾子寅辰午申戌，左转，坤未巳卯丑亥酉，右行，阴阳相间，而周十二辰。郑氏爻辰，乾贞于子左转，子寅辰午申戌，闲时而治六辰，与纳甲同。坤贞于未亦同，乃由未而酉亥丑巳卯，则与乾同为左转。后学因此，每多歧误。或谓康成说《易》本《乾凿度》，故与京氏不同。然《乾凿度》云："乾贞于十一月子，左行阳时六，坤贞于六月未，右行阴时六。岁终次从于屯蒙，屯蒙主岁。屯为阳，贞于十二月丑，其爻左行，以闲时而治六辰。蒙为阴，贞于正月寅，其爻右行，亦闲时而治六辰，岁终则从其次"云云。乃以六十四卦依《序卦》之次，前卦为阳，后卦为阴，每两卦分主一岁，故三十二岁而一周，与爻辰之说不相蒙也。钱溉亭《述古录》谓："京氏本律吕之合声，郑氏本月律，其说具见《周官》太师郑氏注：'太师掌六律六同疏云：六律左旋，六同右转，以合阴阳之声。'阳声黄钟子，太簇寅，姑洗辰，蕤宾午，夷则申，无射戌，子寅辰午申戌，其次与乾六爻左旋同也。阴声大吕丑，应钟亥，南吕酉，林钟未，小吕巳，夹钟卯，则丑亥未酉巳卯，其次与坤六爻不相合矣。郑氏以律吕相生为主，则六律六同皆左旋，以律为夫,以吕为妇,妇从夫,故皆左旋。是京氏之纳甲,与《乾凿度》同主合声,而郑之爻辰,则主相生,非本于《乾凿度》者也。"辛斋按:阴从于阳,阴阳之体也,河图一三七九二四六八皆左行者是也若阴阳分言,则阴逆阳顺,阳自一三五七九,而阴则从四起,为四二八六,故"五位相得而各有合"。若如旧说,则五与十无相合之理,详见《易数偶得》。阳左旋阴右转,阴阳之用也,洛书之一三九七左旋二四八六右转是也。非顺行不能相生,非逆行不能相合,《易》之体用无不如是。明乎此,则聚讼不决之悬案,可片言而断矣。或问:既如子言,则京氏既主合声矣,何以坤之未巳卯丑亥酉,又与阴声之丑亥酉未巳卯不同也?曰:此即洛书七与九、二与八,易位之理也,故巽之六爻则为丑亥酉未巳卯矣。此中玄妙,具有至理,神而明之,非言所能尽焉。

爻辰之星象

或问:郑康成氏爻辰说《易》,以星象证爻辞,而原注已佚,从《礼》注与《乾凿度》注搜辑者,寥寥无几,近世戴棠氏,撰《郑氏爻辰补》,而全《易》三百八十四爻,各取《甘石星经》及《开元占经》所载诸星名,以印证爻辞,无不恰合。讵伏羲之播爻,文王之系辞,果一一仰观天文以取象乎,何巧合若是?曰:庖羲画卦之时,文字未作,器用未备,又何有星名?盖一画开天,奇偶以生,仰观俯察,法象于天地,变通乎四时,阴阳刚柔,动静变化,而洽于造化数理之自然,而天地之运行,人物之递演,自不能出此常轨之外,故先天而天不违。至黄帝以黄钟定律,准度量,定权衡,悉本于庖羲之卦而窥天测地。定日月星辰以纪岁时,然天广无垠,既以象限立仪象限仪分圆周为四,即法乎四象仪者。分阴分阳,即法乎两仪,以分躔度次舍,而不可无以名之以资识别也,于是各按八卦之象数以定其名,故天星之名,大都出自卦象,非卦象之强合星名也。郑氏爻辰以星名证其爻义,已不免倒果为因,必逐爻求象于星,而以爻辞附会之,以期或有一字一义之合,无论其未必尽合,即合矣。于经义仍未必有所发明。是亦可以不必矣。

阴阳上下往来

《易·象传》言阴阳上下往来，后儒或主卦变，或主错综_{此指来氏之所谓}错综，众论纷若，莫衷一是。而卦变之例，荀虞以下既各不同，而同一虞《易》，其为图也又参差不一。朱子既图卦变，又取《象传》之言往来者十九卦，编为歌诀，然与其图，已不相符合。且《象传》之言往来上下者，亦不仅此十九卦，故证以经文，参诸卦象，自以主两卦之一往一来者_{即来氏错综}，其说较优。盖文王之《易》，本以两卦反复一往一来，则《象传》以释象，自必于此两卦推勘其义，理至当也。上卦为外为上为往，下卦为内为下为来_{此卦之下即彼卦之上}。此往则彼来，彼上则此下，上卦二阳一阴者，阴上进而往，二阴一阳者阳上进而往，下卦之为来亦然。故孔疏云："凡言往来者皆据异类而言。若三阴三阳之卦，则上下并言，泰否之兼言往来，咸恒之兼言上下，噬嗑贲涣节言来言上言分是也。四阴四阳之卦，则以一阴一阳之在上下者言，晋升无妄大畜讼需是也。二阴二阳，则以阴阳之在上卦者言，蹇解鼎睽是也。五阴五阳者，以一阴一阳言，复姤是也。"似较卦变之茫无一定者，差可依据。然此但以上下两象而言，间有以专重之一爻为主者，则又不在此例。乾坤为《易》之门，往来者必于此门，二阳一阴者乾体，而阴往来上下于其间也，二阴一阳者坤体，而阳往来上下于其间也。上下无常，刚柔相易，原非可执一例以求之，但初学者不可不先求一隅之可举者以为根据耳。

经卦别卦

《周礼》："太卜掌三《易》之法，《连山》《归藏》《周易》，其经卦皆八，其别卦皆六十有四。"段若膺云："《连山》《归藏》《周易》三

《易》，每《易》有八，每八分为六十四，故云其'别卦'。'经卦'即乾坤震巽坎离艮兑，'别卦'即因而重之之六十四卦也。"杨用修《丹铅录》云："'别'当作'凸'，从重八，八八六十四，故云'别卦'。盖别训分，八亦训分，凸从八八，谓分而又分，八八为六十四，正合八卦重为六十四卦之义。"可见古人修辞之学，其用字之精当，迥非后人所可及也。

震巽之究

《说卦传》："震其究为健为蕃鲜，巽其究为躁卦。"健为乾，蕃鲜指巽，躁卦即震也。考其他六卦，皆不称"究"，独于震巽两卦言之何也？物有始有壮有究，震巽阴阳变化之始也。震以一阳变于坤，坤成震而乾成巽，原始要终，可得其究。至于坎离，为阴阳之壮，又得乾坤之中，不至极于一偏。艮兑已为阴阳之究，所谓"其上易知"，故艮"成言"，兑"说言"，皆无须推极其究者也。惟巽之究为躁，似与其本性相反，而震之究为健，则为复其本性，为蕃鲜则为极其功用，其究同而究不同，则阴阳之分际然也。盖阳为万物之本天地五十五数，阳奇阴偶，而阴阳合数则仍为奇。一六合为七、二七合为九、三八合为十一、四九合为十三，总数五十五，皆奇也，故曰阴必归阳，非若阴之为用有限也。

血卦乾卦

或问：《说卦传》"坎为血卦"，荀氏《易》作"血衃"，说者谓血为人身之水，以病故"衃"，然欤？曰：否。坎为血卦，犹离之为乾卦也，六子惟坎离得乾坤之中，特称卦以别之。离为乾体，故曰"乾卦"；坎为坤体，故曰"血卦"。血，坤也，坤上六曰："其血玄黄。"《传》曰："犹未离其类也，故称血焉。"以见血为坤之类。是坎之称"血卦"，与离之称"乾卦"为例正同，未可以"血衃"改之也。或曰：离之为"乾卦"，

"乾"读若"干",乃"燥万物者莫熯乎火",故曰"乾卦",与乾坤之"乾",音训其可通乎?曰:郑注云"乾当为幹,阳在外作幹正也",虞《易》亦同,而张湛云"幹音乾",则音固可通。《易》之用字,恒以形声相类者,分见互用,以相钩贯,焦氏《通释》言之详矣。而《说卦》言象,尤往往举甲以概乙,又或对举相互以见意者。如乾为圜,则坤之为方可知,巽为臭,则震为声可知。此以离为"乾卦",以与坎之"血卦"相对,"贞者事之幹也",乾贞在坎,而著幹之义。于离,离其类为血,而存血之文于坎,交互见意,错综成文,可谓极天下之至精至变者矣。故《易》之为书,广大悉备,孔子赞《易》之文,悉与相称,一名一字,于形声训义,均钩深致远,无不各有精义存乎其间,非言语所能形容也。举一三反,是在读者之神而明之。

马与木取象独多

或问《说卦》之取象,震坎皆言马,合之乾共三卦。巽为木,而坎"于其木也坚多心",离"其于木也为科上稿",艮"于其木也为坚多节",凡四卦。乾又为"木果",而震为"苍筤竹",又"其于稼也为反生",亦木之类。何马与木之取象独多也?曰:此为切于人生日用者言之。行者以马,居者以木,为用广,故取象多也。又周以火德王,马为离午之精,行地无疆,周乎天下,故乾坤坎离皆言马。伏羲以木德王,木者火之母也,损上益下,木道乃行,天施地生,其益无方者,木也。故《易》言马与木为独多也。

虞《易》平议

汉《易》之存于今者,惟虞氏注未尽亡佚,经胜清惠定宇、张惠言二氏之搜辑演绎,俨然首尾贯串,而规模毕具矣。顾宋学家及同为汉学之马郑者，悉力攻击之。或谓其纳甲之说，以魏伯阳《参同契》而擅改圣经之卦位，或谓其之正之说，全背《彖》《象》传义。王氏《经义述闻》，辨驳尤甚，略谓：仲翔发明卦爻，多以之正为义，阴居阳位为失正，则之正而为阳，阳居阴位为失正，则之正而为阴，盖本《象传》之言"位不当"者而增广之，变诸卦失正之爻以归于既济，可谓同条共贯矣。然经云"位不当"者，惟论爻之失正，以决其悔吝之由，示观象玩辞观变玩占者，知所警耳。夫爻因卦异，卦以爻分，各有部居，不相杂厕。若爻言初六六三六五，而易六以九，言九二九四上九，而易九以六言，则爻非此爻，卦非此卦矣。虞氏以为变而之正，实自失其本体，不且紊乱而无别乎？遍考《彖》《象》传文，绝无以之正为义者，既已无所根据，乃辄依附于经之言"贞"者，而以之正解之。如注"坤利牝马之贞"云：坤为牝，震为马，初动得正，故"利牝马之贞"。注"安贞吉"云：复初得正故"贞吉"。案《彖》曰："牝马地类，行地无疆，柔顺利贞。"又曰："安贞之吉，应地无疆。"皆以坤纯阴言之，未尝以为初爻之正也。且如其说，文王于复卦系于"利牝马之贞"，不更合耶，何为纷纷然由此之彼，乃以彼释此耶。以下逐卦指驳，斥谓尽乱圣人之成法。又驳其旁通之说，谓：《易》《彖》及《大象》，惟取义于本卦，健顺动巽险明止说之德，天地风雷水火山泽之象，无不各如其本卦，义至明也。虞仲翔以卦之旁通释之，虽极竟弥缝，究与经相牴牾。如履《彖》曰："履，柔履刚也。"虞曰：坤柔乘刚，谦坤藉乾，故柔履刚。又"履帝位而不疚"，虞曰：谦震为帝，坎疾为病，至履帝位坎象不见，故"履帝位而不疚"。此谓履与谦通，谦上体有坤，互体有震坎也。然经云"说而应乎乾"，谓下兑上乾也，若取义于下艮上坤之谦，则是止而应乎坤矣，岂"说而应乎乾"之谓乎？亦逐卦指驳，谓《彖》《象》释《易》者也，不合于《彖》《象》，尚望其合于《易》乎？王氏之说，辨而详矣。然"六爻发挥旁通情也""辞也者各指其所之"，而变卦以不当位之爻变而当位，又古今说《易》家所不废，则旁通与之正，要不可谓非《易》中之一例。第必执此一例以概全《易》，其所不通者亦必强而通之，不得不谓虞氏之一蔽。必如王氏之说，则《彖》《象》之外，更不容有一义之引伸比附，则广大悉备之《易》象，恐学者更未易明也。况《彖》《象》所释，或含意待申，或仅举一隅，或专重一事者，其例正多，故孔子曰："观其彖辞则思过半矣"，又曰"书不尽言"，未尝以《彖》《象》所释为已尽，更不容他人置喙也。虞仲翔生于易代之际，世道人心，江河日下，说《易》大师，有曲说阿时以圣经为羔雁者矣_{如荀慈明辈是也}，故愤时疾俗，或不免有过激之论。如以坤初为"子弑其父臣弑其君"，谓坤阴渐而成遁弑父，渐而成否弑君，于象义亦未允当_{坤消至剥而乾象灭，迷不复常，大变，以其国君凶，方为家灭国灭之象。近书《周易指》已辨正之}，要皆有为而言。其纳甲消息。皆与荀氏升降之说针锋相对，意尤显然。卒以之正立论，明天地大义，以"既济定也"为归，期人心之不正者胥归于正，于是乎世乱或可少定。此虞氏之苦心孤诣，千载而下犹皭然可见者也。呜呼，今之时何时乎，世道人心，视三国纷争之际为何如？人材之消乏，视三国纷争之际又何如？仲翔以梗直不见容流俗，被摈岭表，尚不忘情于世，欲以《易》道济之。相传广州六榕寺，犹仲翔讲《易》之遗趾，流风未沫，今有其人，吾愿执鞭以从之矣。

半象与两象《易》

虞仲翔氏说《易》，有"半象"与"两象"《易》之两例，后人多非议之。如解"小有言"为震象半见，解小畜"密云不雨"为坎象半见，盖皆以三画卦之上两画，或下两画言之。后之说《易》者，驳诘非难，不胜备记。如焦理堂说《易》，固主虞氏旁通者也，乃于半象亦攻之甚力。谓："乾之半，亦巽兑之半，坤之半，亦艮震之半，震之下半，何异于坎离之上半，坎之半，又何异于兑巽艮之半。求其故而不得，造为半象，又造为三变受上之说、试思半象之说兴，则履姤之下，均堪半坎，师困之上，皆可半震，究何从乎？朱汉上讥其牵合，非过论也"云云。呜呼，汉上固宋人之深于象数者。而焦理堂之《易通释》，亦能贯串全经确有心得，非一知半解人云亦云者比，乃亦有此似是而非之论，可见解人难索，象学之发明，正未易言矣。焦氏所指驳者，骤观之似极有理，而实于象学茫然未辨也。虞氏"半象"之名，未能达意，且别无详晰之释文，宜浅近者之诧为无理焉。盖八卦之象，惟乾坤坎离，反覆皆同，震艮巽兑四卦，则为二卦之反覆，震反即艮，兑反即巽，故孔子《杂卦》曰："震起""兑见""巽伏""艮止"，又曰："离上而坎下也。"坎离虽不可反易，实即震艮巽兑之中体，下震起而上艮止即为离，下巽伏而上兑见即为坎，八卦之变化，皆此震起艮止巽伏兑见所往来，若去此四者，乾坤坎离皆为死物，无《易》可言矣。故六爻之卦，初爻为震爻，二为坎爻，三为艮爻，四为巽爻，五为离爻，上为兑爻。虞氏所谓"震体半见"者，即震爻也，"坎象半见"者，即坎爻也。六爻皆乾坤之体，故乾坤不可分爻，焦氏谓乾之半坤之半，正见其于卦象未通，未足以辟虞氏也。虞之失，在"半象"二字之辞不达意，谓其立名未当则可，谓为无所适从不可也。至虞氏之所谓"两象《易》"，实即上下错，孔子《杂卦》亦即两卦之上下交错，六十四卦以交错见义者，不胜枚举。如履上下错上天下泽易上泽下天为姤，履"柔履刚也"，姤"柔遇刚也"：屯上下错为解，屯"雷雨之动满盈"，解"雷雨作而百果草木皆甲坼"：恒上下错为益。恒"立不易方"，益"为益无方"；皆两象《易》也。苟以为非，则孔子之《象传》亦尽非乎？辛斋非宗虞氏《易》者，但以是非为去取，绝无成见，恫向之言《易》者，蔽于门户之见，动辄是己而非人，故特著之，亦以自警焉。

《说卦》象重出三卦

《说卦》象重出者三卦，"震为龙""艮为狗""兑为羊"，皆已见于第五章，而第八章又重出。八章"震为雷"之下，考虞氏《易》及李氏

《集解》，均作"駹"，注云"苍色，震东方，故为駹，盖马八尺以上为駹"，駹与龙，音亦同也。八章之"艮为狗"，虞氏及李氏《集解》，皆作"拘。"虞注云："指屈伸制物故为拘。"按随上六"拘系之乃从维之"，即此"拘"也。而朱氏《汉上易传》曰："上言艮为狗，乃狗马之狗，此言为狗者，熊虎子未有文犹狗也。虞翻以兑艮为虎，艮寅位也，艮究成兑，故艮为虎子，未免迂曲矣。""艮为羊"之异说滋多，虞作"羔"。注云"女使"，《集解》同。郑作"阳"，注云"此阳谓养无家女行赁炊爨，今时有之，贱于妾也"。王氏《经义述闻》谓："羔"与"羊"，《书》传无训"女使"者，"羔"当为"羌"字之误，"羌"亦通作"养"。辛斋按：以上诸说均有根据，惟无论为"羔"为"羌"为"养"，均须窜易经文，则不若依郑说读"羊"为"阳"。"羊""阳"本通用，《春秋左氏传》"夷羊五"，亦作"夷阳五"，可不必改经。而于诸家之义均可通矣。

象义一得

八卦取象，精义入神，其微妙乃至不可思议。汉儒言《易》，不离象数，惜多散佚，已无完书。唐人以王弼为宗，言象者不著。其后如宋之邵子，及朱氏子发，与林氏黄中，郑氏刚中，邱氏富国。黄氏东发，元之胡氏一桂，王氏申子，熊氏与可任重，龙氏仁夫，明之来氏矣鲜，黄氏道周，清之刁氏蒙吉，胡氏沧晓，惠氏仲儒定宇，万氏弹峰诸家，皆于象义各有发明。而姚氏与端木氏二家《姚氏易》及《周易指》，能原本经传，发抒己见，不依旁昔贤门户，尤为卓绝一时，虽或有所偏，其精到处皆确切不移，不可泯没。辛斋为学日浅，仅就昔人之所未言，或言而未尽者，聊以助学《易》者之兴趣也。

凡言象者，不可忘《易》之义。《易》义不易者其体，而交易、变易者其用，故八卦之象，无不交错以见义。故乾为圜而形著于坤，离为日而光被于月。正秋者西也，而日行东陆，出震者东也，而日行西陆。执片面以言象，象不可得而见，泥一义以言象，象不得可而通也。

凡言象者，不可忘其数。天一地二天三地四天五地六天七地八天九地十，黄帝而后，皆以干支纪之，卦有定位，即有定数_{如坎子一艮丑二寅三至兑酉十乾戌亥数无}。《易》数乾元用九，乃天一不用用地二至地十，数定而象之无定者，可因数而定。故观象必倚数，如体物者必准诸度量，测远者必察其角度，自舍数言象，而象茫如捕风矣。凡言象者，不可不明其体，体者用之主也。故卜筮者亦曰"取用"_{每卦六爻，先取所用者一爻为主，即体也}。以所用者为主。而后察他爻之或从或违或动或静，为利为害，吉凶始可得而断焉。用有大小。象则因其小而小之，因其大而大之。如乾也，大则为天，小则为木果，如坤也，大则为地，小则为布为釜。坎为大川，小则为沟渎，离日大明，小亦为萤火，小大无方，各随其体，明体以达用，象之用乃无穷矣。

凡言象者，不可不视其所以。以者与也，及也《易》曰"不富以其邻"及"剥床以足""以其国君凶""拔茅茹以其汇"诸"以"字皆与"及"字同训。卦因而重之，重为六画，实具两象。两象必以其一为主，则必有所与，而六画之二三四五中爻之象，及其变动所生之象，无一而非与也。所与者而善，乃吉之幾，所与者而不善，乃凶之兆。而善恶又有大小之殊，所与者又有远近之别，《系传》曰："远近相取而悔吝生。"又曰："凡《易》之情，近而不相得，则凶或害之，悔且吝。"故必观其所与者之善恶之大小，及情伪远近，然后吉凶生而悔吝著，庶乎可得象之用焉。

凡言象者，不可不观其所由。《系传》曰："辞也者各指其所之"，此"其所之"者，即彼有所由。《文言》曰："臣弑其君，子弑其父，非一朝一夕之故，其所由来者渐矣。"盖于坤之第一爻履霜坚冰，为三百八十四爻之所由来者，举其例焉。观象者先明定其体象之所在，而更观其所由来，如乾之姤，若用乾为天，则下巽为风，此风所由来为乾，乾为西北之卦，即西北风也，乾为冰为寒，则其风必寒。若用乾为木果，则巽不取象于风，当取象于虫，因巽所由来为乾，既用为木果矣，则木果岂能生风，自应作虫断焉。举其一例，余可类推，不观所由，象乌乎定哉。

凡言象者，不可不察其所安。安也者，位也。《系传》曰："君子安其身而后动。"观象者既定其主体之所在矣，必察其所在之处，能否得位。位得矣，必察其位之能否得时得用，而后其象始可得而言。如用巽为木，则必察其所处之位为甲乙，或为丙丁壬癸，或为庚辛。为甲乙则当。为丙丁则相，为壬癸则生。而庚辛则死，既当或相与生矣，则更应察衰旺，并视所与者及所由者之如何，则象之情可毕见矣。如巽木处甲为刚木，所由来为乾，必为坚强之果木，所与者为艮，必是园林，为坤而壮者_{如在四季月之终，或戊已日时为广土}，其衰者_{如春令，或甲乙日之类}则为盆缶，其他可准此。

凡言象者。不可不明消息。消则灭，息则滋。如复姤临遁之十二卦，消息之大焉者也，乾息坤，坤消乾，阴阳之大义，造化之橐籥，物理所莫能违，人事所莫能外。故物无大小，事无巨细，言象者必先明乎消息盈虚之故，而象始可明。凡一卦本体之消息，或因时言之，或以位论之，当其消焉，象虽吉而未可言福，当其息焉，象若凶而益长其祸。其时值消而位当息，或位据息而时见消，则须辨其轻重，而异而分剂，或可亨毒均处而剂其平，或虽截短补长终莫齐其数，则又势为之，未可泥于一端也。盖势之所趣，每善不敌恶，福不胜祸，一薰一莸，十年尚犹有臭，一朝失足，而毕生之功尽弃。此君子之所以戒恶念之萌，而《易》道之所以扶阳而抑阴，严坚冰之防于履霜之始也。

言象之大要如此。故夫阴阳之顺逆，五行之休废，气数之盛衰，均不可不辨焉。向之言《易》者曰：吾治经，非以谈休咎，奚用此术数为？而不知《易》以道阴阳，原本天地之数，以著天地之象，以通神明之德，以类万物之情，非数则无以见《易》，非数即无以见象，未有象不明而能明《易》者也。舍象以言《易》，故宋儒之性理，往往流于禅说而不自知；舍《易》以言象，方士之鼎炉，每每陷于魔道而杀其身。唯之与阿，相去几何，然方士之说，不足以惑人，尚其为害之小者也。

《易》学自邵子以前，无八卦之图。故言象者，除纳甲以外，皆卦自为象，其有通两卦以言者，即卦变及覆卦来氏曰综耳，未有求之于八卦者。先天八卦无论矣，即后天八卦方位，亦鲜探索，惟"西南得朋""先甲""先庚"等彖象，注家或求诸卦位，余则罕见矣。至先天八卦，更为言汉学者众矢之的，焦氏之《易通释》，亦只以旁通贯串各卦，终不承认八卦之有先天也。今按之六十四卦之象爻。其取象之所由，无不原本于先天后天两图，苟明其例，则逐卦逐爻象义相合，如按图而索骥，否则各爻之象，有决非本卦与互卦及旁通所有者。如山风蛊，六爻有四爻言父，一爻言母，而父母之象，从何而来，不于先后两图求之，虽辗转穿凿，终不能得。迨考诸先后天，则知先天艮巽之位，即后天乾坤之位，乾父坤母，其所由来了如指掌矣。又如《象传》天火同人九五曰："同人之先，以中直也。""先"字从何而来，无从索解。考诸先后天，则后天离位，即先天乾位，更明晰矣。故先天后天二图，实阐发全《易》之秘籥，非但无可驳议，而先后二字，亦决不可易。或改先天为天地定位图，后天为帝出乎震图，乃昧于先后之义者也。惟邵子以先天图为伏羲所画，后天图为文王所定，则殊可议。盖两图实体用相生，不能离拆，伏羲既作先天八卦，决不能无后天卦以通其用。故先天后天，与重卦六十四，皆一时并有，其六十四卦之大圆图与方图，或为邵子所发明，未必为庖羲氏之所画也。

汉《易》家驳先天图者，曰："离南坎北，《说卦传》明定之方位也。乃以西北之乾置之南，西南之坤移之北，离为火故南方热，坎为水故北方寒，今以乾居南方，则乾为寒为冰，岂不大谬。"当时以为名言，孰知南极北极，固皆为冰洋，今则三尺之童亦知之矣，驳议已不值一笑。然南北冰洋之发见，近三百年内事耳，乃何以伏羲画卦时，已预有是象，谓非天下之至神乎。

"乾为圜"，圜者，浑圆，非平圆也，故《易》道之圆象，直四面凌空，不能仅观其一面。向之言象者，目光不出于书外，泥于纸上之一圈，以为圆。钱竹汀至以地势北高南下，驳乾南坤北之图，具此目光以观象，何异乡愚观李思训山水，虽尺幅千里，以为不如春牛图之得情，岂不辜负良工心苦。

"乾为天"，亦浑圆之天，故初潜而上亢。南极入地不见，潜也，北极出地，亢也。若在赤道以南观之，则北极入地，而南极出地，若于正中赤道下观之，则南北极皆不见，而成大过象，故大过曰："颠也，本末弱也。"

六爻以三四两爻为人爻。合言之，则上天下地中人，三极之道，与天地参者也。分言之，则人于天地间，只占三分之一。故乾以六爻言天行，则六龙皆为星象；言人道，则六龙以喻君子；言地势，则中二爻为人居之地。初九九二九五上九，皆龙之所宅，龙所宅，则海洋耳。即一卦分合言之。无不各具至理，举乾而他卦可隅反矣。

"坎陷也，险也"。说者谓以一阳陷两阴之中，故险也，似矣，而未尽也。论卦象。坎为坤体，坤为顺，何险之有？然正以上下皆顺，如一人处至顺之境，则陷溺其中而不自知，上下皆顺，惟我是从，则更无匡弼辅导之资，其险莫险于是矣。反观夫离，以一阴陷二阳之中，厥状相等，何以不曰"陷"曰"险"，而乃曰"丽"？则离为乾体，乾德刚健，能匡辅之。乃刚柔相济，自无险陷之虞矣。圣人取象之精，意极深远，徒以阴阳言之，不免皮相之论也。

"巽为鸡""离为雉"。"雉"俗呼为"野鸡"，亦鸡类也，巽既为鸡，何不足以概雉，又特著于离，似近烦复矣。乃细察象义，则巽二阳在上，阳以象鸡之翅，二阳重叠不分，故鸡不能飞。离则两阳在外，两翅开张，故雉能飞。取象之妙，其细微不遗如此。"兑为羊"，说者谓羊性外柔内刚，故《阴符》曰："猛如虎，狠如羊。"羊见死绝不畏避，且不号呼，切齿瞪目以就刃，刚狠极矣，而外极柔顺，故以象兑之外柔内刚，是也，犹未尽焉。兑，正秋也，五行属金，土能生金，兑金为羊，故土可种羊，而土之怪亦曰"羵羊"。象理物理之妙合，实不可思议。难者曰：坤土为牛，火能生土，何以火不能种牛？巽木为鸡，水能生木，何以水不能种鸡？曰：物各有理，非可概论。羊于辰属未，坤贞未土，故土之生羊，不尽因于土金之相生焉，他物之生，各有原理，恨吾人学识尚浅，未能悉知之耳。

"坎为水""离为火"，水火天地之大用，道家谓为人生之至宝，修道之功，归结于"取坎填离"，而平时所致力者，所谓"龙虎升降""二五交构"，皆不越坎离之功用。古来传记，所载物类能炼形修道者，惟狐为最多，且其收效之易且速，恒为人类所不及，虽为经史所未载，然不尽为荒唐无稽之语，可断言也，要皆未能证明其理。乃考之于《易》，狐为坎象荀九家补，而水火既济火水未济之两卦，皆取象于狐，夫既济未济，非道家之乾坤，《参同契》之关键乎？乃文王作象，周公系爻，皆取象于狐，则狐之性灵形体，必与人近，或其内体有特异之机能，合于水火升降之作用，有非为人所及者，故能事半而功倍。古圣必已确知其故，因以系诸离坎交构之两卦，非偶然也，但非详于动物生理学者，不能剖此疑团。在北京时，曾以质诸大学教习日尔曼人沙某，沙亦向喜中国古学，而精于生理解剖者也。辛斋详语其故，而沙乃鼓掌狂喜曰：此足与吾国学者之研究相印证矣。近年解剖之学日精，凡人类与动物之身体之结构，无不明晰其作用。如人之脑筋有十二对，若者司视，若者司听司嗅，无不条分缕析，独狐之脑筋，异常繁复，经多数博士之考验，迄今尚未能解决。今由《易》象，可得其端倪，即从心肾两脏以探察之，或可得其要领乎。即此以观，可见吾人于科学知识未能充分，而《易》象之精深奥衍，则断非一知半解之腐儒所可拟议矣。

凡卦之象，合言之各有阴阳刚柔之别。阴阳以气言，刚柔以形言，如乾为天为刚，坤为地为柔，坎为水为气之形，离为火为形之气，是也。而分言之，每卦又各自有其刚柔气形之用。如乾为天为圜为父为君，又为玉为金为寒为冰。又为大赤，为良马为老马为瘠马为驳马，又为木果。说者谓：乾元资始，天与圜乾之体也；父与君，人之元也；玉与金，物之元也；寒与冰，气之元也；大赤，色之元也；马与木果，动物植物之元也。又来瞿唐云：乾为马，良马其本体也，时变为老，形变为瘠，色变为驳，皆能得观象之要者也。学者由此类推，更可得无穷之精义。如为玉为金，金玉乃物质之最坚最精最纯者，乾《文言》曰："刚健中正，纯粹精也"，故以金玉象之。然物质之发明，日进无穷，近世所宝贵之金刚石，在画卦时未必有是物也，而乾之刚纯粹精，已酷肖其象。故自金刚石出世，而金玉失其贵，拟乾之象，当亦以金刚石为最肖矣。盖乾乃纯粹之气，而凝合成形，又极刚极坚，无物足以比拟，据近世化学家所考验，金刚石乃纯粹之炭气所凝结，化之仍散而为气，绝无渣滓。夫至精至纯至刚至坚，又光明通达，聚之成质，而散仍复为气，非乾之全德，又乌足以肖之，此象之可以物理之确当而补之者也。

凡卦之拟象，有自其阴阳之本体言者，有自其阴阳既合以后言者。如乾道成男，坤道成女，为男为女，是各就其本体言也。若乾为父，坤为母为妇，则自其阴阳既合以后而言也。凡卦之拟象，有取其全体者，有取三画中之一画者，乾坤为阴阳之宗，故取象皆以其全体，六子各分乾坤之一爻，故取象亦各就其一爻而言，如震巽以下爻，坎离以中爻，艮兑以上爻是也。

六子既各分乾坤之一爻。故即分乾坤之象，如乾为马，震坎皆言马；坤为牛，离亦为牛。坤为腹，离为大腹；乾为首，坎为大首。大腹见于《传》而不见于《经》，大首见于《经》而不见于《传》，此尤见《经》《传》互相发明之妙也。

震为声，凡天下之声，无不由动而发者也。震为群动之宗。故又为声，然《说卦传》未言震为声者，以巽之为臭对照而可得者也。《说卦》

言象，往往于相对待者举其一端，如举坤为众，知乾之为一；举乾为寒，知坤之为暑；举坎为忧，知离之为乐；此以对卦互见其义者也。亦有反对互见其义者，如震为大涂，而艮为径路；巽为疑，而兑为决，此皆《说卦》所明言者，则其未明言者可类推而知矣。如举巽为长为高，则知兑为眇小为纤细；举艮为门阙，则知震为盘桓。非神而明之，象义莫能见矣。

坎为水，离为火，其单象也；而阴阳既合，而离又为电为光为热，物理之作用，非水不能溶解，非光热不能融合。无论动物之生，不能离水火与光力热力，为循环之挹注，即矿物诸质，其凝结之初，亦无不由此。故以电光热之力，无物不可化分，亦无物不可以化合。故《易》以坎离为六十四卦之中枢，而殿之以水火既济水火未济，或问乾为天，又为"木果"，小大之不伦，何悬绝若是？曰天者元也，元无所不至，木果虽小，即乾之贞，而为元之所伏也。剥之上九曰"硕果不食"，反而为复，贞下起元，故终则有始也。其取象于木果者，以其形圆，圆内有核，核内有仁，仁内即元之所存详见前卷《元字精义》，物虽小而生意无穷。至初爻变为巽，则元已不可见，故巽为"不果"，又为"伏"，"伏"者即谓元之伏藏而不可见，即"无首"之义也。易象之妙。极深研几，无一字不有精义存乎其间。

或问："乾为木果"，即乾上爻之象乎？曰："硕果不食"，上爻之象也。而"穷上反下"，则为初爻。故"木果"二字，须合两爻以见义，经于剥上曰"硕果"，曰"不食"。二字均有分寸，不可不深思熟察也。

或问：乾乃纯阳，何以为寒为冰？曰：阳畜于阴，寒与冰，皆以阴畜阳。乾居西北，固阴沍寒，阴阳相薄，凝而为冰所谓阴阳既合以后之象也。故乾西北对东南巽，乾巽曰"小畜"，乾居西北，于先天之位为艮，艮乾曰"大畜"，大畜小畜而阳始生，犹必潜以养之，勿用以守之，刚健纯粹，夫岂一朝一夕之故哉。

或问：艮为虎，兑亦为虎。艮为虎，乃荀九家之说；按之于经，则履之"虎尾"，革之"虎变"，皆似兑象，究何从乎？曰：履与革，固有兑象。而颐之"虎视眈眈",则艮象也。此即前文所谓以对卦而相通之一例也。考八卦之象,艮为狗,因艮外刚而内柔,狗之性似之,故为狗。然艮有成终成始之德,能与刚德相终始,则为虎。兑之本象为羊,履之"虎尾",革之"虎变",曰"尾"曰"变",明非兑之本象也。至兑之为虎,乃另属一义。兑居西方,上直昴宿白虎之位,亦如乾卦之取象苍龙,则因位而取象,与刚柔之说无与矣。

或问:坤为布为釜,乃坤之本象乎?曰:非也,此皆阴阳化合而生之象也。坤与乾合,则阴阳经纬而有布象。坤得离坎,则水火济用而有釜象或缶象,缶亦釜也。《易》有缶而无釜,因上古火化之始,未有釜也,观比之"盈缶",坎"用缶",离"鼓缶",可会通其义矣。曰:阴阳经纬,既乾坤相合之象,何独于坤言之?曰:阳气而阴质也。曰:乾亦有称布乎?曰:有诸。乾施坤受,施亦布也,布五行于四时,乾之布也。布同而义殊矣,妙哉,《易》之为书也。

或问:离为鳖为蟹为蠃为蚌为龟,此五者,惟龟象见于颐与损益,余象皆不见经传,其义何居?曰:五者皆水族也,不属诸坎而属诸离,以见阴阳互藏之妙焉。旧说以五者皆甲虫,外刚内柔,故以取象。是矣,而未尽也。离中虚能受,故能纳五行之精,得巽木之精为鳖,得震雷之精为蟹,得兑月之精为蚌,得乾金之精为蠃,得坎艮之精为龟,而皆受化于坤土,观象于颐可得其义,推而广之,其象可见也焦氏《易通释》谓"《易》之言敝即鳖也,言解即蟹也,言嬴即蠃也,言邦即蚌也"。于义亦通。

或曰:坎为月,今以兑为月,是非邵子之象乎?曰:非也。卦之言象,以相对见义。坎离相对,离为日,则坎为月,离为火,则坎为水。兑之为月,对于震巽取义,《易》之言月者,除日月对举者则指坎,余皆指兑言也。

或问:《系》下传"龙蛇之蛰以存身焉",是否指乾卦之象?曰:然。咸卦三爻至五爻互乾,乾四爻之"上不在天下不在田中不在人"者,以此四爻乃在乾卦之中。咸《象》曰:"君子以虚受人"者,即此一爻,故称

"龙蛇"。"龙蛇"者，未确指其为龙为蛇，与"或跃在渊"之"或"字相应者也。盖乾之对宫为巽，巽于十二辰，贞在辰巳，辰为龙，巳为蛇。跃者，超越而上之名，言四爻能超跃越过己之一位，即及于离午而为飞龙，不能及于离午，则在巳而为蛇，辞意极为明晰。按之于象数，无不丝丝入扣者，圣人之文，真与造化同工也。

或问：《说卦》"离为龟"，乃六十四卦之有离者，均不言龟，独见之于颐与损益何也？曰：颐与损益，皆刚外柔内，有离之象，来氏所谓"大象"是也。颐与损益，大象似离，故言"龟"，亦即圣人示人以取象之一例焉。曰：在损益皆称"十朋之龟"，何也？曰："十"者，取其最多之数，即天一至地十之数也。"朋"者，阴阳相合，以天一地二天三地四，数各有合，故曰"朋"。此"龟"字与震卦"亿丧贝"之"贝"字同，古人无钱布，龟与贝皆宝货之一类也。故以象言之，颐之龟乃活龟，而损益之龟则龟版耳。

或问："巽为寡发"，李氏《集解》作"宣发"，虞注曰："巽为白"，故"宣发"，将何说之？从曰：两说皆可通也。巽为长女，凡女之愆时未嫁，及早嫁而生育过多者，血皆失其经而发秃，故曰"寡发"。秃必于前额，故亦可曰"宣发"。《考工记》"半矩谓之宣"，似"宣"之义更能形容酷肖，较"寡"字尤周到也。

或问："巽为近利市三倍"，其于象也何居？曰：此象之微妙，非通全卦而观之，仅就巽之三画以探索之，无从得其义焉。巽为入，有入而无出，得坤吝啬之性。然坤柔顺，故虽吝啬，尚不致为贪。而巽之体，则乾体也，以乾体之健，行坤性之吝，更兼其本性之入，三者合之。所谓"三倍"也。然则"近利市"三字之象，又从何而来也。曰：此则须索之于八卦方位也。八卦巽居东南，其前则东震也，其后则南离也。离与震，火雷噬嗑，"日中为市，致天下之民，聚天下之货，交易而退，各得其所，盖取诸噬嗑"。今巽之方位，适介于噬嗑上下卦之间，非"近利市"而何？

故圣人之于象。一字一义，必有根据，潜心以求之，多方以索之，方能知其妙。若以不解解之，其奥义终莫能得也。

或曰："宣发"与"近利市三倍"，其象义之妙既闻之矣，而巽又为"多白眼"，亦必有妙义，可得闻欤？曰：此则前人已有言之者矣。曰：离柔居中，为目之正，巽阴反下，而二阳上，故"多白眼"。似为来氏之说，于义颇近，尚未明畅，请申言之。离为目，巽之下，即离之上也，离之下，即兑之上也。此即虞氏所谓"半象"，故经文于兑称"眇目"，履与归妹皆兑，皆曰"眇能视"是也。以兑例巽，则巽亦眇耳。惟巽又为白，白者，上二阳也，是巽之眇，白且占三分之二，非"多白眼"而何？"多白眼"三字，不啻将巽之眇活画出来，神哉，化工之笔也。

或问："坎其于人为加忧，为心病，为耳痛"，旧解为阳陷阴中，心危虑深，故"加忧"。忧之甚为"心病"，心以虚为体，刚画梗于其中故"病"。惟"耳"亦然，坎为耳，外阴内阳，取象阳之聪也，又为"耳痛"，象阳画之梗于其中也。其说当乎？曰：否否，坎曰"惟心亨"，正以阳之正中也。若以阳之梗于中为病，则天下之心，殆无不病者矣；阳梗于中为"耳痛"，则天下之耳，将无不痛者矣。其说之诬，不待辩矣。坎为耳为心，其本象也，其为"加忧"，为"心病"，为"耳痛"，则因所处之时与位而言，所谓阴阳既合以后之象，阴阳合则变化生，曰"忧"，曰"病"，曰"痛"，明明既动以后之事，乌得以本象之阴阳言之。"比乐师忧"，同一坎焉，何为于比则乐，于师则忧，岂比之坎刚画梗于其中，而师之坎则无刚画梗于其中耶？岂比之坎阳陷阴中，而师之坎阳出阴外耶？同一坎也，同一坎与坤也，同为一刚而五柔也，乃忧乐顿异者，则惟其所处之时与位之不同耳。然忧与乐，固同此心焉，处忧则忧，当乐而乐，或先忧而后乐，或先乐而后忧，时与位无定，君子处之无成心焉，故曰"加忧"。加者非所固有，从而加之之辞，坎《象》曰："惟心亨，往有尚。"尚即加之义也。物失其中为病，艮之"危薰心"，心病也，不安其中亦病，咸之"幢幢往来",亦心病也。坎者通也,失其通为痛,噬嗑之"荷校灭耳",《传》曰"聪不明"也,乃耳痛也,未闻刚梗于中之为病为痛也。腐儒不明象义,又不熟经文,仅知于一卦三画中求象,求而不得,于是以刚柔之卦画,以己意揣测而附会之,而不顾其理之是非,此言象者之所以授人口实也。

坎之为矫揉,亦非其本象也。凡物件之矫揉者,必先炙以火而以水定之,故坎象之为矫揉,亦必在与离相合,或在与离通变之后,而弓轮则更因矫揉推而及之者也。盖物之有弓与轮,乃为矫揉之最著者也。《易》象有相因而及者,如艮为门阙,因更为阍寺,兑为口舌,因更为巫。皆与此一例也。

或问:象之言数,是否即"七日来复""八月有凶"与"十年不字""十年勿用"之类?曰:非也。此乃言爻与卦之数,虽与象不尽无关,然不可即谓象之数也。然则象之倚于数者如何,可略举其例欤?曰:《易》之为书,参天两地而倚数。三画成卦,参天也,因而重之,两地也。六画而分三才,又参天也,三才而迭用柔刚,又两地也。用九用六,又参天而两地也。故《易》之立言,殆无一不倚于数,详言之,非短辞所能罄,当别论之。象之倚数,亦不能离乎阴阳,阳数参天,阴数两地,参两之数,无不原本天一至地十之五十五数,而折为五行,分寄于象。故象之言数,以根于五行及九宫之数为多,而五行各有始有壮有究,数又有别也。《易》穷则变,穷于数也_{天数极于二十有五,地数极于三十,天地之数穷于五十有五。故生数终于五,成数始于六,天地生成之数合于五六,乃为天地之中,七则反以天之五分阴分阳,故干之数十,以地之六迭用柔刚,故支之数十二。十三则凶,阴九阳六,六九五十四为穷之灾,而五十六为凶之始,而九十六与一百零六皆凶数}。是故欲明象之数,必先别其时位,时有三候_{即始壮究也},位有三等_{即初中上也},明乎此于象倚于数之理,思过半矣。

逸　　象

《易》象掌于太卜,周室版荡,典章散逸,东迁而后,未能尽复故物。

孔子《说卦》所传，即为掇拾残阙之遗，而又历经劫火，简策散失。比及西汉，两篇《十翼》，犹阙《说卦》三篇，后得河内女子发于废屋，即今之《说卦》是也，卦象残阙，自所不免。荀九家补象，乾有四，坤八，震三，巽二，坎八，离一，艮三，兑二，都三十有一。朱子已取以列入《本义》，而孟氏之逸象，又十倍于九家。计乾之象六十有一，坤八十一，震四十九，坎四十七，艮三十七，巽二十。离十九，兑九，共三百二十三，亦云夥矣。而后儒如何妥、于令升、候果、朱震、来知德及胜清毛锡龄，亦均有补象，要皆采自二篇《十翼》者为多，如九家所补之三十一象，惟坤之帛与浆，震之为鹄，巽之为鹳，未见于经，余皆经传所有者也。《易》道广大，无所不包，象足以尽物，物不足以尽卦，《易》《说卦》于象曰"其于物也""其于人也"，亦举一隅而已，触类旁通，非列举所能尽也_{荀九家者，荀慈明集九家《易》解，为书十卷，见于班《书》。而《文献通考》引陈氏说谓"汉淮南王所聘明《易》者九人，荀爽尝为之集解"。但陆氏《释文》序录列九家姓氏为京房、马融、郑玄、宋衷、虞翻、陆绩、姚信、翟子元、荀爽，与前说不同。但考陆氏所列诸家，无论时代后先，且立说各异，有相冰炭，决非可合而为一者，姑录其说以备参考可耳}。

卷 四

君子有攸往

坤《彖》曰："君子有攸往。"读者于此一句，往往忽略，顺口读过。而自汉以后，讲《易》者无虑千数百家，亦均未着眼于此。宋儒或以为占辞，以君子指筮者，则更为无稽。须知此卦为六十四卦之第二卦，上承六十四卦第一卦之乾卦。文王于乾《彖》，只系以"元亨利贞"四字，以概括乾德，即以概括六十四卦。以乾为天行，荡荡莫名，舍此四字，实无可以表示乾德而概括无遗者。坤以承乾，故亦首系以"元亨利牝马之贞"，"牝马"二字，绾合乾坤，以示阴阳合德，刚柔有体。所谓立天之道，立地之道者，皆以此"元亨利贞"四字挈其纲矣。然天地之道，非人莫明，天地化育，非人莫参，先圣作《易》，原以明人道以立人极，故于坤《彖》"贞"字之下，即大书特书曰"君子"，所以正名定分，乃《周易》开宗明义之第一特笔也。读者疑吾言乎？试即文王六十四卦之彖辞索之，可比较而得之矣。谦为人道之卦，曰"君子有终"，否曰"不利君子贞"，同人曰"利君子贞"，皆此"君子"也。周公系爻于乾三之"君子终日乾乾"，孔子赞《易》，六十四卦《大象》之"君子"，皆述文王之意，所以阐发此一句"君子"两字者也。乃后人犹不注意，不将前圣后圣垂教之苦心，一笔抹煞乎？"有攸往"者，乃郑重指导之辞，三字具有无穷深意，亦不当忽略读过。此"有"字，乃全《易》开卷第一"有"字，即《序卦》"有天地然后有万物"与"有男女有夫妇有父子"及"礼义有所错"之"有"，言既有乾"元亨利贞"，既有坤"元亨利牝马之贞"，而后"君子"始"有攸往"之可言矣。"攸"者安也久也，"往"者进也，上言乾坤之"元亨利贞"，乃天地之道，循环而无端者也，而君子以参赞天地，乃进化而不已者也。故曰"有攸往"，与近世哲学家所谓天行之往复为循环线，人治之进化为螺旋线，其理正相吻合。以下六十四卦，皆根此立言，以明人事之是非得失而定吉凶。自读者将此重要之经文滑口读过，宋人不得其解，更以"君子"二字为指筮者而言，于是全《易》《彖》《象》，皆索然毫无生气，孔子之《大象》所谓"君子以"者，亦味同嚼蜡矣。

得朋丧朋

坤"利西南得朋，东北丧朋"二语。注解不一。王肃以下，大概以朋为阴类，西南离巽兑皆阴卦，故"得朋"。东北震坎艮皆阳卦，故"丧朋"。以喻女子在室得朋，犹迷而失道，出嫁丧朋，乃顺而得常。阴必从阳，离丧其朋类，乃能成化育之功，而有安贞之吉。史徵、崔憬及程朱《传》《义》之解释，大略如此，其于文义，终觉牵强。言虞氏学者，以纳甲为言，以坤之得朋，为月之得明，则以朋为阳矣。辛斋以为欲解释此二语，必先定朋字之确诂，究竟指阳说，抑指阴言。按西南固坤之本位，坤中爻二三四䷩为益坤，三四五䷨为损坤，故损之五，益之二，皆曰"十朋之龟"，此"十朋"，即坤《彖》"得朋""丧朋"之"朋"也。而损之六三，曰："三人行则损一人，一人行则得其友。"以损之义为损下益上，损泰䷊下卦之三，以益上卦之上，泰变为损，下乾乾子丑寅三人。去其一爻，故曰"三人行则损一人"，损此一爻以益坤上，虽成损，而上与三仍得阴阳相应，故曰"则得其友"。据此以观，则阴以得阳为朋，阳以得阴为友，其例甚明，而坤《象》之朋可得言矣。坤方于十二辰为未申之位，于消息卦为否为遁，否下卦坤，故"先迷"，上卦乾，故"后得主"。坤间辰六爻，未巳卯逆行，自西至南，由遁至乾，皆阳爻日增，故曰"西南得朋"。自乾以后，而东而北，夬壮泰临复，阳爻递减，故曰"丧朋"。至戌亥归坤，纯阴无阳，朋丧尽矣。更逆行至酉，为坤之终位<small>兑酉数十，十亦为终</small>，值兑之正位，兑"九四之喜，有庆也"，故曰"乃终有庆"。则自"先迷后得主"以下，可一气贯串，无一字不脚踏实地矣。至"十朋"之义，原为天一至地十之数，各相有合，在坤言坤，以阴得阳，故曰"十朋"，与前说亦相合也<small>以消息言之，得者息也，丧者消也，得丧者，即消息二字之代名也。以坤消乾至东北而乾阳消尽，反为纯坤，丧朋之为消阳，可无疑义矣</small>。

履霜坚冰至

坤初六："履霜坚冰至。"旧说尚无悖于义，惟以"坚冰"二字为疑，于是臆说纷纭，妄相揣测，而于圣人立言之本旨，相去愈远矣。须知此爻乃坤卦初爻，乃六十四卦阴爻之第一爻，亦即以阴消阳之第一爻也。刚柔始变，阴阳大化根本所自立之初，岂可轻易忽略看过。周公系爻，郑重言之曰"履"，"履"者何，践履也。以履冠六十四阴爻之初，以明人生涉世之初步也。离卦之初曰"履错然"，以殿上经，以示有始必有终，两"履"字遥相呼应，非泛文也。孔子韦编三绝，深能契合文、周之心，故《系传》于三陈九德，独举一"履"，再三反覆，推勘尽致，以明立德之本，虽仅举九卦，而六十四卦可以意推之矣。故"履"之一字，即以为全《易》之纲领，为圣人以《易》立教精义之所在，亦无不可也，岂可轻易忽略看过哉。"坚冰至"，原非坤初爻之候，乃周公以系于初爻者，虽曰防微杜渐之意，然实《周易》之一种特别笔法，学者更不可不知也。阳顺阴逆。坤乃阴卦之宗，故圣人系辞，皆用逆笔，特由"至"字反说到初。观乾曰"元亨利贞"，坤曰"元亨利牝马之贞"，其文气亦皆一顺一逆，孔子赞坤，亦以"至"字开口，真能与文王周公心心相印者矣。观象玩辞，不可不于此等处加之意也。

不习无不利

坤六二"习"之一字，亦《周易》最要之眼目也，亦不可忽略看过。初曰"履"，以明人生涉世之始也，二曰"习"，以明涉世后必至之一境也，紧接上文，一气而来。"霜"犹"履"也，"坚冰至"则已"习"矣。人之生，性相近也，"习"则远矣，善恶分途，积微成著，无不由"习"之一字而来。圣人慎所习，惟立教以济之，故坎特著曰"习坎"<small>坤二爻坎位也</small>，孔子《大象》曰"君子以常德行习教事"，而《论语》曰"学而时习之"，此皆善用其"习"以立人道者也。自世运递降，天德王道已成故事<small>盎，故事也</small>，后世雄才大略之君相，恒利用"习"之一字，为操纵斯民之具。非常之原，黎民惧焉，乃施之以渐，令习而安之，则习非且可以胜是矣<small>如革命之说，初闻者无不掩耳却走，骇为非常。乃一再试之，舆论和之，曾几何时，昔之掩耳却走者，或且醉心从之矣，此即习之说也。近世欧美大政治家欲有所设施恒先建议以造成舆论，使人民习见习闻而后行之，举重若轻矣</small>。然圣人之化民成俗，尚道德不尚事功，操纵之术，非所屑焉。端民习于就学之始，熏陶而善良之，化行而俗美，则施之于事，"不习"自"无不利"，此岂一朝一夕之故哉。周公系"习"于坤之二爻，以承"履霜坚冰"之后，其用意至深远矣。

乾坤之字法

乾，天行也，坤，地道也，天运于虚，地征诸实。故乾以言道，坤以言德，道运于虚，德征诸实也。详玩两卦象象，乾曰"元亨利贞"，坤则曰"元亨利牝马之贞"。全卦六爻，乾则象以潜、见、跃、飞、亢及乾乾惕若，皆用虚笔，而坤则曰"履"、曰"习"、曰"可贞"、曰"括囊"、曰"黄裳"、曰"血"，笔笔皆征实矣。圣人之笔，妙极神化，孔子赞

《易》，为衰世之救济，略天道而言人事，由下学以希上达，故首重立德，由立德以明道。然明道与立德，均非辞无以见焉，是以《文言》曰"修辞立其诚"，上下两篇之《系辞》，又各为之传。又特表而出之曰"以言者尚其辞"，又曰"所乐而玩者爻之辞焉"，皆教人以学《易》之方也。卦有小大，辞有险易，言小大而阴阳可知，言险易而顺逆虚实可知。学者必潜心玩索，始能微显阐幽。兹略举乾坤两卦之字法，余卦可类推，而《十翼》之辞亦可类及矣。

咸宁咸亨

乾《象》曰："首出庶物，万国咸宁。"坤《象》曰："含弘光大，品物咸亨。"此以赞乾坤化育之功，皆阴阳合德，交相为用，乾用九以变坤，坤用六以承乾，仅一"咸"字，已将乾坤两卦绾合，有天地纲蕴之妙。咸者上兑☱下艮之卦，乾在坤中，所谓"二气感应以相与"，"天地感而万物化生"者也。夫"庶物"与"万国"，皆坤象焉，乾元"首出"，久道化成，于是乎有"咸宁"之庆，"弘"与"大"，皆乾象焉，而坤能"含"之"光"之凡阳必得阴而始光，如日必遇地与月或其他能受光之质而光始见也。于是乎"品物"有"咸亨"之象。然而乾之"咸宁"，宁于坤焉，而坤之"咸亨"，亨于乾焉，交互错综，妙合无间，神哉化工之笔也。至临之"咸临"。姤之"咸章"。皆以一"咸"字以形容阴阳构合之妙。临数一二，一二为子丑，子丑阴阳始合，姤数七八，七八为午未，午未天地相遇，为阴阳中合，与乾坤两卦之"咸"字，互相印证，互相发明者也。

咸　感

咸《象传》曰："咸，感也旧说咸感无心，兑说无言，无心之感其感始至，无言之说其说乃大，二气感应以相与。"盖物理必异性者乃能相感，而善感者莫如人，人之善感者，莫如男女，尤莫如少女少男，故以少女少男之卦名之曰"咸"。而咸卦六爻，又均取象于人身，则以感觉之最灵且捷者，更莫过于一身焉。六爻初"拇"，二"腓"，三"股"，五"脢"，六"辅颊舌"，四当为"心"，乃不曰"心"，而曰"憧憧往来"，以心不可见，且咸之感，本无心也。卦爻取象之精细，可谓剖析毫芒，至义蕴之妙，更有非言语所能形容，细玩逐爻之辞，见深见浅，必有所得焉_{物理异性则相感相吸，两性既感而吸合，则原有之两性相消而等于无，故咸又为无。又咸从戌从口，戌亥数无，先天卦艮居戌口与兑相对，故兑艮为咸而咸为无，后天卦乾居戌亥，故乾亦为无。}

万物庶物品物

"大哉乾元，万物资始""至哉坤元，万物资生"，此言盈天地间之事事物物而约其大数，即上下"二篇之策，万有一千五百二十以当万物之数"者是也。乾《象》曰"品物流形"，坤《象》曰"品物咸亨"，"品物"者，物之既成，可以类而别之，故曰"品"。"品物流形"者，乾流坤形也，坎也，"品物咸亨"者，坤承乾亨也，离也。可见乾坤二《象》，无一字不互文见义者也。至"首出庶物"，不曰"万"，不曰"品"者，乃合"万"与"品"而兼言之，对于"首"而言也。通言"万"物，未分类也，物而曰"品"，则"方以类聚，物以群分"矣。既"类聚"以"群分"，则必有一焉超乎其类统乎其群者，即"首出"之义，而不为"首"者皆"庶"也，故曰"庶"者，对于"首"而言也。不曰"首出万物""首出品物"，而必曰"首出庶物"，可见圣人修辞之精，无一字虚设，无一字苟且焉。

损益盈虚

下经之损益，犹上经之泰否也。上经始乾坤，至小畜履凡十卦，阴阳爻各三十，而继之以泰否，为乾坤变。下经始咸恒，至蹇解亦十卦，阴阳爻各三十，而继之以损益，咸恒为乾在坤中，损益乃坤在乾中也。天行人事，均不外乎否泰往来损益盈虚而已。旧说泰损下益上<small>损下卦之九三以益上卦之上六</small>，则成损，否损上益下<small>损上卦之上九以益下卦之六三</small>，则成益。然则否泰往来，损益盈虚，其所以转移变化之机关，俱在三爻，三爻者，人爻也，以明否泰损益皆在于人，而天地无与焉。天行之否泰，人得而转移之，人事之否泰，天地无如何也。孔子于乾之九三，反复申明其义，曰："与时偕行"，在损曰："与时偕行"，在益曰："与时偕行"。否泰者时也，损益者人也。"与时偕行"，则否可转泰，不能"与时偕行"，而"与时偕极"。则无泰而非否矣。"与时偕行"者何？即所谓终日乾乾，乾行者是也。然而经文于损，独曰"有孚元吉"者何也？曰：损上益下，其理近而易明，其事顺而易行，故否泰之转移尚易。然否转为泰，泰复转为否，泰否往复，循环不已，又乌能日进无疆。吾国数千年历史皆一治一乱，循环往复，致人事永无进步，不能与世界列强相抗衡者，正以吾人只知以益求益，而不能以损求益，故极其功只能转否，而不能化否。能化否，则否变同人，同人而进于大有，世运始有进步，始避泰否之循环线，而入于倾否之螺旋线，然后得合于进化之正轨也。故孔子又于益之《象传》申明之，曰："益动而巽，日进无疆。"此损益之大道<small>天行先泰而后否，人事先损而后益</small>，先圣之象已明示之，孔子赞《易》又一再言之。乃三千年来竟无一人能察圣人之象，味圣人之言，以求日进而无疆，坐令锦绣之乾坤，困于一治一乱之轮回，而无发展之机，不亦深可痛哉。辛斋何人，于古先大师大儒之学，曾不能仰望其肩背，讵谓能发前人所未发，明前人所未明，以补数千年之罅漏？或者时事相催，劫运当复，天诱其衷，困诸囹圄，导诸良师，开其一隙之明，畀引其端，庶圣意不致终晦，后人得藉此发挥而光大之，以臻世界之大同，未可知也。九仞之山，成于蚁垤，辛斋其亦一蚁而已。

水火亦有二

八卦播五行于四时，木金土各二。惟水与火各一，震巽木有二也，兑乾金有二也，坤艮土有二也，惟离火坎水各一。先儒谓离坎居中，中不可有二，故水火均一也。又谓木金土皆有刚柔，惟水火无刚柔可分，故不能有二。然以十干分配五行，则水火木金土各有二，以十二辰分属五行，则水火木金各有二，而土有四，则水火不二之说又不可通。辛斋以为八卦于水火，亦各有二，与木金土无异焉。离为火，震为雷，雷亦火也，坎为水，兑为泽，泽亦水也。震为雷，震之一阳出于坎，阴根于阳，《内经》所谓龙雷之火，乃真火也，故于十干属丙，而离火属丁。兑之一阴丽于离，故曰"丽泽兑"，阳根于阴，其义取明水于月，乃真水也，于十干属壬，而坎水属癸。水火同源，阴阳互根，皆归本于太一。俗儒未察五行之原理，以卦只有八，而五行之分阴分阳，其数有十，遂无可措置，曲为之解，遂有水火不二之说，而不自知其不可通也。

九宫八卦之真谛

八卦坎一，离九，震三，兑七，乾六，巽四，坤二，艮八，乃九宫之数，即洛书数也。后人不得其解，异说纷纭，各执一是，而互相驳难，究莫能得其要领。此由于不知九宫之真谛，无怪其开口便错也。九宫本于太一，以一行九，如乾坤之周流六虚，分阴分阳，循环无端，一九三七二四六八，即阴阳太少之四位焉。阳为气，阴为形，气与形有纯驳，而太与少别也。一九太阳，纯乎气者也，故坎离居之。二八少阴，纯乎形者也，故坤艮居之。三七少阳，气与形相兼者也，故震兑居之。四六太阴，纯乎形亦纯乎气者也，故乾巽居之巽为柔木，得气之初，成形最早。乾为金刚，得气最纯，成形最坚。故柔木烧之而无炭，金刚化之而无质，此所以为太阴，阴极生阳，而玄牝为万化之根也。支支节节而解之，一卦一象以求之，其泥而不能通也宜矣。

天地絪缊男女媾精

上经首乾坤，下经首咸恒，咸恒天地合体之卦也，泰否损益，亦天地合体之卦也。乾坤合德，见于咸恒，泰否交构_{泰否为天地交}，见诸损益。故"天地缊，万物化醇；男女媾精，万物化生"，赞诸损之六三。天地缊，阴阳首交，而物以气化；男女媾精，雌雄尾接，而物以形化矣。形能夺气，物既成形，专于形化，而气不复化，亦致一也。是故天下之物。其初生者无不以气化，天地之始合也。天地终合，万物毕具，形成名立，气为形夺，而气化者少矣。然终则复始，气机之流行，仍无少异，即气化之用终不可绝。不但形之微者仍归气化_{如无骨之虫类是也}，即形化者亦或感于气，而蜕化，而变化_{如雀化蛤，鱼化雀，沙鱼化鹿，化虎，人亦有时化虎之类}。生生化化，神妙莫测，皆资始于乾元，资生于坤元，实资于天元一_{数学以立天元一，御无穷不尽之数，亦此理也}。天元一不用_{以不用为用}，故其用不穷，用地元二_{一二天地合，三三生万物}，天元一子，地元二丑，子丑天地始合。缊气化之候，在卦子一复丑二临，复一小不用_{复小而辨于物}，用临二大_{临下兑。兑数十，十数盈数也，故大}，故临之初九九二，皆曰"咸临"_{咸乾在坤中，以阴含阳，阳动阴中，阴阳合德，资始资生，二而一矣}，而乾坤二《象传》，孔子皆以一"咸"字形容之。"咸临"于初爻初应四，四曰"至临无咎"，即"至哉坤元"之"至"也；"咸临"于二爻二应五，五曰"知临大君之宜"，即"大哉乾元"之"大"也。乾"大"坤"至"，天地之气。充满流行，密合无间，"天地缊，万物化醇"也。一二合生三，天地合生人，一气而二形，一精而二纯，子丑二而寅三为人道，在卦为泰。泰为通，天地之气以人而通，乾道成男，坤道成女，乾交于坤，坤交于乾，而咸恒夫妇之道立。损益盈虚，相为消息，"男女媾精，万物化生"也，故孔子于损之六三爻言之。

二与四三与五

二与四，三与五，全《易》之重要关键也。不明乎此，则象象终莫得而解，故孔子于"原始要终"一章，特详言之。然此章文义深奥，学者莫明其妙，甚或不能句读。因之异说蜂起，《易传灯》甚至疑为伪作，是二三四五之说终不能明。故特将此章全文诠释之，而后刚柔变易之道，始可得言也。《系传》曰："《易》之为书也，原始要终，以为质也。六爻相杂，唯其时物也。其初难知，其上易知，本末也。初辞拟之，卒成之终。"此一节明设卦观象之法。《易》之为书，上下二篇，皆原始要终，上经以乾坤始，坎离终，下篇以咸恒始，既未济终，即全《易》以乾坤始而坎离终。乾坤坎离为先天南北东西之中，乾坤纯阳纯阴，其体始终不易，坎离为阴阳之中，其体亦始终不易。故后天以离坎代乾坤之位，六十四卦原始要终，皆乾坤坎离而已。六十四卦有其始终，一卦亦各有其始终，乾坤坎离以为之体，而离变其终则为震，震反则为艮，坎变其始则为兑，兑反为巽，而离变其始亦为艮，坎变其终亦为巽，巽艮反仍为兑震，则六爻相杂矣。六爻相杂唯其时之不同，而阴阳之变化其成象各异。其初难知，变之始也，其上易知，物之终也。初立其本，终得其末，初率其辞而揆其方，既有典常，卒能成其终，而一卦之体用可见矣。而一卦六爻相杂，唯其时物，亦各自有其始终。初难上易，有本末之分，知其所先后，则拟之于初者，卒能成其终。此就全卦六爻而言之也。然初者物之始，而用未著，上者时已过，而用或穷。故又曰："若夫杂物撰德，辨是与非，则非其中爻不备。"物者，阴物阳物之总名，杂物则阴阳迭居其位而文生矣。撰者有选撰拟议之意，因阴阳之杂居、其德不同，则是非可辨矣。又曰："噫亦要存亡吉凶，则居可知矣。知者观其象辞，则思过半矣。"此又咏叹以长言之而申明上文意也。来知德氏以"亦要"为句，而"要"读"腰"，谓即指中爻，似属牵强。"亦要"者，即大要云尔，犹言约举其大概也。"居"者，刚柔迭居，屯见而不失其居，即二四三五是也。二四三五，已过全卦之半，此四爻皆谓之中者，以二五乃上下卦之中，三四又二与四，三与五之中也。故又曰："二与四同功而异位，其善不同，二多誉，四多惧，近也。柔之为道不利远者，其要无咎，其用柔中也。"此即所谓下中爻也。二至四合成三画卦一，既成一卦，又自有其上下之位，既分上下，其善与不善，便有不同。统观六十四卦，凡二爻每多佳誉，而四爻每多恐惧，何哉？因四之位近于五，而四为柔爻，柔之为道，逼近于刚者不利，故"多惧"。而二虽同为柔爻，则远于五矣，远者大要可以无咎，况二又为下卦之中，柔而得用，此其所以"多誉"也。又曰："三与五同功而异位，三多凶，五多功，贵贱之等也。"此即所谓上中爻也。三至五，亦合成三画卦一，而六十四卦之三爻，多凶，而五爻多功，何哉？则以五贵而三贱，五得位得中，而三则非所论也。综二四三五而言之，二与四柔爻也，三与五刚爻也，故又曰："其柔危其刚胜耶。"二四虽同为柔，惟四独危，三五虽同为刚，而五独胜。此总论二四三五之位，而成卦以后，则刚柔杂居，柔者或以柔而益见其危，刚者或过刚而更著其凶，存亡凶吉，观其居，则可知矣。

柔乘刚

《易》柔乘刚之爻，皆二三五。始于屯之六二，阴阳始交而难生，难由于六二之乘刚也<small>乘非二乘初之谓，乃坤六二之柔爻乘乾九二之刚爻，以柔敌刚，刚为所覆而伏于下，故曰"乘刚"</small>。凡柔乘刚有其渐，始则柔遇刚<small>姤，遇也，柔遇刚也</small>，遇而不以为异，渐而柔乘刚<small>履柔履刚也</small>。履而不止，渐而柔乘刚，乘刚而不止，终之即柔变刚<small>剥柔变刚也</small>。至柔变刚而乾爻二三五，均为柔乘，乃柔乘五刚，六十四卦终于柔变刚，乃刚决柔矣。始柔遇刚，而姤柔壮，壮震起，不艮止之，而震起者皆乘刚爻矣。二三五乘刚爻，天地三人爻睽不同人，遇刚敌刚而乘刚，莫凶于三爻矣。是故乘刚，始屯六二乘马，屯乘马出之井，井二三五刚爻不可柔乘，柔乘则刚揜，刚揜则困，故乘刚莫凶于困之六三爻也。是以震六二，乘刚也，噬嗑六二，乘刚也。天地乘刚爻皆于六二，乘刚难始，即难在三五，三五天地日月候。三柔乘，困刚揜，五柔乘，豫贞疾，皆日月揜食象也。

柔乘刚，则坤有尤，而乾有悔。故《易》无尤之爻，恒在二四五，尤，异也，睽，异也<small>睽三五柔</small>。西南坤柔道，以物见异为有尤，乃乘刚也。东北艮终止之，以终止坤柔，不见异，不乘刚，而终以无尤。故于天地西南<small>离兑</small>睽异，而终于东北蹇难，艮止之，二三五震起，而柔乘刚者皆二四五，反震而艮止之，则终无尤矣。是以屯二，乘刚也，屯震反艮，屯成蹇，蹇二终无尤也。噬嗑二，乘刚也，噬嗑震反艮，噬嗑成旅，旅二终无尤也。豫五，乘刚也，豫震反艮，豫成剥，剥五终无尤也。柔刚二三五终无尤，二四五天地中，三四反类，故困三乘刚也，困反类贲，贲四终无尤也是。以无尤皆二四五柔以艮止，乘刚皆二三五柔以震起也。

　　二三五不柔乘，二四五终无尤，于是坤无尤而乾悔亡，为贞吉悔亡。故《易》贞吉悔亡爻，恒为二四五，乃坤柔不乘刚，乾刚不柔乘，是以坤贞吉而乾悔亡。坤贞吉，贞于坎，乾悔亡，悔于离。天地南北离坎，《易》日月一二明始，故正北方卦子丑，坎艮蹇贞吉，南方卦午未，离坤晋悔亡。而晋以下子丑二初贞吉，上午未三五日月明悔亡。内子丑一二，家人内也，外午未七八，睽外也。家人二贞吉而初悔亡，内也，睽五悔亡，外也。天地内外阴阳，阴不可过乎阳，内阴壮不可也。故家人内，有恒不可有壮，是以家人二贞吉，而恒二悔亡。恒二悔亡，爻止二字，即大壮二悔亡，爻止二字，为内阴不可壮而止之。于是正北方坎卦内正，而南方离卦无悔，可大壮往外，是为大壮内二贞吉，而外四五贞吉悔亡而无悔也。天地坤始柔不可壮，壮则乘刚，坤有尤。乾后刚不可不壮，不壮则柔乘刚，乾有悔。是以大壮于坤柔壮止，于乾刚晋进，大壮正大，天地之情可见，而二四五贞吉悔亡而无悔可也。《易》于南北离坎，乃未济上下卦，大壮二四五刚柔爻，即未济离坎二四五刚柔爻。故大壮二贞吉，坎贞吉，大壮四贞吉悔亡，坎离贞吉悔亡，大壮五无悔，离贞吉无悔。故南北乃天地未济离坎六十四卦终也，故二三五二四刚柔中爻，为全《易》至要关键，不明乎此，《易》不可得而言也。

　　乾阳二三五在井<small>乾初九天一勿用，用地二，阴阳合德。故乾阳不曰一三五，曰二三五</small>，故井初下也，时舍也，与乾初下也，时舍同也。三多凶，惟井三王明受福<small>坤阴，晋二"受兹介福"，既济九五"东邻杀牛，不如西邻之禴祭，实受其福"，《象》曰"实受其福，吉大来也"，困九五《象传》"利用祭祀，受福也"。经传言福者，只此四爻而已</small>，坤阴二三五在噬嗑，故曰"噬嗑合也"，言阴与阳相合也。先王分疆画界取诸井，日中为市取诸噬嗑，燮理阴阳，以养万民，得二四三五之用也。井反为困，二与五同也，而三则变九为六，《象传》曰"困刚揜也"，即井九三之阳为柔所捋，故曰"刚捋"。困数三十六，天地数穷，穷则变，变则通，而通在井二三五，乾阳出用，俱在三四人爻反覆，故二与四、三与五内重要之关键，尤在三四也。

用九用六

卦用七八，爻用九六，七八其体，九六其用，故六十四卦无一非九六之用。孔子首以乾坤发明之，以示六十四卦无一非九六之用，实无一非乾坤之用也。然坤以从乾，地道无成，坤之用皆乾之用，六之用皆九之用。故特于乾《文言》一再申明其义，曰："乾元用九，天下治也""乾元用九，乃见天则"，又曰："天德不可为首也。"先儒于用九、用六二语，解释不一，或以占变，或以刚柔，或泛论君臣之道，或比附天地之气，或以"群龙无首"四字望文生义，或以"用六永贞"一言互明其旨。而皆未有确切不移之说，为至当不易之论者，揆厥原因，实由蔡墨之一语，曰："乾之坤，见群龙无首吉。"故主占变之说者，皆以用九为纯乾变纯坤，用六为纯坤变纯乾，其他泛言义理言君臣，更悠悠无可捉摸矣。夫经文既明明曰"九"曰"六"，则释经者自当先从"九""六"二字研究。得其确诂，然后推究用九、用六，及所以用九、用六之原。而证之以经，方为有据。端木鹤田氏曰："用九者，天一不用，用地二至地十"，诚为最扼要之论矣。夫先圣既以九六命爻，自无爻非用九、用六也，既称之曰"九"曰"六"，则必根据于天一地二之数可知也。今以天一地二之数推之，惟一与九不变，一不变者体也以一乘十乘百皆仍为一，而乘三乘四仍为三四，与二合则生三，而一之本数乃不见，故一不用，九不变者用也凡以九遍乘他数，无一非九，如二九十八，一八九也，三九二十七，二七亦九也，至九九八十一，八一亦九也。故自九乘一以至十，其积数为三百八十四，乃全《易》六十四卦之爻数也。而自一以后递加至十，积数为九十九，加至百为九千九百九十九，而皆虚其一。故一不用，不为首，而《易》之全数皆用九之数，坤之用六曰"利永贞"，天下之道贞夫一者也，则正与九对。由此推之，自二至八，其五位之相得相合，与卦位爻数之相得相合，均可次第而明。然后验之于日月，征之于四时，考之于声音律吕，发而为礼乐政治，人伦道德，皆一以贯之，而八卦六十四卦三百八十四爻，亦一以贯之，持论皆有实据，而非徒托之空言矣_{九六之用皆出于数理之自然，非人力可能加减。参看《易数偶得》各图自明。}

《大学》《中庸》《易》象

《大学》《中庸》，皆本于大《易》，以象证之，几无一句无一字，不与卦义卦数相合。数始于天一，卦始于坎子_{八卦之位，坎北方子其数一，艮东北丑寅其数二三，震东方卯其数四，巽东南辰巳其数五六，离南方午其数七，坤西南未申其数八九，兑西方酉其数十，乾西北戌亥其数无。乾无也，于文天屈西北为无，}子天一不用，乾初"勿用"，用始丑地二_{用地二至地十，而一勿用，是为乾元用九。}子天一复，复小，丑地二临，临大，坎"习教事"_{坎《象》曰："君子以常德行，习教事。"}教者斅也，临内卦兑，兑为学，子一至兑十，一始十终，而艮成终成始，念终始典于学，故曰《大学》。《大学》终始在艮，即在于乾九二_{乾初一子勿用。用地二丑，地二丑乃坤二之数，乾坤合德，故坎子隐伏，丑二兑见，故乾二曰"利见大人"}，九二"君子学以聚之，问以辨之，宽以居之，仁以行之"，大人之学也。大人之学，由于谨小而慎微，庸言之信，庸行之谨，闲邪存其诚，善世而不伐，德博而化，乃龙德而正中者也，故曰《中庸》。故《大学》《中庸》皆本于《易》，皆始于乾之九二，九二乃坎离爻，坎离南北正中，君子中道而行，《大学》由离而至坎，《中庸》由坎而至离，离坎上下，水火既济，圣功王道，备于此矣。《大学》之道，道本于天_{乾为天，戌亥数无，以无出有，乾知大始，冒天下之道，贞下起元，而元在坎子天一}，天一坎数，由一生二，阴阳合德，故曰"一阴一阳之谓道"。子一丑二，于天象为日月，子与丑合_{一二天地始合}，天地合德，日月合明，明也者，离也。离坤_{八卦离之右为坤，火地晋}乃晋卦，晋《象》曰："君子以自昭明德。"自昭明德者，乃君子戒谨恐惧慎独之功。其象著于西南离坤，而其本则仍在东北，故坎与艮，水山蹇，"君子以反身修德"。艮与坎，山水蒙，"君子以果行育德"。坎艮反复，"蒙以养正"，而圣功基于此矣。然君子之德，非独善其身已焉，己立立人，己达达人，重离继照，《象》曰："明两作离，大人以继明照于四方。"故曰："在明明德。"

离南方之卦，在先天乃乾之位也。乾与离，天火同人，"同人亲也"，乾君坤民，乾施坤受，离以乾体包孕坤阴，其亲也至矣，故曰："在亲民。"

"在止于至善。"善者，乾之元也《文言》曰："元者，善之长也。"至者，坤之元也坤《象》曰："至哉坤元。"乾元一，坤元二，乾一勿用，用在坤二，乾坤合德，则至善也。一生二，二生三，三乃艮之数，艮，止也，止于至善者也一二三，三生万物。子丑寅天地人，建子一复，丑二临，寅三泰。泰通而天地人之道通，万物咸备于我，此所以为君子立德之本。三者为大学之纲领焉。知止而后有定乾为知，艮为止。知止为乾坎艮三位，艮反身修德，反诸坎，所谓含三为一是也，知止反身修德，止于至善，则阴阳合德而既济定既济定也，既济六爻皆当位，皆一阴一阳，此之谓道。定而后能静乾动坤静，止于至善，以乾合坤，由动而返诸静矣，静而后能安坤先迷后得主，后顺得常，安贞之德，应地无疆，安而后能虑由艮而返诸坎者，复由坎而出诸艮，坎为思虑，《传》曰"能说诸心"，坎也，"能研诸侯之虑"，艮也，虑而后能得乾坤合德，乾以易知，坤以简能，易简，天下之理得矣。

"物有本末天地之数子一丑二寅三，三生万物，皆始于丑二，丑属牛，牛大物也，故物从牛。星纪起于牵牛，本末皆从木，木下为本，上为末，寅与卯属木，易象三才天地人，乾天坤地艮人，三才之数不齐皆齐于巽木。故巽也者齐也，齐之以巽，巽震成益，木道乃行，象也者，材也，材成辅相而天地人之用以彰，事有终始坤为有，乾为事，坤以从乾，故坤曰从事，从乾之事也。乾以统坤，故乾用格物，格坤之物也，乾始坤终，一始十终，而成终成始于艮，则终则有始，物无尽而事无穷，知所先后有本末终始则有先后，先者体也，后者用也，先后一德。明德体也，在所先也，明明德用也，在所后也。艮其止，止其所也，故所先所后皆在艮，而知其所先后则在乾，乾知太始。"知所先，则"先天而天不违"，知所后，则"后天而奉天时"，则庶几"近乎道矣"。

"古之欲明明德于天下者"乾坤一古今。乾以先坤，古以鉴今，乾镇而静，性也，感于坤而动，性之欲也。人各有欲，欲贵知止，欲能知止，知止于至善，足以自昭明德矣。"明明德"者，"明两作离，大人以继明照于四方"，是所谓由离而至坎者也。知所先，必先治其国。由离而巽南方离，东南巽。鼎，鼎通屯，屯"建侯"，鼎"凝命"，"治其国"也。由巽而震，巽为齐，震巽恒，夫妇之道，上承巽离风火家人，"齐其家"也。震反为艮，反身修德，"修其身"也。修身为本，自离至艮，由天下国家而反诸身，德之由用而归之体也。更由艮而坎，坎"维心亨"，正于天一，"正其心"者也。由坎而乾，意出于心，乾为言，而艮成之，从成从言，诚也，"诚其意"者也。知者彻始彻终，闻一知十，由乾而兑，乾知大始，知至至之，从坎一至兑十，"致其知"者也。由兑而坤，坤为物，与艮对，艮手格之，故曰"致知在格物"。自艮而至坤终焉，此德之体也，皆知所先也。

知所先，则知所后，"物格而后知至至者坤也，知至而后意诚，意诚而后心正，心正而后身修，身修而后家齐，家齐而后国治，国治而后天下平"。是由本而及于末，由体而达诸用，于八卦从坤而兑，兑而乾，乾而坎，坎而艮，艮为修身，修身齐家之始，成终成始，而震而巽而离，更复于坤。所谓"全体大用，无不明矣"坤为地。天之下也，坤体承乾，坎平也，亦由终而反始也。

故《大学》之道，首"明明德"，"明两作"离也。终"天下平"，"祇既平"，坎也。坎离正中，由体达用，则水火既济功成，刚柔正而位当，知止而后有定既济定也，《易》道备矣。"自天子以至于庶人，壹是皆以修身为本"，言人类阶级至不齐焉，惟道能齐之，名类大小至不一焉，惟道能一之，齐之一之，故曰"壹是皆以修身为本"。艮为身，艮止，止其所，所先所后，无不归于至善矣。

"其本乱而末治者否矣。"修身为本，身不修，既济道反，初吉终乱既济"初吉终乱"，本末易位，二之五亦五之二，为天地否矣。否泰反复损益，益下不厚事，而损错雷风相薄，天地变化，治乱之消息甚微。君子明乎消息盈虚，知所先后，明乎厚薄剥"上以厚下安宅"，则反复，安土敦仁修身，而治可保矣，故曰"其所厚者薄而其所薄者厚，未之有也"。

"此谓知本，此谓知之至也。"古本《大学》经文之末有此二句，今本移此二句于"大畏民志此谓知本"之下，作第五章，与"亲民"之为"新民"，皆程子所改定者也。实则"亲民""亲"字，含有教养二义，改作"新"字，仅有教之一义，则《传》所称"如保赤子"及"同好同恶"诸义，均赘文矣，证之于《易》，"亲"字非讹尤确而可信，故并及之。

《中庸》之中，即离坎中正之中，庸者从庚，阴阳之义。用始乙庚故蛊"先甲后甲"，巽"先庚后庚"，后天震出东方，首出庶物，万象更新，故纳甲以震纳庚，而庚之本位则属西方，西正秋兑，震仁兑义，立人之道。故"庸"字之义，乃合震兑二象，兼仁义之用者也。程子曰"不易之谓庸"，朱子曰"庸，平常也"，均非确诂，乾九二"庸言之信，庸行之谨"，兑言震行，取象尤极显明。

"天命之谓性""惟天之命，于穆不已"，天者，乾也。天命则乾元资始，而始于坎，即坎中之一阳，所谓性也。孔子赞《易》："利贞者，性情也。"又曰："一阴一阳之谓道，继之者善也，成之者性也。"又曰："成性存存，道义之门。"又曰："穷理尽性以至于命。"言简意赅，源委分明，直截了当。后之言性理者，累千百万言，枝枝叶叶，纠纷缠绕，其本根反不易寻觅矣。

"率性之谓道。"率者率也，即"成性存存"也，"率性之谓道"，非性之谓道也。道本于天，性亦受于天，人能不失天赋之性，即能合于天之道矣。于《易》象坎为性，性隐伏不可见者也，坎"常德行，习教事"，教人"明于天之道而察于民之故"，凡皆所以成其性也，故曰"修道之谓教"。

性不可见，感于物而动，则情也。情亦不可见，而见乎色喜怒哀乐见于色，见乎辞，见乎行。性"贞天一者也"，动则情见乎色见乎辞见乎行，其为喜怒哀乐者，则不一矣。于是由艮而震，而以巽齐之，则不一者一，而合乎道。故"道也者，不可须臾离也，可离非道也"，此象之由坎而至于离者也。

"戒慎乎其所不睹_{离目睹}，恐惧乎其所不闻_{坎耳闻}，莫见乎隐，莫显乎微"者，皆坎为心，隐而显微而著者也。坎心天地中，故喜怒哀乐之未发谓之中，坎一发而十至兑_十，坎兑为节，故曰"发而皆中节"。先天乾坤南北中，后天震兑东西和_{万物出震}，故曰"致中和，天地位焉，万物育焉"_{《易》与天地；准，东震西兑准平震卯兑西日月出入，天象半显半隐，正北坎西北乾东北艮皆隐而不见也。天地之气，始于亥子之间，微也}。坎一复小，故"小德川流"，丑二临大，故"大德敦化"，一二天地中，"天下之大本"也。天一勿用，用丑二艮成言，成言为诚。先坎后震，云雷屯"经纶"，故"唯天下之至诚，为能经纶天下之大经，立天下之大本"。天一勿用，用二至十，故"凡为天下国家有九经，所以行之者一也"。

正北坎，西北乾，东北艮。乾天道，对巽为直，"来者信也"。由亥出子，坎一兑十，动而直，直而中节，唯圣者能之。其二屈往_{往者屈也}，故曰"其次致曲"。本东方艮人道，艮成言，"曲能有诚"。艮寅泰通，震出用事，万物甲坼，"诚则形"也。巽物絜齐，"形则著"也。离皆相见，"著则明"也，皆由坎以至离者也。"明""动""变""化"，由离坤而兑乾，故曰"唯天下至诚为能化"。

"诚"者艮也，"不诚无物，是故君子诚之为贵"，与《大学》之"壹是皆以修身为本"，象义皆同，后先一贯者也。盖艮寅为人位，曾子称"思不出其位"，惟"日三省"，故独得孔子一贯之传。《大学》《中庸》，皆端本于修身，即皆本于艮寅之一位。重乾爻辰二爻在寅，故《大学》《中庸》之义，皆出于乾之九二也。顾孔子赞《易》，于立人之道，其枢机又在于三四两爻，何也？曰：此六爻之义也。论六爻三极，三四为人爻，曰"人极"，而三四两爻，居内外之际，合言之，则为两卦之中，分言之又为内之终而外之始。六十四卦之反覆上下，无不由此，故《易》之言人道于三四两爻。《中庸》《大学》以卦位言之，故均以艮寅明修道之本，皆所谓同条而共贯者也诚者物之终始，艮者成终而成始也。

诚为艮，而至诚则为乾，至诚之道，是反身修德，由艮而反诸坎，由三而反诸一，即所谓涵三为一也。涵三为一，太极之象，太极以无含有，自坎至乾，是即由有而入无乾西北戌亥数无，"无思也，无为也，寂然不动，感而遂通天下之故""不疾而速，不行而至"，乃天下之"至神"，故"至诚之道可以前知"。

西北乾天道，东北艮人道，天地人，子丑寅，三建用中，建中立极。丑艮为身，寅艮为庶，三庶也，故曰"本诸身，征诸庶民"。子天建，丑地建，寅人建，为三王，三统，故曰"考诸三王而不谬"。于乾"知天"，故曰"质诸鬼神而无疑"。于艮"知人"，故曰"百世以俟圣人而不惑"。此天地子丑而本诸戌亥，君子以一诚终始之，即以艮终始之也。"诚则形，形则著，著则明，明则动，动则变，变则化"，西北乾"庸言庸行"终之。乾戌"远"，坤申"近"，"知远之近"也。东南巽辰，风自乾亥，"知风之自"也。乾亥微，艮寅显，"知微之显"也。君子入德深藏乾亥下，人所不见，潜也，西北隅"屋漏"，"相在尔室"。乾为斧为钺，"不怒而民威于斧钺"也。西北乾天至神道，丑用中本末尽以在之，乾天神道，于震无声，于巽无臭，故曰"声色之于以化民末也，上天之载无声无臭，至矣"。

此《中庸》乾九二正中，"庸言庸行，闲邪存其诚，善世而不伐，德博而化"，《中庸》一篇，以化终之也。

十 字 架

泰西之十字架，相传以为耶稣代众人受刑钉死于十字架上，故尊奉之，以为耶稣流血之纪念。此宗教家附会之说，不足信也。其实十字架者，乃数学之交线也。数不交不生，如两线平行，各不相交，虽引之至于极长，纵环绕地球一周。仍为两平行线而已，不生数也。惟两线相交，成十字形，动则为圆，静则为矩，而三角勾股八线，皆由此生焉。此乃《几何原本》之原本，实数学之初祖，与我国相传之两仪图_{今通俗皆称为太极图，其实此图分阴分阳，有黑有白，不可谓之太极，当名为两仪图较为惬当。北方亦有称之为阴阳鱼儿者，鱼字亦仪字之传讹也}，天然之配偶也。两仪为理学之祖，由两仪生四象，四象生八卦，变化无穷，莫不肇端于此一阴一阳。一阴一阳之谓道，道也者，形而上者也。交线成勾股成三角八线，推衍无尽，莫不导源于此一纵一横。一纵一横数也，数也者，成器之所先也，形而下者也。故道运于虚，而数征诸实。我国数千年来，专尚儒家以空言谈经，鄙术数为小道，崇虚黜实，末流之弊，举国皆无用之学，所谓形而上者，几坠于地矣。泰西之学，则不尚空谈，立一说必征诸实验，制一器必极其效用，不以理想为止境，不以无成而中辍，千回百折，精益求精，于是科学功能，几侔造化，器物利用，无阻高深，形学发达，於斯为盛。然极其弊，则谓世界将可以力争，强权几足以胜天演，物欲无限，而生人者适以杀人，杀人者即以自杀，物质之文明，浸成僛焉不可终日之势。此倚重于数之一偏，与倚重于理之一偏。各趋极端，其末流之失，亦正相等也。夫理与数，本不可以须臾离，故圣人倚数，必参天而两地，故形上之道，与形下之器，虽相生相成，无偏重亦无偏废。舍道而言器，则器为虚器；离器而言道，则道尽空谈。三代传统，一揆诸道_{故曰"道统"}，不但礼乐政刑，悉本度数_{度生于律，律本黄钟子丑一二}，即德行言语_{言语即文章也}，亦无不各有其典则_{《孝经》："先王之法言法行。"法者，即合于度数者也}。故节以制度，以议德行，而《大学》治国平天下之道，必本于"絜矩"也。道不可见，故圣人示之以象，象无可稽，故圣人又准之以数，数与象合，而道无不可见。制器尚象，而器以立，载道以器，而道不虚，理象数一贯之道，皆出诸《易》。自王弼以玄理说《易》，后世畏象数之繁，因靡然从之，创"扫象"之说_{弼以玄理说《易》，运实于虚，归有于无，刍狗天地，糟粕仁义，更何有于象。后儒既主其说，乃辟其玄谈，是买椟而还珠，亦非弼之所及料也}，自是象数与《易》，又离为二。周子传太极图_{实即两仪}，以为继述道统之图，道果在是矣，而器已无存礼乐政刑皆器也，则道亦不亡而亡矣。谚曰："皮之不存，毛将焉附？"其是之谓欤。是故三代而后，《易》学晦盲，数学流于西方西人于借根方名之曰"东来法"，理学显于有宋，即此一纵一横之十字架，分阴分阳之两仪图，足以为东西近世学术源流之代表矣。近西人极物质文明之益，既倦而知返，更探其原于哲学。我受理学空疏之害，尤备尝苦痛，力求自拔于沉沦。是东西人心，已同有觉悟之机，所谓"通其变使民不倦"，《易》"穷则变变则通通则久"，其在斯乎？故合中西之学，融会而贯通之，以此所有余，助彼所不足，截此之所长，补彼之所短，一转移间而各剂其平，各得其当，非《易》道又乌能贯而通之？夫十字架与两仪图，各产生于数千年前，一东一西，不相谋面，自西教东渐。于是天然配偶之两代表，乃日相接近。又迭经几许之岁月，始得消除种种之障害隔阂，而日即亲洽，今殆去自由结婚之期会不远矣。结婚以后，必能产生新文明之种子，为我全世界放一异采，吾将掺券期之，拭目俟之矣。

辨　无　极

宋以前言《易》者，未有图也，而太极更不可图。自周濂溪始为太极图，又于太极之上添一"无极"，曰"无极而太极"。后儒因之，遂以太极为第二位，似乎太极之前更有一无极之图恍然在于心目间者，而不知其说之不可通也。《系传》曰："《易》有太极。""极"者，至极而无对之称。物各有极，故曰"天极"，曰"地极"，曰"人极"，阳有阳极，阴有阴极。所以别之曰"太极"。"太"者。至尊无上之称，原以对三极及其他诸极而言也，既曰"太极"，则"太"字之上，又何能更有所加？况无者，有之对也，既可名之曰无，则无之对便是有，若云无极而有极则可，无极而太极，则文不当而辞不顺也。夫太极者，浑沦无端，立乎天地之先，无名可以名之，无象可以象之，老子所谓"有物无形，先天地生，无以名之，强名之曰道"者，庶乎其近之。《易》道"元亨利贞"，而太极者。乃元之所自出。今之言几何学者。曰点线面体，此物质之"元亨利贞"也。故物之形皆起于一点，谓之起点，而以精神上言之，则必有以立乎此起点之前者。方能得此起点。譬有二人于此，甲绘平圆图，而乙绘立方图，平圆立方，各有其起点，起点之形式同也。而绘成以后，则圆者自圆，方者自方，则因甲于起点之前，其胸中之所蕴蓄者，已完具一平圆之形象。乙于起点之前，其胸中之所蕴蓄者，已完具一立方之形象，此蕴蓄者，即为平圆与立方之太极也。然当其未落笔以前，又乌从而见之，乌从而闻之，所以云万事万物各有其太极。而"《易》有太极"，则在两仪未判阴阳无始以前，先天浑沌之中，自有此肫然穆然，孕育万物，具足万理之浑沦元气，以立乎天地之先，而为造化之主宰者。无形可象，无名可称，孔子称之为"太极"，已至矣尽矣，更何能于此外再加一字，再着一笔乎？加一字着一笔，即非太极矣。惟周子之所谓"太极"者，既有其图，图中有黑有白，有阴有阳，是即两仪四象，实已不可谓之曰"太极"，故又加一"无极"于其上。盖为中人以下说法，非有迹象可指，不能以言语形容，乃绘此图以明一阴一阳之道所由来，使人可一览而得，其用心亦良苦矣。但以本无迹象之"太极"，以迹象求之，终有语病，无论如何设辞，终觉似是而非_{太极冲漠无形，可以意会，不可以言传。言传则有声，有声非太极也；着笔则有象，有象非太极也。}若读者不善体会。以辞害意。是将使太极之真相，终无由了解，所谓"差以毫厘谬以千里"矣，可不慎哉。

《易》注旧说之误人

"生生之谓《易》。"故《易》道遏恶而扬善，好生而恶杀，此所以扶阳而抑阴也_{阳以象善，阴以象恶也。}自专制帝王借经术以愚民，而头巾腐儒，又逢恶助长，曲借经文为干禄固宠之具，于是正义湮晦，古圣救世之经文，几反为贼民之爰书矣。尊君而抑臣，贵君而贱民，受诬之甚，莫过《易》与《春秋》，盖《春秋》亦原本于《易》者也。来瞿塘氏

《易注》，尚为善本，乃其释乾元用九亦云："为人君者体春生之元，用秋杀之元，一张一弛，为天道之法则。"导千古人君以杀人者，皆此等曲说阶之厉也。夫春生秋杀，《易》固无此明文，后儒以此明天地之气，盈虚消息，亦如阳死阴生、阴死阳生之类，非春以生之者，至秋必杀之，天地预存一必杀之心也。帝王亦人耳，以人杀人而谓之道、而谓之天道之法则，可谓诬圣蔑经之甚矣。孔子惧人之误解也，故特于《系辞传》郑重以明之，曰："吉凶与民同患。"又曰："其孰能与于此哉，古之聪明睿知神武而不杀者夫！"圣意之深远，亦可谓周且至矣，而谬误仍若此。诸注类是者，不胜枚举，聊举一二，以见读注者当具只眼，以辞害意且不可，况经本无其辞，而以意出入之，其误天下后世也大矣。

七色变白

日光具七色光线，而此七色之光线，动而合成一色，则为白色，此近世泰西科学家所发明也。现时学校仪器中，有一种圆形之平面版，其上分绘七色，附一机轮，以皮带联之，摇其轮令此圆版之旋转极速，则只见白色另以青黄二色之版转动则成绿色。红青二色者则成紫色，其他之色之配合亦各如其应得之色，而色之深浅则以两色所占面积之多寡而分，与两色之颜料相调合者无异，惟七色则只成白色，即所以证明七色变白之说也。凡高等小学以上之学生，殆无不知有此者矣，然我国旧学家，固未有言之者也。不料《易经》于数千年以前，早已发明之，象义明晰，确切不移，与西人之说正相吻合，其象即见于山火贲之一卦。䷕贲离内艮外，离为日，离居九位，九宫之色，一白，二黑，三碧，四绿，五黄，六白，七赤，八白，九紫，数虽九，而白居其三，并之仍为七色。离为日而居九位，则自当有七色，与西说正相同也。由九三至六五，中爻为震，震，动也，震动而离之七色皆变为白，故六四曰"白马翰如"翰如，即转动极速之状也，至上九曰"白贲无咎"。曰"白贲"，则全卦皆变白矣，与七色变白之新学说，完全吻合，无一丝一毫之勉强穿凿，而"翰如"二字，则几将近日学校所用之仪器，并其转动之状曲绘而出，可谓神妙不可思议矣。子曰："《易》之为书也，广大悉备。"略指其一而已可见矣。惜我国读《易》者，皆忽略读过，更无科学之知识与眼光以研究之，宜乎其不可解者多矣朱子注《易》，至理有不可通，辄以"不可解"或"未详"二字了之，然尚能阙疑者也。后人或错综其象以求之，或为卦变爻变以附会之，但求于象可以联属，不顾义理之是否可通，与本卦之才物是否应有此理者，盖比比矣。如贲卦之"白"字，或以为巽为白而本卦无巽，则曰艮错兑兑反巽也。或以六五变则上卦为巽故言白也，而不顾巽之义为入为伏，与本卦之义固皆无当也。唯中爻为震，震下伏巽，动而为白，义尚较近，然不以新说参证之，又乌知古圣取象之妙，实与造化同工，断非拘于一爻一卦之单辞所能悉解也。

西教士之《易》说

西教士花之安氏，颇注意于中国之经籍，曾著《自西徂东》一书，谓画卦之伏羲，乃巴比伦人。巴比伦高原，为西洋文化策源地，伏羲八卦，以乾为天，以坤为地，至今巴比伦人犹称天为乾，地为坤，此一证也。又巴比伦亦有十二属象，与中国之十二辰大略相同，其证二也。或因花氏之说，更加推求，谓伏羲画卦，以备万物之象，宇宙伟大之象，无不列举，如天地水火风雷山泽，以配八卦，而海为天地间最大之一象，独付阙如，而举泽以为山之对，则亦一疑问也。巴比伦介欧亚之间，四面皆大陆，距海最远，其间惟里海死海，为潴水最大之区，故称之为泽，亦足证花氏之说不尽无因。花氏更称巴比伦古代之王，有号福巨者，与伏羲二字音亦相近，当即为始画八卦之人，亦可谓读书得间矣。但我国上古之史，虽无可稽考，然自伏羲而后，代有传人。一画开天，即文字所造始，俪皮为礼，已姓氏之足征，在中国之佚闻古迹，无有可为伏羲来自远方之证者。况伏羲之陵，犹在中州，至今无恙，其果否为伏羲埋骨之所。虽无从征实，但有一事足以参证，有决非人力所能为者，则古圣揲以求卦之蓍草是也。孔子曰："昔者圣人之作《易》也，幽赞于神明而生蓍。"至今蓍草所产之地，厥惟伏羲文王周公孔子之墓，而他处无有也_{惟近今所生之蓍不及古时之长，余尝采蓍于孔林，最长者乃不满今尺三十寸，以合周尺仅四尺余，所谓六尺及盈丈者，询之孔氏，云久未得见矣}。夫文周与孔子之墓，固确为圣穴，决无可疑，则伏羲之陵而有蓍草，亦断然足证其非妄矣，其非巴比伦产，可不辨自明。或者当伏羲之时，西北之人物殷繁_{其时东南皆水陆地不多}，治化流被于欧亚两州之交，故巴比伦得有伏羲之学说_{逮洪水为灾，地形改变，流沙阻隔，西道遂不复通，故禹域西限流沙}，未可知也。至八卦之象无海，则有说焉，夫江河海洋，皆后起之名辞，伏羲时文字未兴，乌得有此析类之名？卦象水火山泽，皆以对举为文，海固无可对也，故以泽对山。洪荒之世，世界一泽国耳，举目所见惟山与泽，则亦以山泽象之耳。《周易》为中古之书，取象较广，坎为大川，大川亦即海也，焉得以数千年后之名词，而致疑于上古之世哉！

化学之分剂与象数合

西人物质之化分，译之为化学者，乃近世纪所发明者也。不谓地隔三万里，时阅七千年，而吾《易》之象数，能与之一一吻合，无毫厘之差。呜呼，是所谓"范围天地而不过，曲成万物而不遗"者，岂空谈性理所能悉其奥旨哉。张氏之锐《易象阐微》，取气之分剂性质，以卦位爻数乘除推衍，无不妙合。尤奇者，阳三而阴二，足证古圣"参天两地"之数，固俟之万世而不惑者也。

《易》以阳为气而阴为质，乾坤气质之总纲，六子乃气质之分类，故气质之分晰，当于六子求之。轻气_{亦曰水素}，比较各气重量为最轻，于《易》为震象，以乾通坤初，出于震之卦气也。震初一阳始复，其幾甚微，故其气甚轻_{地山谦，坤艮皆重也，乃曰"谦轻"者，亦以三四五爻之互震也}。震为动为阳，阳之气轻清而上升，故坤变为震，动而气升，则乾即成巽而为风。盖乾阳之坤，热涨上腾，而乾之本体反虚，他处空气入而补之，因动荡而为风也。凡卦爻本体，不能互成他卦者，当为独立之原点，其可以互成他卦者，即为化合之合点。如☵坎五阳以上无互体，为独立养气_{亦曰酸素}原点，下互艮为淡气，此即养气常与淡气相合之象也。若五阳下降至四，则亦互震体，而变为"雷雨作"解，此即轻气上升，与天空养气化合而成雨之象也。又如☳震初阳无互体，为轻气独立原点。四阳互艮互坎，此亦与淡气相和，及化合成雨之象也。坎五之阳由乾二来也，以阳三爻体阳三阴二与五位相加为八，以二乘八得数十六，震初之阳，由乾四来也，以阳三与初位相减为二，以二除四，仍得二，二：十六二一：八，故轻气之分剂数_{亦曰原子量}为一，养气之分剂数为八，一以乘得数，一以除得数也。

淡气_{亦曰窒素}者，爱力甚小，而其性安静无为，其作用但在节止养气之太过，故知此气必为艮之卦气_{艮静而止也}。如☶艮九三上九两阳爻，皆为淡气，上九之阳由乾三来，九三之阳由乾上来，以阳三与上位六相加则为三三，以阳三加入三位，则为二三。艮下体之卦位，其和数为六_{初二三之和}，上体之卦位，其和数为十五_{四五六之和}，六与十五之和数为二十一，以三除之得七后，以二乘七得十四_{以三除者，阳加于上位得三阳数也，以二乘者，阳加于三位得二阳数也}，为淡气一分剂数。轻养二气之乘除，以反对为用，淡气则自为乘除。由此推之，可见卦气每生一物，必变化其方式，方式不同，故形质有异也。

轻淡养为三少阳气类原点，此三气者，常混合弥漫于空中者也。试以三类气质合成卦象如䷃，即蒙卦也，上艮为淡气，下坎为养气，九二六三六四互震为轻气。九二至上九共历五位，阳自初至二进一位，自初至上进五位，养气既生，则应消去淡气一位，故养气居空气五分之一，淡气居空气五分之四，而轻气体积则甚小，轻养淡三气混合弥漫而成蒙象。蒙象者，其地球表面之蒙气乎。

绿气_{亦曰盐素}能漂白物色，其臭甚烈，能伤人，此巽之象也。《说卦传》"巽为白"，又"为臭"，又曰"巽也者言万物之絜齐也"，皆绿气之性能功用也。如☴巽象，下体阳爻，积与位之和为十一<small>阳三加二位为五，阳三加三位为六，合之为十一也</small>，上体阳爻积与位之和为十七<small>阳三加五位为八，阴三加上位为九，合之为十七也</small>，下体阴爻积与位之和为三<small>阴二加初位为三</small>，上体阴爻积与位之和为六<small>阳二加四位为六</small>。以三减六得三，以初加四得五，三五相加，再与十一十七相和，即等三十六，为绿气之一分剂数<small>绿气之一分剂数或作三五一五</small>。炭气<small>亦曰炭素</small>为有形质之气，故化学家谓之非金类，而煤炭所含者为最多，若在气质内，则常与养气化合，所谓炭养二是也。盖炭气之原点属离，离阴卦也，阴常附阳<small>离丽也，必附丽于他物而始见。离为火，火必附于物始燃</small>，是为有形质之物，故炭气与绿气，不能如轻淡养三气，能卓然独立于空气界也。☲离卦二阴自坤五而来，下体阳爻积与位之和为十<small>阳三加初位为四，阳三加三位为六，合为十也</small>，上体阳爻积与位之和为十六<small>阳三加四位为七，阳三加上位为九，合为十六</small>。以上体阳五位数，除下体阳爻积与位之和，得数二，以下体阴二位数，除上体阳爻积与位之和，得数八。二与八之较六，即为炭气之一分剂数<small>绿气一分剂数由和而得，炭气一分剂数由较而得，方式亦不同也</small>。

  六子之卦，震坎艮巽离，皆有其自成之原点，惟兑独无。盖阳数大，阴数小，阳顺生，阴逆生，阳始于震，阴始于兑，震之原点为一，则兑始生之阴数，必更小于一，退入零位，几不可见，必不能成为独立之原点矣。求之于化学气类中，惟喜气于兑象为近，兑为悦，悦喜意也<small>喜气嗅之令人狂笑</small>。考喜气为淡养所合成，西名为 N_2O，此亦足证兑无自生之原点矣。喜气之分剂数为二十二，即八与十四所合之数<small>养气一分剂数为八。淡气一分剂数为十四</small>，淡气为艮象，养气为坎象，艮之上体三爻积与位之和为二十二<small>阴二加四位为六，阴二加五位为七，阳三加上位为九，合之为二十二也</small>，坎之上体三爻积与位之和亦二十二<small>阴二加四位为六，阳三加五位为八，阴二加上位亦八，合之亦为二十二也</small>，以艮之上体，合兑之下体，则为☱损卦，以坎之上体，合兑之下体，则为☳节卦。兑下体三爻积与位之和为十四<small>阳三加初位为四，阳三加二位为五，阴二</small>

加三位为五，合之为十四也，以下体兑之十四，减上体艮之二十二，即得坎养之八；以坎养之八，复减上体坎之二十二，即得艮淡之十四。故八与十四之和，即喜气之分剂数。其数之妙合，极参伍错综之致，而无不吻合。诚不可思议矣。

以上轻_{震象}养_{坎象}淡_{艮象}绿_{巽象}炭_{离象}喜_{兑象}六气，即乾坤二元所化生，震坎艮三少阳、巽离兑三少阴之六元象也。然三少阳所成之原质有三类，而三少阴所成原质只有两类，可见阳三阴二之定则，虽造物者亦不能越此范围_{五行之数亦天三地二，天地之生数亦天三地二也}。此外之原质，若碘、若砒、若金类、若非金类，为数甚夥，苟能各按其天然分剂之数与其品性，依卦象变化之条理，以方程求等之法绅绎之，当无不有一定之公式，可断言矣。

《化学鉴原》云：轻气与诸质化合，其性大似金类_{与锌或铜化合，显此性尤大}，故疑为气质金类，如汞为流质金类是也。轻气与汞，若汞与铂，虽视无金光，而叩之不坚，亦不足为必非金类之据。汞加热可化为明气质，亦与金类为例，是可见轻气亦或为金类也。又云：轻气虽为万物中至轻至稀之品，而分剂数为最小者，然依其分剂数而计其爱力，则甚大也。如一分重之轻气，能与绿气三十六分之重化合，能与溴八十分之重化合，与碘一百二十五分之重化合，极少之数，亦足支配此各质而变化其性，且所成之质，最难分析，化学以为极少之分剂，而生极大之爱力性，为甚奇也。按化学家疑轻气为金类，而不敢下确定之断语，又奇其分剂数小而爱力极大，此由不明轻气所以化生之原理也。若以《易》象证之，则所疑者皆涣然冰释矣。盖轻气为震象，震者乾始交坤，其象恒通乾_{震为乾之长子}，《说卦传》"震其究为健"，健即乾也，乾为金，震者金气之初发动者也。知轻气之为震，则知轻气为气类之金可无疑矣。一阳初复，故分剂数最小，所谓"复小而辨于物"是也，其感动力反甚大者，以乾健而震动也。震为物之始生，此天地之仁气也，且又为最尊最大之乾卦最肖之长子，然则能以至小之分剂数化合最大之分剂数，而显最大之爱力者，又何足怪乎？

以上诸说，不但足与物理相发明，尤足以证明象之切切实实，非模糊影响而意为拟议者也。向来说《易》者，以空谈性理为高，能精研象数者已不可多得，间有谈象数者，又莫明象数之原理，于是东牵西扯，曲折附会以求合，而不知去《易》之道愈远，而象数反为说《易》之累矣。故显明象数，必知物理，离物理以言象数，亦与离象数而谈性理者，厥正相等耳。

佛教道教之象数备于《易》

《易》之为书也，广大悉备，范围天地，曲成万物，故凡世界所有，无远近，无今古，均不能出于《易》教之外。道教佛教，皆后起者也，而佛教创始于西域，更与中国之文化无关。乃圣人之作《易》，早定其数于三千年以前，而概括其教义于卦象之中，并其科仪名类，亦皆一一列举而豫定之。乃后来者冥然罔觉，顺天地之理数，以自力进行，初未与《易》相谋，而事事物物胥一一准之，莫能相悖。始信孔子"天且不违，况于人乎，况于鬼神乎"之赞。为确有征验，而非以虚义为颂美之辞焉。

盖天地之数，自天一地二至天九地十，八卦之入用准之，至乾而数为无。黄帝甲子，干五支六，各分阴阳，以合八卦之用，至乾终戌亥，而数有孤虚子一丑二至酉十尽于兑，至乾数无而于辰为虚，其对宫则为孤。故乾坤阴阳皆极于巳亥，巳阳极阴始，亥阴极阳始，阴阳终始于巳亥，而巳亥实为天地阴阳之两端端者始也，圣人合阴阳之撰，通神明之德，先后皆履端伊始，巳上先天乾兑卦，巳履端始，亥下后天乾兑卦，亥履端始。是以圣人于巳亥万物终始，执其两端，而用其中于民天地子午正中，子一勿用。用子正在丑，用午正在未。乃子丑中，天地协，使民协于中，南北乾坤坎离正中，尧舜

"通变宜民""垂衣裳而天下治",取诸乾坤,坎离水火,"百姓日用而不知"是也。故"人心惟危,道心惟微,惟精惟一,允执厥中"子坎一道心,寅艮三人心,子一纯,丑二精,子丑天地正中,《中庸》乾二用中说见前,皆天地大中之道,帝王立极,圣人立本,于巳亥执其两端,子丑用其中于民。斯尧舜之道,文周孔子所继述,即《易》道用中之旨也。

两端各倚于一偏。东南偏辰巳,有阳无阴,主有生无死,道教是也道教主长生不死。西北偏戌亥,无阴无阳乾数无,主无死无生,佛教是也。以其偏于一端也,对于用中而言,谓之异端。然天地既有其数,既开其端,即皆有其教。天地南北,子一阳,物出有,道教始。午一阴,物入无,佛教始。故子出而辰巳有者阳,于午一阴未生,入无之佛未见,其象有,有者皆道教。孔子删《书》断自唐虞,唐虞日中天,南北用中,日未过中,其唐虞以上书是道教黄帝为道家之祖,广成空同皆道家言,非用中之道,故删《书》删之。而《易》之书所以明道,不明道教,是缺南北一偏,则《易》不备,不足以明道。故《易》象往来,自子一出有,其数逆来,起子西北来,而午东南,其卦为水天需,为火风鼎,其象为水火逆运,而以求有生无死,此其有阳无阴之一偏也,东南象也。是以西北来东南,其对卦言姤西北乾对东南巽,为天风姤,言复西南坤对东北艮反震,为地雷复,姤姹女而复婴儿,需鼎服食以求长生之道者也。变则"鼎折足""需于泥"而道败,有生有死,有需"不速之客三人来",道家所谓"三尸三彭"是也,故《易》四三为人爻,而游魂归魂为鬼易游、归亦在四三两爻,凡上五爻为天易,四三爻为人易,二初爻为地易,游魂归魂为鬼易。"精气为物,游魂为变,是故知鬼神之情状。""精气为物"者神,其道所谓"神仙"是也艮寅人道,艮为山,故仙字从山从人,艮止其所,人极所自立也,"游魂为变"者鬼,其道所谓"尸彭"是也。先天乾坤之位,而后天离坎居之,火上水下,其道未济,魂升魄降离魂坎魄,是死道也。故道以逆行,降炎上之火,升润下之水,龙飞在天震为龙,震下一阳由坎而出,龙飞在天,即取坎填离之说,丹家所谓"龙从火里出"

者是也。震位东方，亦青龙之位，其德为仁，仁属阳主升，乾九五爻其候也。**虎履其尾**兑为虎，兑上一阴为阴之始，而位于正西白虎之位，其德为义，义属阴，阴主降，降则变兑见为巽伏，故道家曰"伏虎"，又曰"虎向水中生"也，皆于三四两爻反复其道。九四六三，阴阳反复，是为雷泽归妹，故归妹"天地大义""人终始"，为六十四卦之大归魂卦也。先天乾，后天离，火天大有，先天坤，后天坎，地水师。大有众也，师众也，三人为众，皆需之"不速之客三人"，故魂魄具而三尸即伏于中，是必损之"三人"损一，而后致一得天地之道。是《易》于道教明著其象，而魏伯阳之《参同契》，借《易》卦以明丹学，与《易》义无涉者，犹不与焉。儒者禁言异端，于他书则是，于《易》则非，《易》备万物万象，此道教东南一偏象，不可不知者也。

　　天地南北子一阳物出有，为恒有象<small>先天西南巽东北震，为雷风恒象</small>。午一阴物入无，为咸无象<small>先天东南兑西北艮，为泽山咸象</small>。咸无，佛教也。午一阴生，午而戌亥，万物归无，为后天西北乾象。咸无反恒有。《春秋》庄七年夏四月夜，恒星不见，为周庄王甲午，即佛诞生之日矣。佛诞生，天地咸象感，而恒星不见，而《易》已早征其兆于先后天卦矣。故八卦于咸无顺往，自东南午，而西北子，其卦为风火家人，为天水讼。家人由内出外，讼违行不亲，其象为火水顺灭，而以归无死无生，此其无阴无阳之一偏也。西北乾刚乾金，故佛金刚不坏，佛说经《金刚》独显，为咸感应象。西北戌，入夜明灭，而佛始燃灯，西北天地以济不通，而佛度彼岸<small>《易》"利涉大川"，皆由坎之乾，东北往西南卦</small>。天地数有无，以辅相左右民。左为辅，天地数甲三庚九，三九为二十七辅，是乾震无妄卦，乃天地有之数，而知无者妄也。右为相，天地数辛四乙八，四八为三十二相，是巽坤观卦，乃天地无之数，而知观者空也，故佛说以三十二相观，不可以三十二相观。是以戌西北巽入无，辛四西北物往来入无，有乙八辛四，坤巽入，升不来，而四于东南巽不果，西北乾木果，故佛说四果，谓入而实无所入，往来而实无往来，不来而实无不来，有法而实无有法，为四果，皆西北四戌入无数。四西北右相合一<small>合子一</small>，即是一合相，而无见有，即非一合相，皆西北数西北相也。西北戌亥数无为空，而乾为门，故佛教曰空门。先天西北艮，艮为山，故佛门曰山门，佛祖曰开山。先后天乾艮合为遁，故又曰遁入空门。全《易》阴阳爻数，各一百零八，故佛之纪数，皆一百零八。西北阴，阴数穷于六，故佛至六祖而止<small>阳数穷于九，故道家丹以九转</small>。西北咸，神无方，而《易》无体，不疾而速，不行而至，咸感至神，故佛道感应至神。《易》备万物万象，此佛教于西北一偏象，不可不知者也。以上据端木鹤田氏之说而推衍之，其义尚多未尽，然亦可见其大概矣。

学易笔谈二集

序 一

客难余曰：理莫邃于《易》，物莫大于天地。今者行星之说发明，地球绕日，月绕地球，众见确凿。吾子治《易》，《易》说天动地静，天圆地方，天地日月对待，多与现象午，其何说之辞？余曰：唯唯，否否，不然。《易》言天，元也，无也。故曰："乾元用九，见群龙无首。"又曰："乾元用九，乃见天则。"天之苍苍，其正色邪？吾人视力穷极之际线，构此浑圆虚状，其实无之所在，即天之所在。无极也，太极也，北辰也，太一也，天元也，无在无不在，故曰"天在山中"。天本太虚，可见者日之实，"离也者，万物皆相见"，故日代表天为主体，所生为星，星绕地行为月。后天离居乾位，坎居坤位，乾坤升降成离坎，太极生两仪，老阳退居西北，故王育说"天屈西北为无"。《说文》曰："東，日在木中也，杲，日在木上也，杳，日在木下也。"帝出乎震，相见乎离，滋荄乎明夷，大有之"火在天上"，革之"火在泽中"，明夷之"明入地中"，言日，言火，言明，皆以离代乾之作用，故曰"天与火同人"。建寅之月辟泰，次大壮，次夬，次乾，次姤，次遁，次否，十二辟中，具乾体者七卦，及观而乾消，及复而乾息。复之《象》曰"七日来复"，乃七乾来复，故恒言以几日为几天，"至日闭关，商旅不行，后不省方"，乃全世界休以待息之通义。临倒为观，观辟八月，故临之《象》："至于八月有凶。"至者，鸟飞自高下至于地，倒之古文，此圣人观象之微悟也。若夫动静方圆，《易》

说极显。坤之《象》曰："坤至柔而动也刚。"明言地体之动，"至静而德方"，方限于德，则形圆可知。又曰："承天而时行。""承天"即绕日之确诂。时于古文为"旹"，从日从㞢，㞢二训往，地绕日往东西转动为昼夜，南北升降成寒暑，故曰"与时偕行""与时偕极"。《三统历》曰："太极元气含三为一。"天也，日也，乾也，元也，一无也，义一而各有所指也。虞翻氏以元诂乾，故六爻发挥，旁通之正，归本于乾元用九，要成于既济定。公羊氏以元统天，故《春秋》张三世，文致大平，拨乱反正，《文言》之"各正性命，保合大和"，地球百年之运，必有一日实现。知幾其神，经将为谶，余闻诸先兄沐羲氏之论《易》如此。海宁先生通古今中西以治《易》，为今世哲学家。余读其《笔谈》，汹乎其邃也，肃乎其未有涘涯也。逃空虚者闻人足音跫然而喜，况有謦欬其侧者乎。兹遘其二集脱稿，问叙于余，书以质之。民国八年十二月新化罗永绍。

序　二

　　辛斋老友，别三十年矣。在光绪丙申丁酉间，创《国闻报》于天津，实为华人独立新闻事业之初祖。余与夏君穗卿主旬刊，而王菀生太史与君任日报。顾余足迹未履馆门，相晤恒于菀生之寓庐。时袁项城甫练兵于小站，值来复之先一日，必至津，至必诣菀生为长夜谈，斗室纵横，放言狂论，靡所羁约。时君谓项城他日必做皇帝，项城言我做皇帝必首杀你，相与鼓掌笑乐。不料易世而后，预言之尽成实录也。次年《国闻》夭殂，政变迭兴，遂相契阔。去夏偶于友人案头，获睹《学易笔谈》，云为君之新著，展卷如遇故人，携之而归，未暇读也。冬寒多病，拥炉摊书，阅未终卷，惬理餍心，神为之旺。而友人又致君意，谓二集亦已脱稿，乞为序言。自维素未学《易》，而君之所言，乃与吾向所学者靡不忻合。忆当年余译斯宾塞尔《勤学编》暨《原富》诸书，皆发表于《国闻》旬刊，修辞属稿，时相商兑，得君诤论，益我良多。今我顾何益于君之书，言之奚为，然声应气求，又乌得无言。呜呼，予怀渺渺，慨朋旧之多疏；千古茫茫，欣绝学之有托。述陈迹，证夙闻，亦聊况于雪泥鸿爪云尔。庚申冬日，幾道严复。

卷 一

《易》有太极是生两仪

孔子《系传》"《易》有太极，是生两仪"一节，实总挈全《易》之纲领。而"《易》有太极"四字，尤为神化之笔，后之人千言万语，所不能尽其形容意义者也。伏羲一画开天，则《易》固始于一画，至一画以前，则伏羲未尝示其象，文周未尝系以辞，后之人何从而测之。孔子读《易》至韦编三绝，极深研幾，以追溯文王演《易》以前，伏羲画卦之始，必有立乎其本，以亭毒万象含盖一切者。在此一画之先，是非可言语以形容之，非可以物象拟议之者也，于是假定其名曰"太极"。夫"极"者，至极而无对之谓，如阳之至曰"阳极"，阴之至曰"阴极"，六爻之动，有天地人之"三极"，故特加"太"字以别之，以示更无可加乎其上者矣。宋儒于"太极"之上，妄增"无极"二字，曰"无极而太极"，是皆误于太极之有图 宋人所传太极图，皆周子动静阴阳五行之图上作一圈以象无极，下为黑白三层交互之圆形，更缀以金木水火土而下联作二圈，为乾道成男，坤道成女，以象化生万物。原出自《道藏》，至近时所传黑白交互各半，黑中有白点白中有黑点之图则宋末始出。云蔡季通入蜀访求得之隐者，秘为至宝，故朱子亦未之见。至明初始大行于世，来知德氏更画一图，亦黑白交互各半，去其两点而空其中，亦谓之太极图，而以此为古太极图。两图均较周子所传之图为简明切当，且阴阳交互循环不绝，而自微而著而盛，亦与先天卦画相准。然既有黑白有阴阳，只可名之曰"两仪"，不能称之谓"太极"矣。今北方俗称此图曰"阴阳鱼儿"，盖以其形似两鱼相交午也。辛斋以谓易"鱼"字为"仪"字，曰"阴阳仪图"。则名称为至当矣。

夫太极岂可以图见哉？太极果可图，则伏羲又何必画卦，文王亦即图以衍《易》可矣，岂非较乾坤更简更易乎？维其无可见，故不得不以两仪四象八卦以明之耳。汉人注太极，说各不同。马融曰："太极北辰也。"虞仲翔曰："太极太一也。"郑康成曰："极中之道，醇和未分之气也。"而其注《乾凿度》则又同马说，曰："太一北辰之神名也。"按《礼运》曰："礼必本于太一，分而为两仪。"盖汉以前"太极"与"太一"相并称焉。韩康伯注："有必始于无，故太极生两仪。太极者无称之称，不可得而名，取有之所极，况之太极者也。"语极明晰，意亦确当。孔颖达《正义》谓："天地未分以前，元气混而为一，即太初太一也，老子云'道生一'即此太极是也。"是解"太极"虽未甚误，已落言诠。至周子直曰："无极而太极"，竟与"《易》有太极"之语意、之妙用，全不相顾矣。宋儒《太极图说》累千万言，愈说愈见支离，朱子与陆梭山、象山二氏，辨驳之书，往复数四，究未免强词夺理，总由心目中既存有黑白分明之图，太极之真面目，早已失却，更何从辨其是非。余《笔谈》前集中，曾辨其误，略而未详，今欲详说"《易》有太极"之一句，不能不将太极之真际，更明辨之也。是故"太极"之上，断无能更加以字者。维孔子神化之笔，纯用逆笔倒提而上，曰："《易》有太极"，于"太极"上更加"《易》有"二字，是岂寻行数墨者梦想所能及哉？学者往往将"《易》有"二字忽略读过，古今注家亦曾无于此二字加以诠释者，是可憾焉。夫"《易》有太极"一句，当先以四字连下二十四字一气读之，曰："《易》有太极，是生两仪，两仪生四象，四象生八卦，八卦定吉凶，吉凶生大业。"可见无太极，便是无两仪，无四象、八卦与吉凶大业，并无《易》矣。故四象、八卦、吉凶大业，皆涵育于太极，而全《易》皆太极所产生者也。此所谓以逆笔倒提而上者也。更当以"《易》有"二字重读之，此"有"字，即是《序卦》"有天地然后有万物，有万物然后有男女，有男女然后有夫妇，有夫妇然后有父子，有父子然后有君臣，有君臣然后有上下，有上下然后礼义有所错",诸"有"字相一贯,世界万有,皆由此"有"字发生者也。孔子赞《易》,特于此表"《易》有"二字,以明立教之旨,以示与老子之《易》以"无"立教之不同。盖伏羲之《易》,涵三为一者也。神农之世,去伏羲之教未远,故《连山》之《易》,用艮成始成终,兼有无以立教,尚能用其全者也。黄帝《归藏》首坤,以藏用为主。尧舜乾坤,垂裳而治,则即《周易》首乾之所本也。首坤藏用,则以离归于坎,首乾用九,则帝出乎震。藏用则主无,出震则主有,此《易》教派别之不同,亦即立教宗旨之所在。故孔子特以"《易》有"二字,郑重以明之,又于上下《序卦》不惮反覆而申言之。而《序卦》上卦不序乾坤,首受之以屯,下经不序咸,首受之以恒。屯者震未出坎,明用九之始,恒者震出巽齐,明久道之化成。且咸,无也,恒,有也,去咸而序恒,更以明有之义焉。此"《易》有"二字,又何可轻易读过而不加思索乎?然三《易》之派别虽异,而卦象爻义则一,所谓"观变于阴阳而立卦,发挥于刚柔而生爻,和顺于道德而理于义,穷理尽性以至于命",则无勿同者,但取用各别,有重轻先后之分耳。俗儒读《易》,卦义象数之未明,动辄以诋老子,自谓翼圣,又乌知孔子所以赞《易》之意哉数始于一,一生二,二生三,三生万物。故三《易》之首乾首坤首艮,犹三统之建子建丑建寅焉。子一丑二寅三,乾一坤二艮三,知三统之所以异,即知三《易》之所以同其理一焉。今读《周易》,当知《周易》之下所伏者即《归藏》是,合《周易》《归藏》而始终之,即《连山》是,然则《连山》《归藏》其书虽亡,即谓之未亡也亦可。"《易》有太极"之下,继之曰"是生两仪",此"是"字,又是极重要之字,不容忽略读过者也。而学者均以虚字目之,向之注《易》者,亦从未有诠释及之者,更何怪注释之无有是处哉。乾初爻之《文言》曰:"不见是而无闷。"未济之上九之《象》曰:"有孚失是。"试问周孔二圣人,何故以此两"是"字,为三百八十四爻之初终,为全《易》之首尾,是岂无故而适相巧合哉?盖此两"是"字,即"是生两仪"之"是"。于文,日正为是,立表日中,则天地定位,东西分焉,东为阳仪,则西为阴仪,故曰"是生两仪"。乾初一爻。于十二辰为子,潜伏坎子之下,故曰"潜龙"。未济上爻为离午，日中立表，子午正，则影不见。故乾初曰"不见是"，而未济上曰"失是"，其初难知，其上易知，此全《易》首尾续终以"是"之义，即"是生两仪"之"是"，经传明显可见，读者不求甚解，忽略看过，而《易》义不可见矣。青田端木氏有图，惜其文奥衍，似故为艰深不令人解者，特曶其意，学者能熟读详玩此八字，则全《易》殆迎刃而解矣参看本集卷二《太极图新说》。

《老子》曰："有物混成，先天地生，寂兮寥兮，独立而不改，周行而不殆，可以为天下母。吾不知其名，字之曰道，强名之曰大。"《佛经》曰："有物先天地，无形本寂寥，能为万象主，不逐四时凋。"《庄子》曰："夫道有情有信，无为无形，可传而不可见，自本自根，未有天地，自古以固存，神鬼神帝，生天生地，在太极之先而不为高，在六极下而不为深，先天地生而不为久，长于上古而不为老。"《列子》曰："气形质具而未相离，故曰浑沦。"此佛老诸子之言太极也。其意虽是，而皆有语病，盖求之太深，反着迹象，不如韩康伯之注为简切著明也。然韩氏所谓"有必始于无"，实为周子"无极而太极"之所本，亦不免以词害意也。盖太极无有无可言，言有者固非，言无者亦未为是。宋儒断断致辨，终难得当者，因认定太极为理，曰："太极者理而已矣。"故虽累万千言，愈说愈歧，却总不肯自认为错，而力斥言气者为非。不知太极亦无理与气之可言，若可指之为理与气，又何名为太极乎？若太极果理而已矣，则天理者可云天太极乎？朱注"天命之谓性"，曰"性即理也"，然则性亦即太极乎？故专言理与专言气，其蔽一也。邵子言"天地一太极，而万物各有一太极"，最为通论。孔子曰："《易》有太极。"此《易》之太极也，万物之生。无不各有其阴阳，即无不各有一太极。故太极者，可大可小，无声无臭，非但不可方之以物体，亦不能拟之以形容，《笔谈》前集曾以譬喻明之，兹不赘述。

《文言》释义

《文言传》为《十翼》之一，亦有以乾《文言》坤《文言》分而为二者。自王弼以后，皆编入乾坤二卦之下，不复分篇。然《文言》二字之义，古今注释者数十家，各执一说，无一是处，良可嘅也。姚信曰："乾坤为《易》门户，文说乾坤，六十二卦皆放焉。"刘瓛曰："依文而言其理，故曰《文言》。"《正义》曰："《文言》者，是夫子弟七翼也。以乾坤《易》之门户，其余诸卦及爻，皆从乾坤而出，义理深奥，故特作《文言》以开释之。"陆德明曰："文饰卦下之言也。"梁武帝曰："《文言》是文王所制。"《程传》曰："它卦《彖》《象》而已，独乾坤更说《文言》，以发明其义。"朱子《本义》曰："此篇申《彖传》《象传》之意，以尽乾坤二卦之蕴，而余卦之说，因可以例推云。"任钓台《周易洗心》曰："孔子欲明乾坤二卦之蕴，首述文王语以发端，故谓之《文言传》。"惠氏《周易述》注曰："《文言》乾坤卦爻辞也，文王所制，故谓之《文言》。孔子为之传，故谓之《文言传》。"毛西河《仲氏易》曰："绎文王所言，故名《文言》。"阮氏《研经室集》曰："《左传》云'言之无文，行而不远'，孔子以用韵比偶之法，错综其言，而自名曰文。"综以上诸家之说，姚孔程朱，均以"乾坤为《易》之门户，故特加《文言》以阐发其义蕴"，意亦良是，然何以名曰《文言》，仍未能解也。刘氏谓"依文而言其理"，则《十翼》又何一非依文而言其理者，乃独以此一篇曰《文言》，其说之不可通也审矣。陆德明谓"文饰卦下之言"，则六十二卦，皆有其卦下之言。毛氏谓"绎文王所言"，则《象传》《大象》，皆绎文王所言也，何以不名曰《文言》，其失亦与刘氏等耳。梁武帝谓"文王所制"，则全《易》卦下《彖》文，皆文王制也，何以反谓之《彖》，而不谓之

"文"，况《传》中"子曰"凡数见，非文王所制可知。任氏特加首述文王语以发端，以矫梁武之失，然"元者善之长也"数语，虽曾为穆姜所称引，以何所据而确指为文王之语乎，不足征也。阮氏之言，似较近理，然六十四卦之《小象传》与《杂卦传》，无不有韵，而《象传》之用比偶者，如泰否坤谦豫贲等卦，既指不胜屈，而上下《系传》之比偶错综，亦无异于《文言》，其不能以此为《文言》之证也，亦断可识矣。历来之注释，既未得当，以致疑论百出，或以为六十四卦皆有《文言》，因简编残阙，独存乾坤二卦，《系传》中如"鸣鹤在阴"，及"幢幢往来"诸爻，皆各卦之《文言》也。于是有将此诸爻，竟移窜各本卦之下者矣。或以为《文言》本在《系辞》之中，先儒因其六爻完备，故摘出以归乾坤二卦矣。瞽说谬论，不可枚举。明季之乔行中、清初之黄元御等，竟敢妄逞己见，将孔子《系传》颠倒错乱，另为编次，渎经侮圣，更为肆无忌惮之尤，《易》学之晦盲，诚非一日矣。然则是篇独以《文言》称也，曷故？曰："孔子之《文言》，孔子已自言之矣。"证之他人，不如仍诸孔子，证之他书，不如仍证之于《易》为确当也。此"文"字，非文辞之文，不能以偶句韵语当之，阴阳杂，谓之"文"。孔子之《系传》曰："爻有等，故曰物，物相杂，故曰文。"乃此"文"字之确诂也。盖六十二卦之爻，无不阴阳相杂，惟乾坤为纯体之卦，爻不相杂。爻不相杂，则人将疑为无文也，故特著《文言传》以发明之。夫乾坤二卦，虽为纯体，而六爻之位，则仍有等，有等，则仍相杂而成文。故《文言》云者，杂物撰德，皆以其阴阳相杂言之，以明乾坤为阴阳之统，乃六子所自出，文虽系于乾坤，而爻则震巽艮兑坎离也。故乾有"乐行忧违"与"风虎云龙""水湿火燥"之文，坤有"敬内义外""直方""草木"及"黄中通理""阴疑于阳"之文，皆非指一卦而言也。乾父三索尽于艮，艮成言，坤母三索尽于兑，兑说言，有艮成言，兑说言，于是乎有乾坤之《文言》。乾为六十四卦之宗，而阳出于阴，纯阳之内，含有真阴。故乾"元亨利贞"自具四德，坤以承乾，阴非得阳，则文不著，故坤"元亨利牝马之贞"。初六履阳"阴始凝"，六三含阳则称"章"，六五正阳则"文在中"，皆阴阳相杂，而阴有待乎阳，是以乾《文言》繁而坤《文言》简也。乾坤《文言》，结以"天地之杂也"一句，又申之曰"天玄而地黄"，《文言》之义尽于此矣。至自屯以下六十二卦，无一卦非阴阳相杂，即无一卦非乾坤相杂。既相杂则其文已见，各爻之象，固已杂撰乎阴阳，初不待别著《文言》，而义已显著矣，此《文言》之所以独见于乾坤二卦也。孔子《十翼》，终以《杂卦》，以明全《易》之无一文不杂，杂之即文之也。《易》之"杂"字，皆阴阳相杂，实兼文章二字之义<small>青与赤谓之文，赤与白谓之章，文章亦杂撰而成也</small>，曰"天地之杂也"，犹之曰"天地之文章"也。自后儒以俗义诂经，释"杂"字以为夹杂，为杂乱，皆非美义，遂有疑《杂卦》非孔子所作者，有谓《杂卦》但取各卦相杂，无甚意义者。"杂"字之义不明，宜《文言》之名亘古莫能解矣。

《杂卦》举例

《杂卦》者，卦之杂，《文言》者，爻之杂。《文言》与《杂卦》，皆卦爻精义之所在，能明乎《文言》之义，则可以言六十四卦之爻，明乎《杂卦》之义，则可以言上下二篇之象数矣。自汉以来，经师大儒，于《杂卦》之义，均未有发明。孟氏曰："杂，乱也。"虞仲翔曰："《杂卦》者，杂六十四卦以为义，其于《序卦》之外别言也。昔者圣人之兴，因时而作，随其时宜，不必皆相因袭，当有损益之意也。故《归藏》名卦之次，亦多异于时。王道踳驳，圣人之意，或欲错综以济之，故次《序卦》以其杂也。"韩康伯注曰："《杂卦》者，杂糅众卦，错综其义，或以同相类，或以异相明也。"孔氏《正义》曰："《序卦》依文王上下而次序之，此《杂卦》，孔子更以意错杂，而对辨其次第，不与《序卦》同。"王夫之曰："杂者，相间之谓也，一彼一此，一往一复，阴阳互见，而道义之门启焉。屯蒙以下四十八卦，二十四象，往复顺逆之所成也。乾坤坎离大过颐小过中孚，综而不失其故，则以错相并。否泰随蛊渐归妹既济未济四象而成八卦，则错综同轨。《周易》以综为主，实则错综皆杂也，错者幽明之迭用，综则用其明者也。"以上诸家，语无一当。孟氏所谓"乱"，非杂乱之乱，乃篇终之意。后人误解"杂"字，实先因误解孟注之"乱"字也。虞君颇有所见，惜未能畅发其意。韩孔以下，皆意为揣测而已。郑少梅东卿曰："上经起乾坤至坎离三十卦，下经起咸恒至既、未济三十四卦，此《序卦》所述以为二章也。《杂卦》虽合为一章，无上下经之分，然自乾坤至困亦三十卦，自咸恒至夬亦三十四卦。由是推之，则其杂之也，岂无说而苟然哉。是必有如卦气先天之说，而《易》师失其传矣。"万弹峰曰："《说卦》篇专言象数，《序卦》篇专言义理，《杂卦》与《系辞》，则象数义理兼而有之。八卦皆言其象，余卦皆言其理，大过以下举互卦之义，以明六十四卦之根皆自此起也。"刁蒙吉曰："《易》之有《序卦》，学之始也，博文约理，有序而不可杂也。《易》之有《杂卦》，学之成也，变化从心，虽杂而不失其序也。《序卦》分也，《杂卦》合也，由分可以得合，既合其中仍分也。何以合而分也，首以乾坤，一大男女也，而万事万物无不在其中矣。终之以男女，一小乾坤也，而类聚群分，不能外乎是也，此起止之合也。然上经三十卦，下经三十四卦，其界限未尝不分。自师比八卦而以下经之损益交合之，自咸恒八卦而以上经之否泰交合之，此枢纽之合也。损益后历大畜无妄而合之以萃升，否泰后历大壮遁而合之以大有同人，此对待之合也。列震艮于前，而以巽兑等六卦分足三十卦之数，留大过颐于后，而以坎离等六卦合居三十四卦之中，此错综之合也。至大过以下，则以分为合矣。"王困翁曰："先儒谓《杂卦传》为反对作是也。然五十六卦皆反对，后八卦偏不反对，可知不专为反对作也。胡云峰谓为互卦作是也。然六十四卦只互得十六卦，每八卦互两卦，若专为互卦作，何不以类互，则知不专为互卦作也。刘芸庄谓为卦变作以互为次是也。然自随以下十二卦，偏不以互次，则知不专为卦变作也。愚谓反对之义，杂见于卦变之中，而互卦因之，兼是三者，故名《杂卦传》云尔。"以上诸家之说，似较前者为有进矣，然于《杂卦》精义，仍鲜发明。此外如胡炳文、李光地、胡煦诸氏，大意皆主互卦，要皆未能悉其蕴也。其妄疑《杂卦》为非孔子作者，更无论矣。须知孔子《十翼》《彖》《象》《系辞》诸传，皆以阐发《周易》，以明列圣相传之道。《说卦》取象，亦皆有所受，所谓述而不作者也。惟《杂卦》一篇，乃孔子独抒己见，不相沿袭，虽每卦仅系以一字或数字，而仰观俯察，无一不与羲圣画卦之精神相契合。而理象气数，无一不包孕其中，顺逆相推，更寓数往知来之微恉。朱子所谓"伏羲自是伏羲之《易》，文周自是文周之《易》，孔子自是孔子之《易》"，斯语也，以论《周易》则未见其是文王演《易》既与羲画一贯，周孔象赞更无不推本于羲文，一字一义皆有象可象，有数可稽，未尝于象数之外有单辞只字之增益，更何得强为分析之也，若以论《杂卦》，诚哉为孔子之《易》矣。然非熟读六十四卦而贯通其意，不能知《杂卦》之妙，非研求全《易》之象数而会其通，亦不能悟《杂卦》之妙用也。胡李诸氏，以互卦测之，已窥见一斑，欲观全豹，当仍于经文及《系传》中求之。辛斋致力甚浅，何敢妄语高深，况高深者，又实未易以笔舌尽之。今略举数则，以发其凡，善学者当无难隅反也。

凡"刚""柔""乐""忧""与""求""起""止""见""伏"诸字，皆以隐括一卦之义，所以为六十四卦挈其纲领者也。各卦《彖》《象》之有其字者，必与其卦有所系属，无一字为闲文也。如乾之"乐行忧违"，即指师比。颐之"观颐"，剥之"观象"，及咸之"观其所感"，恒之"观其所恒"，萃之"观其所聚"，皆与观有关，皆合"与""求"有关。而"震起""艮止"，"巽伏""兑见"，"咸速""恒久"等义，尤为全《易》大象之总纲，八卦变化之原则，而历象、纳甲、飞伏、纳音之术，悉基于此矣。"噬嗑食也"，如需"困之酒食"，讼之"食旧德"，泰之"于食有福"，大畜之"家食"，明夷井鼎之"不食"，无不相关也。而噬嗑与贲相对，则"食"与"色"对，食色性也，又另为一义。此一字一义之精微奥衍，神变莫测，言之不能尽，书之不能罄者也，其余诸卦可类推矣。

其系于数者，剥次二十五天数极，困次三十地数穷也。革次四十五，一卦之候四十五日而革也。丰次四十九，蓍之数也。五十四为凶数，故"不处"。五十六为厄数，故"不亲"。而"屯见""姤遇"，尤历象之所宗。其余诸卦，或以爻象，或以卦位，无不各有精深之意义，非贯通全《易》以求之，推演象数以合之，未能测其神妙也。至大过以下八卦，则非独象数，知天知人，数往知来，寓《春秋》之微意，垂万世之教诫，其道甚大，夫岂仅八爻迥环交互而已哉。

其系于象者，或与先后天卦位相发明 汉学家排斥先天之说，一由于门户之见太深，一由于不察象数之天然，余另有说以明之，或与上下经《序卦》为体用，仍各以本卦大义为归宿。故先后次序，及上下反覆，无不各有奥义。非但大过以下八卦不可更动 苏子瞻、蔡元定诸氏以大过以下八卦与前不同，概照两卦相对之例为之移易，明儒来知德诸氏均从之，遗误后学不浅。朱子以其韵合，疑其非误，不敢擅动，尚谓能阙其疑者也，即其两卦相对，而与《序卦》上下易次者，如比师无妄大畜井困解蹇睽家人否泰大壮遁大有同人小过中孚等卦，亦皆不可移易。盖分之一卦有一卦之义，合之此卦与彼卦，均有相互以见之义。如"随无故也""丰多故也""革去故也"，如"同人亲也""讼不亲也""亲寡旋也""小畜寡也"，此相互见义之最显者也。"大有众也"，与《序卦》之师同义，而师之"忧"，又与经文临之"既忧"，丰之"勿忧"，及本《传》之"小人道忧"，相互见义。他如"而"字，"之"字，"则"字，"其"字，及"相""始""去""取"等字，均非闲文虚字，均各有其象数。则字之关系尤重，更宜详察深玩，非特一字一义，不可忽略，即其无字之处，更耐寻味思索，尤不可忽略也。

以上所述者，尚其浅显而易见，明白而可言者，尚未能尽其万一也。

但学者循此求之，则见深见浅，自有所得，且能有无穷之意味，更读全经，必觉另易一番境界矣，善读者当不河汉斯言。

男 之 穷

或问：《杂卦传》"未济男之穷也"究作何解？曰：大过以下八卦，联属一气，固未易以一句分析言之，但分之合之，皆各有义，先儒解此者，意虽未尽，然大致尚不甚相远。程子于成都市遇箍桶叟，见其担有《易经》，因举此语问之，叟曰："三阳失位，安得不穷？"程子甚为心折，谓能发前人所未发。其实不尽然也。若以失位论，则未济六爻皆不当位，不仅三阳之失位也。考虞注曰："否艮为男位，否五之二，六爻失正，而来下阴，未济主月晦，乾道消灭，故'男之穷'也。"此以消息及纳甲言之，与本传之"否泰反类"，意尚贯串，其余注者虽多，均无甚发明。项平甫谓："既、未济皆主男言，水能留火故'定'，水不能留火故'穷'。阴阳不交，而阳独受'穷'者，生道属阳，死道属阴也。'终'与'穷'不同，'终'者事之成，'穷'者时之灾"云云，说亦芜杂。此"男之穷"三字，正对"女之终"言也，《易》之道，天地男女而已。孔子《杂卦》，以人事为主，故乾坤不曰"阴阳"，而曰"刚柔"，此其大眼目也。归妹为六十四卦归魂之终，故曰天地大归魂卦，未济为《序卦》之终，此"穷"字正对《序卦》"物不可穷也""穷"字而言也。合此二义观之，则所重专在"穷"字"终"字，男女二字不必重读也。男女者，即《序卦》"物不可穷"之"物"字耳。凡人之情，非至时穷势竭，不能自觉猛然为最后之决断，平日之辨是与非，或感于情，或累于欲，而不能决者，至此死生俄顷存亡呼顷之间，而毅然决矣。故即继之以"夬，决也，刚决柔也"，能刚决柔，则情欲去而天理复，"君子道长"，穷以变而能通，即终以续而复始，《易》道于以无尽矣。

制器尚象

《系传》曰："以制器者尚其象。"又虑后世之无所则也。特举"作结绳而为网罟，以佃以渔，盖取诸离"之十三卦，以示其例。又虑后人之不能通其变也，特于乾坤二卦明示之，曰："通其变使民不倦，神而化之使民宜之。《易》穷则变，变则通，通则久。"又虑通变者之不能得其道也，于是于后三卦特加"易"字，以示"《易》穷则变"之道。曰："上古穴居而野处，后世圣人易之以宫室。古之葬者厚衣之以薪，后世圣人易之棺椁。上古结绳而治，后世圣人易之以书契。"此三者，皆所以通变宜民，而致世道日进于文明者也。孔子不惮烦复，一再言之，深望后之人能变通尽利。凡古人所制而未尽完备，与完备而未能精美者，各援据象数易而新之，庶"变则通，通则久，自天祐之，吉无不利"，圣人之忧天下后世者，可谓至矣。乃三千年来，《易》学晦塞，讲汉学者溺于训诂，宗宋学者空谈性理，视制器尚象之一道，以为形而下者，不屑深究。于是网罟仍为结绳，不能易之以新法。耕稼仍为耒耜，不能易之以机器。日中为市，仍守虚集之旧，不能易之以通商。舟楫仍刳木剡木，不能易之以机轮。引重致远，仍赖牛马，不能易之以汽机。重门击柝，不能易之警察。臼杵之利，不能易之以滚轮。弧矢之威，不能易之以枪炮。种种利器，古圣既尚象作之于先，吾人乃不能变通改进以后，而一一皆让西人占其先着，我更学他人之步，尚不免邯郸之消，其昧古圣设卦垂象之深意，负孔子谆谆指示之苦心，呜呼，虽百喙不能自辞其咎矣！虽然，《易》道至无穷也，象数本无尽也，世界进化，无止境也。西人未尝见吾圣人之象，但得其数，极深研几，已能尽制器之能事，极物质之文明。吾人既能师西人之所长，以极数致其用，则由数而求象，亦已事半而功倍。更变而化之，以合穷变通久之道，则由物质文明而进于精神，由形下更进而形上，古圣之轨辙可循，四圣之仪型未远，近取诸身，远取诸物，必有神而化之自天祐之之一日，以远驾乎西人之上者，不禁跂余望之，拭目俟之矣。

中孚生大过死

中孚之义，前集已详之矣卷二第二条。卦气起自中孚九二，以中孚为生气之所始也。故杨子云《太玄》八十一首，亦起于中孚。此象数之不可易者也。中孚之中，本于以五合十，故为生。泽风大过，则以十合五，乃死象矣。中孚上巽，于后天卦为东南，下兑，于先天卦位东南，后先同位，故曰"孚"。"孚"者，合也。与噬嗑同人节比，同一例也。中孚中之气，天施地生，其益无方东南风雷益卦，始于坎之中心卦气中孚居坎子值冬至，为天地之恒气。而大过位西北乾卦气大过居西北乾亥，戌亥数无，故棺椁葬，取象大过，乃西北乾坤父母入藏，离日下地入坎穴，东南巽木，于西北乾周，棺周身，椁周棺，丧期以二十五月，乾天数尽也。夫五与十皆中土象，五而十，气以出而生，十而五，气以入而藏。出入变化，其畿甚微，数虽同而吉凶相去如霄壤焉。言数者可于此而隅反矣。

鹤　鹄

中孚九二："鸣鹤在阴，其子和之。"荀《九家逸象》"震为鹄"，鹄与鹤通也，故吴草庐曰："鹄当为鹤是也。"今武昌有黄鹤楼，实以黄鹄山而得名者也，可见鹄之为鹤，由来旧矣。九二互震，故取象于鹤，鹤为泽鸟，兑为泽也，鹤鸣于秋，兑正秋也。而曰："鸣鹤在阴，其子和之。"则所以形容"孚"字之义，精绝无伦矣。"孚"从爪从子，本取鸟抱卵之象，天下情意相孚真切诚挚，有逾于母子者乎。然情意不可见，曰"鸣"，曰"和"，则情意见矣，以此言"孚"，无余蕴矣。然而象之义犹不止此。鹤羽洁白，以比君子，鹤性善警，喻能知幾。中孚九二互震，一阳来复，生气之始。故上《系》拟议七爻首此，而曰"君子之枢机"。"其子和之",所谓"同声相应,同气相求",故《象》曰:"其子和之,中心愿也。"泰之六四"翩翩不富,以其邻。不戒以孚",《象》曰:"翩翩不富,皆失实也。不戒以孚,中心愿也。"正与此应。泰失实,故"不富其邻",小畜九五则"有孚挛如,富以其邻",而中孚九五则亦曰"有孚挛如",合而观之,可广其义矣。虞氏主卦变,以离为鹤,鸣在坎中,则阴阳交孚,声应气求,为义亦同。后儒驳之,甚无谓也。

畸　象

《易》象只见于一卦或一爻,而他处不再见者,谓之畸象,如上文中孚之鹤与豚鱼、燕、翰音,及屯之鹿,解之隼,革之豹等象是也。不必定为动物之类,若莆若机若棍若苋陆若顾等等,不胜枚举,皆谓之畸象也。然鹿隼豹之为象,前人尚有言之者,而"有他不燕"之"燕",则均以为假借字,训为"燕安"之"燕",不复求之于象矣。夫《易》之象爻,无一不根据于卦象而演绎者也。有象所有,而象爻或略而阙者有之矣,未有象所本无,而象辞爻辞凭空增入者也。故全《易》经文,无一字虚设,无论为虚字,为助辞或假借字,断无不与卦象相关,况明明为物象,岂可因其假借之义,而置其本象于不论哉。若仅以"安"训之,则当元圣系爻,何不竟曰"有它不安",或曰"有它不宴",而必以"燕"字为假借乎,是大可思矣。旧注惟冯氏椅以两义诂燕,以虞人诂虞,谓虞人不能专志防护,而有它志,则群鸟不安。燕或取燕雀之象,兑之初,七月末,社燕犹在也。过此之它,则巽在东南,又明年矣。社过则无燕,故有"不燕"之象。其释经之当否,兹姑不论,即燕之取象,亦曲折附会之甚。不知圣人之象,虽极其精深微妙入神,但必出于自然,断无如此之委曲比附也。盖燕之象,即在中孚之互卦。初之四互雷泽归妹,三之上互风山渐,渐全卦皆取象于鸿,归妹则取象于燕,燕与鸿,去来有定时,鸟之有信者也,故中孚信也,此象之微妙而极自然者也。或曰:妙则妙矣,其如归妹一卦,初未尝有燕何？曰：何为其无也，"帝乙归妹"，乙即燕也。泰二至五互归妹，故五曰"帝乙"，四曰"翩翩"，"翩翩"亦燕之象也。此燕之取象于归妹，可核然无疑者也。至屯之鹿，虞氏谓山足称鹿_{鹿麓古通}，三当互艮之初，故称鹿，义极精当。或以为麋鹿之鹿，于象亦不悖，但论用之如何可也。固不必是彼而非此也。圣人作《易》，以言之不能尽意，而立象以尽意者，正以言难两歧，而象可通变，但通变而得其当，无悖于圣人立象之恉斯可矣。象之屡见者，以有可比较推类，尚易别其是非，惟此畸象者，只此一见，他无足征，尤非精审不易得当也。故因鹤而类举之。

苋 陆

夬九五曰："苋陆夬夬。"旧说夥矣，均未得当。孟喜《章句》曰："苋陆兽名，夬有兑，兑为羊也。"许慎亦治孟氏《易》，故《说文》苋字曰："兔足苜声，读若丸，山羊之细角者。"是孟本之"苋陆"，当作"莧陆"，应于"苋"字下加一点方合。但"苋陆"二字为连文，今《说文》但言苋而不言陆，则所谓"山羊细角者"其为"苋"欤，抑"苋陆"欤？虞仲翔世传孟氏《易》者，乃曰："苋，说也，苋读若'夫子莞尔而笑'之'莞'，和睦也。"今《释文》一本作莞，华板反。陆，蜀本又作睦，睦亲也，通也，皆宗虞说也。马融、郑康成、王肃皆云："苋陆"一名"商陆"，犹以苋陆为一物。至董遇云："苋，人苋也，陆，商陆也。"宋衷亦云："苋，苋菜也，陆，当陆也。"则皆以苋陆为二物，且"当陆"为何物，尤莫详其义。马郑王董宋五家，因皆治费《易》者也，康成虽亦兼治京《易》，京出于孟，而此则从费不从孟也。朱汉上谓："苋为蕢，商陆，叶大于苋。"《程传》以"苋陆"为马齿苋，朱子于《本义》从《程传》曰："苋陆，今马齿苋，感阴气之多者。"而《语类》则曰："苋陆是两物，苋者马齿苋，陆者章陆，一名商陆。药中用商陆治水肿，其子红。其物难干。"是皆与马郑诸家大同小异，同为费《易》也。独项平甫、吴草庐皆宗孟说，项曰："莧音丸，山羊也。陆，其所行之路也，犹'鸿渐于陆'之'陆'。"吴谓："莧子上从艹，羊角也，中从目，羊目也。下从儿，羊足也，故宽字谐莧声。羊群之行，山羊居前，谓之引路羖。"是皆能阐发孟氏之义，项氏能注意于"陆"字，尤能得间。盖莧于《易》为畸象，无他卦可引证，而陆则明明见诸渐卦，则以经证经，自非恶无故实望文生义者可比。近儒焦氏之《易通释》，亦以渐之两"陆"字为证，固甚是也。惟焦以"莧，"为"见"字之假借，则引经而又改经，不免自相矛盾矣。项吴二家之说，于象无讹，惟"陆"字之解释未明，故不能发挥经义，畅达其怡。夫"陆"与水对，平地曰"原"，高平曰"陆"，高而隆者曰"自"。"陆"有高意，故从"自"，而阴阳二字，亦均从"自"。"自"者，象天地阴阳之事也，而"陆"亦含有天地阴阳往来之义。四时错行，日月代明，而日月之行，有南陆北陆东陆西陆之称。天地节坎一至兑十水泽节。坎北陆，兑西陆也。渐为仪，阴阳一二，始天地南北之候，渐之陆，北陆也。夬决阴，兑月望，日月东西之候，夬之陆，西陆也。兑为羊，其类艮，亦为山羊。羊群行于高平之原，其状"夬夬"，此正与九三之"夬夬"，相对举以见义。三之"夬夬"为独行，五之"夬夬"则群行也，群行故象羊。孟氏之说，不可废也，后儒异论，徒滋纷扰，无一是处。虞氏读"莧"若"莞"，作亲睦之意，则揆诸卦义，殊未安也。

蛊为变化之卦

蛊者，变化之卦也。天地与人事，非蛊不生变化；六十四卦，亦非蛊不成变化。故《周易·序卦》以蛊次十八，二九十有八变，六十四卦无穷之变化，胥由于此矣。今欧西之学说，谓凡物之变化，皆微生虫为之。非但物质之变化如造酒制酱等类，皆因微生虫之酝酿，即植物之滋长，土质之改变，亦无一非微生虫之作用。而生物之体，与空气及水中之微生虫，更不可以形求而数计。盖非微生虫。则变化之机能止，变化止，则生理亦将与俱止，而人物或几于息灭矣。甚哉，虫之所以变化，其关系之重且大也。然此种科学之发明，要在近百年以内，百年以前，无此说也。自显微镜之制造益精，而微生虫之形状与功用，发明乃益多。在古圣作《易》之时，既未尝有此精细之科学，更何来此百倍千倍之显微镜，以窥示目力能所不能见之虫，而知其功用。而乃于天地人物变化枢要之一卦，命之曰"蛊"，而蛊乃从虫。且其象数变化之作用、之意义，更在在与今之新学说相合，而简当精要处，彼化学家所实验而得者，或无以加焉。呜呼，圣而不可知之为神，诚哉其不可测矣！或曰：卦虽有其象，古圣之意，或未必如此，是殆子附会新说，曲意迁就而适相巧合耳。曰：古今之适相巧合者，于事诚有之。然可一而不可再，决不能事事相巧合，而反覆皆适当也。《象》曰："山下有风，蛊。"山为艮象，风为巽象，风者，气之动也，止而不动则虫生，故风亦从虫，岂造字者亦相巧合乎？"山下有风"，乃天地之气为山所阻遏，不能流通，而于是乎生虫，故《诗》曰："蕴隆虫虫。"在滇黔两粤，气阻于山岭，在昔交通未便之时，恒苦瘴疠，而蛊之为患亦甚，今虽稍愈，而尚未能尽绝也。瘴疠与蛊，实无一非虫为之也。或曰："山下有风"之义，固如是矣。若六十四卦，则八卦所因而重之焉，何待于蛊而始变哉。曰：因而重之者，八卦成六十四卦之形式，即两仪生四象，四象生八卦，亦但言生卦之次序也。若论八卦变化之实际，则八卦实只六卦。乾坤坎离各为一卦，而巽反即兑，震反即艮。震巽艮兑，名为四卦，实只两卦也。若言其变，则八卦实只有四变。乾坤为纯阳纯阴不计外，乾初变为巽，上变为兑，则中一爻不变，而当然为坎矣。故乾两变而得三卦，坤之变艮也亦然。故邵子用数，每以四变，以变之实数仅只此也。乾坤既四变为震巽艮兑，而震巽艮兑，反覆又实只两卦。则此两卦者，即所以变化乾坤之原则，亦即变化六十四卦之原则也。震巽艮兑之合为随蛊渐归妹四卦，何独以蛊为变化之枢要？则少男承父，长女代母，后天之乾退居艮位，坤退居巽位，阳以上为极，阴以下为极，阴阳极而后变化生焉。此所以艮巽为蛊也。古之训"蛊"为"事",亦以天下之事,俱由变化而生,不动不变,则何事之有?《尚书·大传》曰:"乃命五史以书五帝之蛊事。"蛊事即故事,谓继续不绝之事,如艮巽之继乾坤焉。《序卦传》曰:"以喜随人者必有事。"《诗》曰:"王事靡盬。"盬亦蛊也,尔疋康谓之蛊。《春秋左氏传》医和曰:"于文皿虫为蛊,穀之飞亦为蛊。"此训诂之最古者也。卜徒父之筮也,曰:"千乘三去,三去之余,获其雄狐。"则以变占而言,非蛊之本义。医和又曰:"女惑男,风落山。"亦以占之象而言,惑者谓少男血气未定,而惑于长女,则于象为蛊,非谓蛊之有惑义。至伏曼容,乃直曰:"蛊,惑乱也。"而义始歧矣。向来说《易》者,皆未明蛊为变化之所由,或以为败坏,或以为蛊惑,于卦义均未有当也。美哉,孔子之释蛊之《象》也,曰:"巽而止,蛊。蛊元亨而天下治也。"六十四卦《象传》言"天下治也"者,未之有也。仅乾《文言》曰:"乾元用九,天下治也。"与此正相应合,岂败坏惑乱之卦,而足以当此哉。盖《周易》六十四卦,皆"乾元用九"以变化之,蛊即所以尽乾九之用,而生变化者也,故亦曰:"元亨而天下治也。"乾曰"大明终始",而蛊曰"终则有始",与恒之"终则有始",皆指巽而言也。夫《易》之所谓事者何,即天地人之事也,乾天坤地艮人,而巽以齐之,则天事地事人事之不齐者齐,而元亨利贞之时用坎离震兑,乃循环而不已也。蛊虽艮巽二卦,实兼具乾坤二卦之材,故爻皆取象于父母。此非详玩先后天八卦,与六十四卦之所以变化者,不能得融会贯通之妙,非言词所能尽也。或曰:圣人既以此卦为变化之宗,而又知蛊为万物变化所由,何不竟名其卦为"虫",而乃曰"蛊"也何居?曰:虫之变化,物质上之事也。而蛊则含乎意志<small>初爻曰意,上爻曰志</small>,更兼精神上之变化也。妙哉,匪夷所思矣!

先甲后甲先庚后庚

蛊彖辞之"先甲三日,后甲三日",与巽五爻辞之"先庚三日,后庚三日",古今诠释者,不一其义,而为之图者,亦钩心斗角,各极其致,亦谓尽极深研幾之能事矣。然求其说之当者,寥寥可数也。《子夏传》曰:"先甲三日者,辛壬癸也。后甲三日者,乙丙丁也。"此《子夏传》乃后人伪托,非孔子弟子所作也。郑氏亦同此说,谓:"辛取自新,丁乃丁宁之意。"《程传》《朱义》大率本此意,而推衍之,又曰:"庚,更也,事之变也。先庚三日丁,后庚三日癸,丁以丁宁于变之前,癸以揆度于变之后。"按之经旨卦义,殊多牵强。夫孔子赞《易》,本所以明道而垂教万世,果有此意,何妨竟曰自新曰丁宁,或竟曰辛曰丁,岂不明白了当,乃故为隐语寓词,以待后人之揣测,决无此理也。虞氏以变卦纳甲言。马氏以甲在东方,艮东北故先甲,巽东南故后甲,以卦位言。朱子发、张竣宗虞说,胡寅、来知德宗马说,虽详略不同。而大致无异,似均较郑与程朱为切实也。苏东坡曰:"阳生于子尽于巳,阴生于午尽于亥,一日十二干相值,支五干六而后复。先甲三日,后甲三日,所谓六甲也。先庚三日,后庚三日,所谓六庚也。甲庚之先后,阴阳相反。先甲三日子戌申,申尽于巳而阳盈矣,盈将生阴,故受之以后甲。后甲三日午辰寅也,寅尽于亥,然后阴极而阳生,势穷而后变,故曰'终则有始'。先庚三日,午辰寅也,后庚三日,子戌申也。庚之所后,甲之所先,故先庚三日尽于亥,后庚三日尽于巳,先阴而后阳,故曰'无初有终'。"郭子和曰:"《易》之爻,兼三才而两之故六,阴阳不过六而尽矣。复称'七日',自姤六爻至复初九而七也。临称'八月',自复经六爻至遁六二而八也。蛊'先甲后甲',亦六日之义。'先甲三日'者,蛊之先也,新之终而弊之始也。'后甲三日'者,蛊之后也,蛊之终而新之始也,是为蛊之反也。二者之象兼于先甲后甲之中,相与循环而已,甲即蛊也。"齐梦龙曰:"推马融先甲后甲之说,曰:卦震东为甲,兑西为庚,蛊互震而四居震中,故言甲。巽互兑而五在兑上,故言庚。十干戊己土,余八日为万物始终,甲者始之始,庚者终之始,蛊言始而称甲,巽言终而称庚,语固各有当也。"钱一本曰:"先后甲以中爻震木为象。震震出，日之甲，春之始，而反终以原其始，所以饬蛊之坏。先后庚以中爻兑金为象，兑之说，日之庚，秋之中，裁其过以归于中，所以制巽之事。蛊之甲言于卦，合上下而共其事，巽之庚，言于爻，申命行事之主独五也。"胡翘元曰："十干六甲主生，六庚主变化。有甲以生之，无庚以变化之，非造化全局。"万弹峰曰："以纳甲言，蛊自否来，否上为乾，乾纳甲，故曰甲。巽之五爻变则为蛊，蛊上互震，震纳庚，故曰庚。"综以上诸说观之，觉后胜于前，东坡之说，尤为冰雪聪明，虽未能尽合于象数，而已得其奥窍，盖东坡固未尝研究象数者也近德清俞氏《茶香室经说》解"七日来复"及震与既济之"七日得"，谓即"先甲""后甲""先庚""后庚"之义。"先甲三日"辛，"后甲三日"丁，自辛至丁凡七日。"先庚三日"丁，"后庚三日"癸，自丁至癸亦七日。甲木克于辛金，辛金历七日为丁火所克，则甲木来复矣。庚金克于丁火，丁火历七日为癸水所克，则庚金来复矣，复即得矣。是较东坡为更进一层，且足药丁宁揆度诸旧说之腐而仍不畔古训。此外如王引之，焦理堂诸氏，均非确有心得，可置不论。盖经文既明明曰"甲"曰"庚"，则自当从干支以求其义。未可以形声相隐射也。文王当殷之末世，殷《易》《归藏》，以干支纳音为主说详《三易备遗》。更观殷之遗器及其历代帝王之名无不以干支者，可见其一代之风尚矣。末流之弊，重鬼而轻人，故文王矫之。《周易·系辞》特重人道，然《易》本阴阳，虽有偏重而无偏废也，值象数变化枢要之处，仍不能不以干支挈其纲。故于上经之蛊，特言甲，下经之巽，特言庚，而又于革言己，泰及归妹皆言乙，言甲己乙庚，则其未言者可推而知矣。甲者震之位而乾纳甲，庚者兑之位而震纳庚。天雷无妄，而震兑随时，故无妄"元亨利贞"，随"元亨利贞"。随反为蛊，蛊九五变重巽，故甲庚于蛊巽二卦言之。"先甲三日"辛，巽纳辛，"后甲三日"丁，兑纳丁，巽兑中孚，故中孚曰"孚乃化邦也"，曰"应乎天也"。"先庚三日"丁，"后庚三日"癸，坤纳癸，坤兑临，故临亦"元亨利贞"，临《彖》曰："大亨以正天之道也"，无妄《彖》曰："大亨以正，天之命也。"故中孚"乃应乎天"。乾坤泰否反覆，否则"天下无邦"，而"孚乃化邦"，化邦而天下治矣，故蛊曰："元亨而天下治也。"先后三日则为七日，"七日来复"。"复"者，剥"穷上而反下"者也，故蛊曰："终则有始，天行也。"而剥与复亦皆曰："天行也。"而巽则为德之制，以人合天，故"君子以申命行事""巽称而隐""巽以行权"，皆巽乎中正以合天之道，无违于天之命者也。此甲庚先后之义，非仅就一卦一爻以言之，所能尽也。至蛊之"利涉大川"，更与巽之"利有攸往，利见大人"相针对，皆甲庚先后反覆。学者循此以求之，则知孔子《彖》《象》《系传》无一字不与象数相合，无一义不与他卦相贯，参伍错综，皆有线索之可寻。然后再阅先儒之注释，则是非无难立辨矣。

七日来复

明"先甲""后甲"、"先庚""后庚"之义，则"七日来复"，可不烦言而解矣。先儒注此者，说皆不甚相远，徒以汉宋之争，驳诘辨难，甚无谓也。郑注："建戌之月，以阳气既尽，建亥之月，纯阴用事，至建子之月，阳气始生。隔此纯阴一卦，卦主六日七分，举其成数，而云'七日来复'也。"说本无讹，徒以"六日七分"一言，遂开辨驳之端。如王昭素、王洙、宋咸诸人，各逞词锋。后又牵及于邵康节冬至起复之说，又与起自中孚之卦气，分茅别蕝，互争雄长。而揆诸卦义，均无当也。京氏注本言："复主冬至，中气起于中孚，自中孚之后七日而复，故曰：'七日来复。'"极为明白了当。《正义》既宗京说，以卦气为言，而兼采郑注隔坤一卦六日七分之说。李氏鼎祚引《乾凿度》轨数，说亦相同，但《易》隔坤之一卦六爻为六日，复来成震一阳爻生为七日，以弥郑氏之阙。复申言之曰："天道玄邈，理绝希慕，先儒已论，虽各捐于日月，后学寻讨，犹未测其端倪。今举约文，略陈梗概，以候来悊，如积薪者也。"似预知后人之攻击者。夫阳七阴八，特据阴阳之生数而言。复一阳初生，数自为七，由剥而复，数亦为七。阳日阴月，故临称"八月"，复曰"七日"，理极浅显。刘氏瓛曰："天行躔次有十二，阴行其六，阳行其六。当阴六阳失位，至于七，则阳复本位。此周天十二次环转反覆，其数如此，施之于年月日时并同。故一日之中，七时而复，一月七日而复，一年七月而复，一纪七岁而复。今云'七日'者，取其中而言，则时月年从可知也。"此固通论。然古人言日，非必定指一昼夜之日也。《诗·豳风》"一之日""二之日"，皆谓一月二月也。故"七日来复"，但谓阴阳之数极于六，至七则必复矣。震之"七日"，既济之"七日"，皆此义也。或谓阴阳之数既极于六而复于七，则阴亦当言七矣，何以临言"八月"也。曰：此则指阴之生数也。阳生数七，阳主进，故七而九，以九为变。阴生数八，阴主退，故八而六，以六为变。阴阳之数，固各有体有用有正有变，不究极其理，而妄自尊大，是己非人，曰京房、郎颛、关子明辈，假《易》之名以行其壬遁卜说阴阳术数之学，圣人之旨则无有焉。呜呼，此《易》学之所以终古长夜也！

出入无疾

复《彖》："出入无疾。"虞注："坎为疾，十二消息不见坎象，故出入无疾。"王弼注："入则为反，出则刚长，故无疾，疾犹病也。"《程传》："出入无疾，谓微阳生长，无害之者也。既无害之，而其类渐进而来，则将亨盛，故无咎也。"是王以"疾"为病，程以"疾"为害，害亦犹病也。然按之于象，揆之于理，均有未安。而《程传》语意尤为猾突，微阳生长，谓一阳之来复也，无害之者，其语从何而来哉。经文曰"出入无疾"，若曰出入无害之者，更成何文理。夫说经必有所据，宋儒每以意为之，自谓吾心即圣人之心，吾言即以明圣人之心，往往不假思索，不暇证之于经传，而成笑柄。如此类者，盖不胜枚举矣。夫孔子《十翼》，所以释经也，经文有未明者，必当求诸《十翼》，此一定之理也。《系传》曰："唯神也，故不疾而速，不行而至。"此即"阴阳不测之谓神"。复为阴极阳生之卦，阳之来复，亦"不疾而速不行而至"者也。故"出入无疾"之"疾",正"不疾而速"之"疾",决无疑义者也。若以训"疾"为病为害,则不病而速,不害而速,更成何文理乎。然则《易》之"疾"字,固无病与害之意乎?曰:有诸。《易》之"疾"字,取象于坎,坎为耳痛心病,故经之言"疾"者,有速与病之二义。有言速者,有言病者,亦有速与病之两义兼言之者。《杂卦传》曰:"咸,速也。"故凡卦有速义者皆咸象。咸者人心相感,其效最速,人之思想,憧憧往来亦最速,《西游记》孙悟空一觔斗翻十万八千里,即咸速之象也。咸之对为损,两象易亦为损,"损其疾",此"疾"字速与病之两义均有之也。咸损皆少男少女之卦,故孔子于损六三曰:"天地絪缊,万物化醇。男女媾精,万物化生。"以言其相感则疾为速,以言病即痘疾,俗所谓"天花"是也。痘疾根于先天,为父母媾精所遗之热毒蕴久而发者也。圣人作《易》,其字义章句之妙,神化不可思议,惟孔子神化之笔,足以赞之而互相发明。如此"疾"字,岂寻常拟议思虑之所能到哉。此外如豫之"贞疾",无妄之"疾",鼎之"我仇有疾",丰之"疑疾",均有病意。明夷之"不可疾",遁之"有疾",与此"出入无疾",皆不可训为病者也。需六四曰"出自穴",上六曰"入于穴,有不速之客",曰"出"曰"入"曰"不速"者,即此"出入无疾"之义也。复之初爻在坎子,坎为亟心,阳之本性,本迅疾而不可遏者也。惟当复之初,不可不沉潜涵养以蓄其势,故屯之初曰"磐桓",亦此义也。势以蓄始壮,近今所用之枪炮,其膛中均有螺旋线,令子弹在内盘旋蓄势,则其出也更速而猛,此线译称曰"来复线",即复初"出入无疾"之确实意义也。物理各有一定,皆出于天地之自然,时不问乎古今,地无间乎中西,至理所在,罔有不合。宋儒以圣人之道,为方头巾者所独占,排斥百家,颂言翊圣,实自隘自锢而并以隘人,以锢天下后世。佛氏之徒,力矫其失,曰"道在矢橛",虽未免亵道,实亦宋儒对症之良药也。

高尚其事

蛊之上九："不事王侯，高尚其事。"向来注者，多不着眼于"其事"二字，致"高尚"二字，亦均落空，毫无实际。此与世界之人心风俗关系极大。不可不辨也。虞氏以卦变言，于"其事"二字之精义，不能发挥，无足怪也。王注："最处事上而不累于位，不事王侯，高尚其事也。"亦只说得上一句。《正义》云："不以世事为心，不系累于职位，但自尊高慕尚其清虚之事。"如此说"高尚其事"，实谬且妄矣。《程传》专注重于义理，则于此等重要之经文，自当研究其精意之所在而发挥之，乃亦仅援据世应，望文生义，敷衍其辞。其言曰："上九居蛊之终，无系应于下，处事之外，无所事之地也。以刚明之才，无应援而处无事之地_{明明曰"高尚其事"，何谓无事之地}，是贤人君子，不偶于时，而高洁自守，不累于世务者也，故云'不事王侯，高尚其事'。古之人有行之者，伊尹太公望之事，曾子子思之徒是也。不屈道以徇时，既不得施设于天下，则自善其身，尊高敦尚_{此四字联属为义，殊为费解}其事，守其志节_{经文明言"其事"，未尝言其志节也}而已。士之自'高尚'，亦非一道。有怀抱道德不偶于时，而高洁自守者，有知止足之道、退而自保者，有量能度分、安于不求知者，有清介自守、不屑天下之事、独洁其身者，所处虽有得失大小之殊，皆自'高尚其事'者也。《象》所谓'志可则'者，进退合道者也。"无论《象传》之"志可则者"四字，另于象义有关，未能如此带讲，即其解"高尚"二字，仅曰"尊高敦尚"，硬嵌一"尊"一"敦"字，余皆闲文。且经文明明曰"其事"，乃一则曰"处无事之地"，再则曰"守其志节而已"，是显与"其事"之义相背，亦即与经义相背也。朱子《本义》及郭氏忠孝、吕氏祖谦、胡氏炳文，虽详略不同，大意皆祖述《程传》，以为无事清高之象。呜呼！我国千余年来之士风，除仕官利禄外，不知有所事事。其患得患失之鄙夫无论矣，间有自好者，不甘同流合污，伏处丘园，无所事事，亦惟啸傲烟霞，吟弄风月，优游终老，无累于世。下焉者或藉高名以欺世，猎衣食以偷生，坐耗民财，为世之蠹，要皆此等学说阶之厉也。夫人生于世，非衣不暖，非食不饱，非宫室不安，非养欲给求而无缺不适，而不能自为衣、自为食、自为宫室与种种营养之生植制造也，则必有所事。或劳心，或劳力，以尽其一己之材，以供献于社会，为衣食住暨其他取给者之代价，而为之报酬，斯天地不虚生此一人，社会不虚耗此一分之物力。而一己方无负责于社会，无愧怍于天地。苟所抱负者宏，所建树者大，或什百千万倍于一身之所需，则崇德报功，社会又隆其报酬焉，斯古今中外不易之定理也。故经曰："不事王侯，高尚其事。"夫"不事王侯"，无所谓高也。自举世奔竞于利禄，奴颜婢膝于王侯之门，有一二矫其失而夷视王侯者，则流俗竞称其为高，而若人亦斤斤自诩焉。实则王侯人也，予亦人也，予何为而事彼哉！"不事王侯"，乃当然之事。世儒解经，眼光竞射于"不事王侯"一句，震而惊之，希而罕之，遂以"高尚其事"四字，为"不事王侯"之注脚，忽略带过，此大误也。夫曰"其事"者，乃各人所切己之事，为己所审择而从事者是也。无论为农为工为商，为科学，为美术，必得其一而专精焉。"高尚"者，无以复加之谓，必专心一致于"其事"，而更无他事焉可以尚之，而足动其歆慕者，斯其事始精，其业始高。近日欧美学者之所谓"神圣"，如"劳动神圣""职业神圣"者，亦即"高尚其事"之意也。故必人人能"不事王侯"，人人能"高尚其事"，而蛊"元亨而天下治矣"。此圣人所以系此象于蛊之上九也。《程传》之言虽无当，仅偏于一面，未说到"其事"二字耳。《正义》竟曰"但自尊高慕尚其清虚之事"，直不知所云，非率天下不耕而食不织而衣不可也。呜呼，道之不明也，知者过之，愚者不及焉！所谓"高尚其事"之一言，近几为习用之流行语，非必读《易》而始知者，以讹传讹，其贻害于社会，实非浅鲜。故不惮辞费，举而正之，非好辨也。

卷二

先后天八卦平议

先天八卦,不始于邵子,前集已述其略矣。但先后天之关系甚大,不明先天后天之义,无以明八卦变化之由。不明八卦变化之由。无以知六十四卦变化之序,与重卦名义,暨各卦爻位当名辨物之妙。《系传·说卦》一篇,言之甚详,而"天地定位"与"雷以动之"两节,指陈先天卦位,更明白晓畅。只以唐宋以前,《易》家之传授,均未有图。至邵康节始悟一二三四五六七八之恉,以乾兑离震巽坎艮坤之次,绘为先天八卦之图。更依"帝出乎震"一章指陈之方位,绘为后天八卦之图。而先天后天之名,遂传于世。康节更以先天八卦,依次重之为六十四卦,分为七级。第一级为太极,二为两仪,三为四象,四为八卦。五为十六事,六为三十二,七为六十四。所谓一生二,二生四,四生十六,十六生三十二,三十二生六十四,加一倍法之先天大横图以成。又即横图对剖,规而圆之,为先天大圆图。又即八重卦依次叠之,成为方图。并后乾坤生六子,与后天八卦方位。合河图、洛书共为九图。朱子采之以弁于《本义》之首。后之读《易》者,遂无不有图书与先后天八卦,犁然于心目之中,几以为《周易》之所固有者。而汉学家之排斥攻击,亦由此而生。元明以来,聚讼纷纭,尤以清初之顾亭林、王梨洲、毛西河及胡东樵、王引之诸氏为甚。毛之阅览既博，又雄于辨论，河洛先天，既为驳斥无遗。而胡东樵又广毛意，更著《易图明辨》，全书十余万言，专为攻击朱邵，并推及纳甲纳音，自谓扫荡一切，扩清伪学，为《易》学之功臣矣。无如《易》之有象，经既明著之，《易》之有数，孔子既明言之。《易》既有其象数，则由象推数，以数合象，自有确定之范围，详密之数理。而数往知来，又均各有其征验，决非以一人之私意可改易，崇宏之空论所能驳斥也。先天之图可驳，而先天之象数终无以易也；河洛之名义可改，而天地之定数无可更也。彼驳斥者，亦非不知康节数理之精密，无懈可击也。特以汉宋门户之不同，攻击朱子，不能不兼及于邵子。而又以邵说之确有根据。其象数又悉出于天然，不加造作，于是不得不为平情之论，曰："九图虽妙，听其为《易》外别传可也，不当列之经首。"以为结案。夫既知其妙矣，自应广为传布，令人人皆知其妙，则列之经首，又何不可。此外之毛举细故者，则以乾一兑二之数，乾南坤北之位，及复姤生卦等说，以为皆圣人说卦所无，谓六子既生自乾坤，何能更生于复姤，此所谓吹毛求疵，欲加之罪何患无辞者也。孔子明言"书不尽言，言不尽意"，故"圣人立象以尽意"。若《易》之象数，必纤悉皆载于《易》，虽百倍其《象》《彖》之辞，亦不能尽；必一一详举于《十翼》，虽千倍《系传》《说卦》诸传，亦未能罄也。况言各有当，若不论辞意之所在，但断章取义，为以矛攻盾之举，则孔子之《系传》，亦将体无完肤。如既曰"八卦成列"矣，是八卦皆同列也，何得又以乾坤生六子；经文明明以龙为乾象，《说卦》何得"震为龙"？若此者，盖不胜枚举。汉学家之攻击先天者，大类乎此。承学之士，震其名而眩其说，其为《易》学之嶂也，非细故矣。然则康节先天之说，固无可议乎？曰：是又不然。康节以先天为伏羲八卦，后天为文王八卦，而朱子仍之，此说则窃有疑义。夫无先后天则已，既曰"先天""后天"，则一体一用，同源共贯，如形之与影，如灵魂之与躯壳，当然不能相离。伏羲画卦，当然先后天与六十四卦同时并有。使伏羲而仅画先天八卦，将何以施之于用，而炎黄之《连山》《归藏》，又何以经卦八而别皆六十有四乎？而后天八卦定为文王所画，求诸经传，实无依据。先儒有疑及此者，乃改伏羲八卦为天地定位图，文王八卦为帝出乎震图，以为根据《说卦》，较为典切。第名称虽当，然按诸象数，证诸经传，确有先天后天之别。而"天地定位"与"帝出乎震"，只能表其方位之由来，而成象变化之义，与错综参互之妙，未能赅焉。故乾一兑二一图，只能正其名曰"先天卦"，震东兑西图，只能正其名曰"后天卦"，不必系之曰"伏羲""文王"，名斯当矣。

乾南坤北、离东坎西之位，虽经无名文，然证之他经，可据甚多，前集已言之矣。但先天八卦之妙，尚非南北东西之位所能尽之。邵子当日发明此图，不得不用四方四隅之位。以与后天之方位相参互，以见义而明用。然又特标圆方两说，正以补图所未尽之义也。夫天圆而地方，先天圆而后天方，学者亦详闻其说矣，乃罕有悟其妙用者。则因向之所谓圆者，乃即书上所画之圆，则为一圆圈，是平圆而非浑圆耳。先天八卦之圆，乃浑圆也。既浑圆矣，则南北东西之方位，自与后天之四方者不同，故泥于南北以求先天之方位，虽不可谓之非，亦未能谓之是也。妙哉孔子之言也，曰："《易》有太极，是生两仪。"参看卷二第一条。两仪之生，不曰"南北"，不曰"东西"，不曰"中"，而特曰"是"。"是"者，无定而有定，定之维何，即定之于日正。日正则不言南北东西，而自有南北东西，不言中而自有中，却不可泥南北东西中以求之，所谓活泼泼地，无丝毫沾滞执著。必由此以观先天八卦，方能悟其妙用，《系传》所谓"天地定位"，定之于是矣，"《易》与天地准"，准之于是矣。

康节之先天大圆图，所谓阳生于子中，尽于午中，阴生于午中，尽于子中者，于阴阳之义相合也。而离曰春分，坎曰秋分，则与卯酉不相应也。盖康节之《易》，根于数者也。故其圆图，亦所以推数，与孟氏京氏之卦气不同，未可强二氏而合之也。后人不察，言汉《易》者，斥邵图为牵强。宗邵学者，并欲以邵图定卦气，而废中气起自中孚之古法。皆偏而无当，未足与言《易》者也。明人之《易占经纬》，更取后天八卦，亦仿邵图重为六十四规而圆之，以候卦气，谓冬至起涣，是直以《易》象为七巧图矣。

纳甲者，实康节先天图之所本。然自汉以降，虽传其说，未始有图也。若按说以求之，则乾坤列东，艮兑列南，震巽列西，离坎居中，此后人言虞氏《易》者所拟之卦位，与先天八卦又迥然不同。康节能神明其法，故不袭其迹，而自依据《说卦》，另绘此图。又从一二三四五六七八，悟用九之旨，得体用之源。于是探骊得珠，扩充推衍，左右逢源，无往不合。故《皇极经世》之象，不必与《易》同，而无非《易》也。正王弼所谓"得意忘象"，惟得其意，乃可忘象。后人误会王说，未窥其意，即曰扫象，又何《易》之可言乎？或曰"天地定位"一章，既为邵子先天八卦所依据，与纳甲迥不侔矣，又云本于纳甲焉何居？曰："天地定位"一章之言八卦，实皆两两合言。曰"天地"，曰"风雷"，曰"山泽""水火"，下又曰"八卦相错"，未可分而画之，然欲绘为图，既两卦不能并成一卦，乃以乾南坤北分布其位，不得已也。而所谓"八卦相错"，乃八卦相错，非仅乾坤坎离对错之谓。维纳甲之义，实尽相错之用，观《中庸》之"四时错行，日月代明"，可以知纳甲矣。震东也，而纳西之庚，兑西也，而纳南之丁，康节深悟八卦相错之理，而得逆数之用。故纳甲卦象虽不合先天八卦，而先天八卦，则确合纳甲之象。非神明乎此，不能知纳甲之真，并不能知先天八卦无方无体之妙也。

《说卦传》"雷以动之，风以散之"一章，舍先天方图，无能为之注者。故汉学家纵力攻先天，而于此节，亦不能不谓之适相巧合也。然象固巧合矣，而犹有其义也，乃义亦相合，宜无辞矣。而辨驳诸家终不认之者，以汉《易》相传皆无此图也。第又不能以他说更阐明此章之奥义，学者但就孔子之传，以求之经而合诸象，自能有悟。无谓之辨驳，置之不论可也。

　　自宋以来，主张先天之说者，自蔡氏父子而外，莫详于张行成。既著《皇极演义》，以明《观物》内外二篇之义，更著《易通变》四十卷，以补《经世》图说之所未备，惜鲜刊本。现所传者，皆由《永乐大典》录出。清修《四库全书》，主之者为汉学家，故于此类之书，皆编入术数类，而不入甲部。实则其中尽有独到之语，非章句之儒所能道者，未可以邵氏一家之言而少之也，亦学《易》者所宜知焉。

　　先天后天之疏证，《易学启蒙》及《周易折中》与《周易函书》《易问》《观易外编》诸书，亦详备矣。但《启蒙》皆节取《经世》原文，《折中》又采录《启蒙》《函书》等编，或虚言其理，或浑言其用，鲜能据本经以证之者。且《启蒙》久为众矢之的，更未足钳辨驳家之口矣。综观排斥先天诸论，一言蔽之，曰：经无明文，孔子《十翼》，亦未尝有此。兹特举经及翼以证之。

　　《周易》上经首乾坤，下经首咸恒，非"天地定位，山泽通气，雷风相薄"乎？上经终坎离，下经终既未济，非"水火不相射"而相逮乎？是《周易》全经，固以先天卦位为体也。重卦水地曰"比"，比，亲也。天火曰"同人"，同人，亦亲也。火雷曰"噬嗑"，噬嗑，合也。水泽曰"节"，节者符节，亦相合之意也。夫水地何以"比"，天火何以"同"，而皆曰"亲"，非坎坤乾离，先后天同居一位乎？火雷曰"合"。水泽曰"节"，非离震坎兑，先后天同居一位乎？后天东南巽，即先天兑位，故风泽曰"中孚"，孚者，交相孚也。后天东北艮，即先天震位，故山雷曰"颐"，先天西南巽，即后天坤位，故风地曰"观"。颐、观皆有上下相合之象。此以卦之名义，可证先后天卦位之不妄者也。蛊卦称"干父之蛊""干母之蛊"，本卦无父母之象。虞氏以卦变言，谓由于泰卦之乾坤，然卦自泰变者，不尽称父母也。观于先后天之八卦，先天之山风，即后天乾坤之位，此父母两象所由来，不较虞说明确乎？同人之"同人于宗"，睽之

"厥宗噬肤"，皆离与乾先后天之同位也。此爻象足为先后天卦位之证也。乾文曰："先天而天不违，后天而奉天时。"实先天后天名义之所本。或谓"先天不违"之"先"字当读去声，非先天之义，古人实无此读法也。损六五曰"弗克违"，益六二曰"弗克违"，山泽通气，雷风相薄，皆先天相对之卦，此"先天不违"者也。损曰"与时偕行"，益曰"与时偕行"，皆乾三之"终日乾乾，与时偕行"。后天东震西兑，随"天下随时"，归妹"迟归有时"，此"后天奉时"者也。同人五曰"先号咷而后笑"，《象》曰"同人之先，以中直也"，旅五之"先笑后号咷"，震之"后笑言哑哑"等先、后字，求之卦象，无不与先后天卦位相关。此先天后天之名，不可更易者也。至《说卦》"乾为大赤""坤于地也为黑"及他卦之取象，属于先天卦位者尤多。潜心求之，其义自见，有神妙莫可思议，为康节所未言者。又乌可执一以求之哉。

向之言先后天者，曰："先天为体，后天为用。"固也，然体中有用，用中有体，执一端以为体用，仍滞而不通也。曰："先天对待者也，后天流行者也。"此但卦位之形式则如是耳，若言其象，先天之天地雷风水火山泽，曰"相薄"，曰"通气"，曰"不相射"，曰"相错"，岂但流行，实极有往来飞舞之势。而后天之五行分位，反有固定之状也。故八卦之妙，不但阴阳交错，体用相互，而一动一静，亦无不各有交错相互为用之妙。故泥于象者不能言象，胶于数者不能得数，执著先后天以论先后天，貌虽是而神则非，必不能尽先后天也。此在好学深思者心领神会，默喻于无言，非楮墨所能罄也。

先后天八卦变化，宋元明清诸儒，立说者甚多，然其要不出二义。一即邵子所谓先天乾坤纵，后天震兑纵。一则离火亲上，坎水就下，成后天之局。坎升离降，取坎填离，而后天复反于先天。其余皆以阴阳往复，敷衍成文，图说虽多，等诸自桧，罕见精义。青田端木氏，据《杂卦》"震起""兑见""巽伏""艮止"，以释先后天卦义，实能合前二说而会通之，而言有典则，非凿空而谈者可比。学者能神明其意，则先天后天无余蕴矣。

盖先天与后天，往复相循，如环无端。泰否反类，先后天之无往不复，亦如是也。譬如于后天为否者，而先天为泰，后天为泰者，而先天为否。"兑见""巽伏""震起""艮止"，皆先后互相循环。故吉凶得失进退，无不互相倚伏，盈于此者必绌于彼，得于前者必丧于后，莫之致而致，莫之为而为，天且不违，而况于人，况于鬼神。圣人但就象数之自然，以显明天地自然之理，故学者玩索先后天之卦象者，必将阴阳变化之理，烂熟于胸中，则先天后天，分之合之，均各得自然之妙。扫象者妄，泥象者凿，皆未为知《易》者也。

河洛平议

河图洛书之争议，其辨驳纷纭，亦无异于先后天。而河洛又多刘牧、范谔昌辈九图十书之说，于是同一言河洛者，又各有其辨驳争论，较先天又多一重纷扰矣。夫"河出图，洛出书，圣人则之"，孔子《系传》固明言之，而"河不出图"，又见于《论语》，"天球河图"，亦陈于《顾命》，是河图洛书之非妄，与圣人作《易》之取则于河洛，虽苏张之辨，不能蔑其说也。顾自汉以后，未传其图，但"天一地二"至"地十"之数，孔子固明白言之。又申之曰："天数五，地数五，五位相得而各有合，天数二十有五，地数三十。"则亦不啻形容如绘矣。而一六二七三八四九五十之合，与东木南火西金北水中土之位，杨子云、郑康成均所传略同，虽无"河图"与"洛书"之名。而舍此以求河图洛书，更无有象数确当，而又与《易》相合如此者。且五十五与四十五两图，其数之纵横加减，千变万化，其为象数不祧之祖，虽反对者，亦无以难也。故言汉学者，虽极力排斥，只能不认其为河图洛书，而象数之妙合，无可辨也。于是顾亭林、毛西河诸氏，名五十五者曰"天地生成图"，名四十五者曰"太乙九宫图"，然二图之妙，固在于象，在于数，而其名之异同，初无碍也。邵子先天之学，实探源于此，云传自希夷，而希夷亦必有所受，与传周子之太极图，皆出自《道藏》之秘传唐《真元妙品经》有太极先天图，与周子《通书》之图无异。盖自老子西行，为关尹所要，仅留《道德》五千言传于中土，其余秘书法象，为三代所传，而藏于柱下者，皆随而西去。故《道藏》诸图，皆出陕蜀，而蔡季通之三图古太极图其一也，亦入陕始得。朱子所谓本儒家故物，散佚而落于方外，得邵子而原璧归赵，非无见而云然也。邵子之书，未确指何者为图，何者为书，朱子以蔡元定之考订，以五十五者为河图，四十五者为洛书，冠于大《易》之首，遂开是非之门。刘牧亦托名于希夷所传授，易置其名，以四十五为河图，五十五为洛书。宋元说《易》者，遂分两派，各宗其说。至明太祖以《程传》《朱义》课士，刊诸太学，明清两代学者，皆宗朱子，而刘牧之说，几无闻矣。惟汉学家益藉以为攻击之利械。实则朱子说《易》，固未能满意，《启蒙》以先后天八卦，生吞活剥，配合河洛，牵强补凑，益资攻者之口实。至以五十五为河图，四十五为洛书，确较刘牧之说为长，未可非也。夫图书之名，邵子虽未分言，而希夷之龙图，非刘牧之所祖述者乎？龙图之数，固五十五而非四十五也，既称曰"龙图"，则五十五为图，又何疑乎？刘牧之钩隐图，肤浅已甚，以视康节，其相去不可以道里计，而崇信之者，尚比比焉，则震于希夷之名，而好奇之心又乘之也。故读古人之书，无定识定力以鉴核之，受古人之欺多矣。夫天地五十五数，孔子所谓"神变化而行鬼神者"也，今以二图考之，其体用相生，参互交错，与先后天八卦之体用变化，无不妙合。即纳甲纳音，五运六气，与大乙六壬遁甲，及后世之子平风鉴，无一能越其范围，所谓"建诸天地而不悖，质之鬼神而无疑"者，殆谓是矣。故但得其数而神其用，固无投而不合，至其名称之如何，宜可无问焉。然以施诸用而称诸口，终不可无名以别之，则五十五为河图，四十五为洛书，自以从朱子所定者为差胜焉。至此河图洛书，是否即《系传》所称之河图洛书，载籍既无可征信，又乌敢臆断。然其为"天一地二"至"地十"，孔子所谓"通变化而行鬼神"之数，则断断然其无可疑也。夫学《易》能至通变化行鬼神，亦庶几矣，又奚为舍其实而名是竞哉。至两图象数之推衍变化，宋之丁易东、张行成，元之张纯，清之江慎修，及朱子之《易学启蒙》，已阐发极详，虽精粗不同，皆具有条理，学者循此求之，引伸触类，已足应用而不穷。兹限于篇幅，不赘述焉。

余姚黄氏《易学象数论》，其排斥河洛先天及《皇极经世》诸说最力，为毛西河、胡东樵诸氏之先驱，实则皆梨洲先生违心之论焉。盖先生非不知象数者，少壮之时，泛滥百家，于阴阳禽遁等学，实有心得。至晚年学成而名亦日高，恐平日之研求术数，近于小道，足为盛明之累，故撰此书，极力排斥，以存大儒之身分，是以言之甚详，斥之正所以存之也。即毛氏胡氏之书，虽极端辨驳，然所断断以争者，亦仅于名称，而其援引之博，考据之详，且适足为河洛先天之疏证，较宋学家之崇奉河洛，而空谈性理茫无故实者，力且倍蓰焉。于是知天下事物之理，愈辨驳则愈精，究其真理所在，则颠扑不破，天地鬼神所不能违，而况于人乎？然人之知识，本极有限，又蔽于物欲，惑于习染，遂明明真理当前，亦瞠乎莫辨，是则读书之大患也。

太极图新说

宋儒有《太极图说》矣，故曰"新说"，所以别于宋儒之《太极图说》也。"无极而太极"之误，前集既辨之矣，且明言太极之决不可有图，兹何以复为《太极图新说》也？曰：《太极图新说》者，非谓太极之可以有图，实以自宋以来相传之太极，既皆有图，且不止一图，更习俗相沿，家喻户晓，虽村夫俗子，几无不能举太极图之名而识其状者，是变太极之本而加之厉，将"《易》有太极"之精义，沦胥殆尽，习非浸以胜是，而《易》道之大本大源，更无人能识焉。乌得不为之说，以明各家太极图之源流，庶太极之真理，且藉此图而益显也。宋儒之《太极图说》，以说周濂溪之太极图也，图载《周子通书》，濂溪得自陈希夷，希夷得自《道藏》。唐《真元妙品经》已有此图，名曰"太极先天图"，上一圆图，分黑白三层，左右相错，中分金木水火土五行，下为两圆圈，与周子之图正同，可见此图相传已古。宋儒恐其出自道家，有异端之嫌，故讳希夷而不言，谓周子之所发明，其实可以不必也。此一太极图也。朱子晚年，颇信道家之说，既注《参同契》，而悟其功用，知源流悉出于《易》，必尚有秘传之图箓，为世所未见者，故嘱蔡季通入陕蜀以求之。季通于蜀得三图，珍秘之甚，其一即今世俗习见之太极图，一圆圈内分黑白环互之形，而白中有一黑点，黑中有一白点，为阴阳之互根，故状如两鱼首尾之交互，北俗谓之"阴阳鱼貌"者是也"阴阳鱼"之"鱼"字改为"仪"字，则其名甚当矣。此图朱子已不及见，至元时由季通子孙传出，逮明初始盛行于世，今则家喻户晓，人人能知之识之，周濂溪之图，已为所掩矣。来瞿塘氏自绘一图，以明所心得，亦曰"太极图"，乃名此曰"古太极图"，此又一太极图也。来氏之图，大体亦与蔡氏所传无异，惟空其中为一圈，以象太极，其黑白者为太极所生之阴阳，又改两点为黑白两直线，为阳极生阴，阴极生阳之状，此又一太极图也。今日濂溪之图，仅存于《周子通书》，朱子于《图说》虽极推崇，而作《周易本义》，独取邵子之九图弁于经首，而不及此，故承学之士，未见《通书》者，亦莫辨此图之作何状矣。来氏所作，虽苦心孤诣，自谓有所独得，然亦未大行于世。今所盛行，仅蔡氏之一图，以辟邪镇恶之用，与八卦并传。而无远勿届，实藉道家之力，与《易》道无关。然《易》道亦藉此而普被，使人知此太极图。尚非"《易》有"之"太极"，而辟邪镇恶之效，已宏大广远如是，则孔子所称"《易》有太极"者，其神妙不可思议，当较此更什百千万也。道本无形，即物而寓，然则此阴阳交互之图，虽非太极，亦未始不可谓太极之理所寓也。因势利导，使夫人而知之，夫人而识之，岂非《易》道广被之一助哉。此《太极图新说》之所以不得已而作也_{参看前集辨"无极而太极"之误，}与本集卷一"《易》有太极是生两仪"可以互证。

进化新论

《易》者进化之书也。进化者何？随时变易以从道也。穷则变，变则通，通则久。自有天地以来，气运之迁移，殆无日不变，无时不变，但变之微者，人不自觉，积微成著，阅时已千百年，人之寿又不能待，是以世之人，恒不能睹其变之迹，而穷变通久，非征之历史，无以见焉。世界之有史，莫古于中国，而中国之书，又莫古于《易》，观《系传》制器尚象之十三卦，由游牧_{以佃以渔取诸离}而进于农商_{耒耨取益，日中为市，取诸噬嗑}，由穴居野外而进于宫室，由衣薪葬野而进于棺椁，由结绳为治而进于书契，上古进化之迹，固历历可考焉。西儒达尔文氏，著《世界进化论》，乃谓世界万物，皆由渐而进化，由简而进于繁，由劣而进于优。天地生物之始，只如爬虫类之下等动物，逐渐进化，而至于高等动物。高等动物，如猿猴猩猩类者，已略具人形，或能人言，又进化即为人，故猿猴猩猩，乃人类之初祖也。呜呼，此讏言也。乃西俗好奇而喜新，奉为名言。赫氏《天演论》物竞天择，优胜劣败之说，又从而和之，靡然从风，欧美政俗为之一变，余波荡漾，且及东亚。二十年来，一因朝鲜而酿日俄之大战，再因塞尔维亚而酿联邦与协约国之互争，劳师逾千万，血战经五年，名城为墟，白骨蔽野，流毒几遍于全球，损失数难以亿计，皆此不经之学说阶之厉也。近日欧美学者，有悟其非而改正之者矣，而我国青年，尚有执十年以前之译本，而矜为创论，以互相传习者，是又乌可以不辩哉。夫物之进化，固物之理也。孔子之《系传》曰："方以类聚，物以群分。"夫既有类有群，故其进化也，自有其类别限度，不能越也，不相紊也，禽不可进为兽，兽不能进为人也。故物之同一类者，可进而及者也，如同一枣也，实之小者，味之酸者，因栽接培养之得宜，小者使大，酸者使甘，此可能者也，即枣之进化也。若欲使枣进而为桃为李，此决不能者也，以枣与桃李，非同类也。如同一羊也，南方之羊恒肉瘦而毛薄，且挚乳不繁，若改良其种，而注意其饲育，使其茁壮而繁息，毛厚而柔，如北方之羊，或如美利诺之羊，亦事之可能者也，即羊之进化也。若欲使羊而进为牛为马，此决不能者也，以羊之与牛马，非同类也。夫枣不能进而为桃李，羊不能进而为牛马，岂有猕猴猩猩能进而为人之理乎？果猴与猩猩能变为人，则溯自有人类以迄于今，至少亦将一万年矣，则猕猴猩猩，应早已变化净尽，无复遗迹，何以至今日猕猴自猕猴，猩猩自猩猩，仍于人类之外而别为一类乎？且以达氏之例，充类言之，则太古初生之青苔，经此万年千年之进化，至今日当尽化蔬稼百谷矣。太古所生之蒲柳，经此万年千年之进化，至今日当尽化为松柏榎楠矣。其他虫豸与无血无脊诸下等动物，经此万年千年之进化，至今日亦当尽化为高等之动物矣。乃何以青苔如故也，蒲柳如故也，虫豸诸下等动物亦悉如故也，此其说之不经，亦确然而可见矣。然则人类既非猕猴猩猩所进化，果何自而来乎？其如旧史所称，女娲氏抟黄土而为之乎？抑如西教所谓天主造人，先造一男，又折男之胁骨为女而配之乎？曰：非也。天地初分之始，盈天地之间者，气而已矣。气胜于形，故盈天地间之万物，无不以气化而成形者也，孔子曰"天地絪缊，万物化醇"者是也。逮物既成形，则气为形夺，气化不胜于形化，形有阴阳，自相匹偶，生生不已，孔子曰"男女媾精，万物化生"是也。迄于今日，形化虽胜，而气化之物，亦仍不绝于世，但只化生微细之虫类，其赋形较巨者，则悉为形化矣。或曰：今日虽尚有气化之物，但与形化者迥不相侔，又安见形化之人类，最初悉出于气化乎？曰：形化之继乎气化，非理想之词，今日之气化虽微，然其开形化之先，以成物之始者，为例正多，不胜枚举也。空庭积雨，苔莓生焉，净水贮器，孑孓育焉，皆非有其种而诞育者也，皆气化也。遽苔莓又生苔莓，孑孓成蚊，遗子又生孑孓，则继气化而形化矣。人身之虮虱，水中之鱼虾螺蛤亦然。可想天地生物之初，万物之忽自无而有也，亦若是而已矣。盖物无巨细，皆感天地絪缊之气以生，而气分五行，又各有其清浊厚薄之殊，故秉其气以成形者，自各有大小灵蠢之异。惟人类则备乎五气之全，故独灵于万物。天地之气，得人而通，万物之用，得人而彰，此理之昭然而莫可违者。佛氏之说，与《易》旨略同，可证达氏进化论之妄矣。至赫氏物竞天择、优胜劣败，与天演淘汰、惟适者存等说，较达氏意，似差圆满。近世学者尊之为天演之公例，讲《易》者或引"惟适者存"一语，以为与《易》之"当位者吉"相互证者，其实望道未见，其蔽与达氏等尔，皆所谓知其一而不知其二者也。夫所贵为人者，以其异于万物也，人之所以异于万物者，固不仅以其知觉运动之灵于万物也，实有其所以为人者。在古今中外圣贤之立教立政，与发明种种之学说，凡皆以为人也，非以为物也。又惧人之不能自立，而堕落其人格以侪于物，故《书》曰："人心惟危，道心惟微。"《孟子》曰："人之所以异于禽兽者几希。"盖人禽之界，相去一间，操舍存亡，不可稍忽。故《易》于乾之三爻曰："君子终日乾乾，夕惕若厉，无咎。"以此爻为六十四卦人爻之始，特于此发其义也。达赫二氏之误，在混人物而一之，谓人之竞争，等于物之竞争，人之优劣，等于物之优劣，是已自绝灭其人道，无怪弱肉强食，卒之有强权而无公理，安得不陷人类于惨境，遗世界以荼毒哉。吾作《易》之圣人，在距今七千年以前，忧天下后世，必有生齿日繁，非争不能自存之一日。故参天两地而倚数，观变阴阳而立卦，发挥刚柔，穷理尽性，乘示《易》象，以树之准，以立万世精神上之宪法，使强权无可恃之道，而公理有必伸之日，使弱肉强食之祸，不能蔓延于世界，而天下万世，胥莫能违其则焉。文王当殷纣暴虐之世，演《易》明道以救之，首曰："乾元亨利贞。"孔子当春秋衰乱之日，复著《十翼》以阐明之，首以四德释"元亨利贞"。以明立人之道，与今日欧美崇奉之救世箴言，所谓博爱自由平等者，隐然不谋而合也。夫"元者善之长"，仁也，博爱则近乎仁矣；尊重自由，不侵他人之自由，则协乎礼矣；平等则哀多益寡，称物平施，事无不当，而合于义矣；具此三者，则贞固干事，自绰乎有余裕矣。故博爱自由平等，与文王"元亨利贞"，孔子"立仁与义"之恉，均异地而同情，殊涂而同归，均所以范围天地，曲成万物，以维持人类以不敝者也。是以变化莫备于《易》，天地间万事万物，由变化而进化之理，亦莫备于《易》。《易》之进化，各有其类，而不相越，各合其时，而不相违。《易》六十四卦，三百八十四爻，无一卦不变，无一爻不变，而卦有类，爻有等，变有时，象无定而有定，数可测而不可测，理无在而无不在，气无至而无不至，虽万变而不离其宗，是非深明夫乾元广大之义者，未足与语也。今后世界之人，若甘心蔑其人格，自侣于物类，则竞物之竞，择物之择，以取精用弘，兼弱侮亡为优胜，以纵恣情欲，恢张物质为进化，虎炳豹蔚，汶汶以终，吾《易》诚无能为之筮。果不愿自绝于天，则良知自在，顿觉顿悟，应知吾人之身，除肉体精神而外，必有超乎肉体精神之上，而为肉体精神之主，所以特殊于万物，特灵于万物者，果安在哉？反而求之，存养而扩充之，庶乎人类之真进化可期，所谓优胜劣败者，更不在物竞，而在人之不竞，不在天择，而在人之不自择耳。

燮理阴阳

颂相业者曰"燮理阴阳"。丙吉置杀人者不顾而问牛喘，以为治杀人者有司之事，牛非时而喘，阴阳失调，乃宰相之责。后之论者，或称其知大体，或讥为迂腐而远于事情，讥者固昧昧，称者亦未能悉调燮阴阳之理也。大抵两汉学士大夫，承三代之遗，古传阴阳秘书，尚未尽亡，故均能明晰其义，观《史》《汉》所载章疏论著，已可见一斑矣。惜纬书真伪杂出，渐流于怪诞不经，而妖言谶语，朋兴附和，浸为世害，于是纬书禁，而阴阳之书亦连类殃及。即有存者，承学之士，咸不敢齿及以取罪戾，为世诟病。降及典午，流风益炽，辅嗣说《易》，遂并象数而尽去之，乃名振江左，称为摧陷廓清之功，当时之风尚可想见矣。自是而后，占卜历象医巫推算诸术之不能离阴阳以立言者，乃各自为说，以相依托，支离恍忽，而尽失其本矣。隋萧吉著《五行大义》，甄录虽详，然肤浅已极。至有宋邵子书出，阐数理之原，探阴阳之本，而微显阐幽，两汉之坠绪，赖以复振。《管》《墨》《尹》《列》《老》《庄》《繁露》《淮南》《抱朴》诸子之说，得此互证，而意义愈显者，不胜枚举。循流溯原，而大《易》一阴一阳之道，始有线索可寻，其他经语之涉于阴阳，向未得解，或解之未悉者，以《易》之象数证之。均无不豁然贯通矣。其指甚繁，非一二端可罄，兹第就"燮理阴阳"之一语，而概括言之。阴阳之数，天五地五，共五十有五。然五十有五之中，阳数得二十五，而阴数乃三十。阳少阴多，故宇宙之间，恒君子少而小人多，治世少而乱世多，一人之身，恒快乐少而忧患多，天理少而人欲多，此实天地生成之数如是，而无可如何者也。然循此而进，无变通救济之方，则天地不几无功，而人道不将绝灭乎？故圣人观变阴阳，以参天两地，天地所缺憾者，惟人能补之，阴阳所乖戾者，亦惟人能和之。故执两用中，消息以时，天地五十有五之数河图为体，以之入用，变为四十有五洛书，则阳数得二十有五，阴数只二十，阳少而阴多者，一转移间阴少而阳多矣。体不可变，而变其用，数不可变，而变其象，理不可变，而消息之以时，此阴阳变化之妙用，象数消长之纲领也。观河图之与洛书，一三七九二四六八之数，悉相间也，惟中宫之五与十，则去十而存五。然十虽去而未尝去也，书之相对者，一九三七二八四六，固无往而非十也，无往非十，而十之象不见。更无往而非十五，十与五之用，仍不少阙。如天下之小人虽多，能消纳之，得其用而不见其害，则天下皆见为君子，而似无小人之迹矣。则乱世即反为治世，又何忧乎小人之多，又何忧乎世乱之不已哉？一身亦然，欲虽多，吾理能胜之，则天君泰然，忧患皆化为快乐，而转移之用，则惟在乎一心，心非他，即数之五与十，即天地之心也。五能用十，则阳息阴消，君子进而小人退，世无不治。五不能御十，而为十所胜，则阴阳衰，人欲肆而天理日亡，身且不保，况万国天下乎？此治乱消长之机也。"燮理阴阳"者，允执厥中，以五御十，即能握其要矣。故孔子曰："五十以学《易》。"言五与十也。又曰："言行者君子之枢机，行言者君子之所以动天地者也，可不慎乎？"言行出于中孚，中孚巽五而兑十，亦五与十也，所谓体不可变，而变其用也<small>河图为体，则洛书为用。五为体，则十为用。</small>曷谓数不可变而变其象也？数者自一至九，无可更焉，易其位，则象变矣。洛书变化之中枢在五，而握其要者，则在二与八，二与八即十也。如洛书之位，若以二与八互相对易，则自下而左上为一二三四，自上而右下为九八七六，即先天之象数也。若二八不易而一与九，三与七，四与六，互相对易，则自上而右下，为一二三四，自下而左上，为九八七六，则与先天象相交错也。今皆不然，而独易二八两位，所谓数不可变而象变，于是丑未相交，地山为谦<small>坤二谦八，地山谦也</small>，孔子曰："谦为德之柄。"雷风相薄<small>先天西南巽东北震，雷风恒也</small>，孔子曰："君子以立不易方。"观孔子之言，于变化之道，可思过半矣。昔儒尚有谓河图洛书，与《易》道无关者，盍即孔子之《十翼》而深长思之哉。曷谓理不可变而消息之以时也？曰：阳先阴后，阳上阴下，理也。而消息盈虚，在得其时，地天交泰，而以阳下阴，二气感应，而男下女，故一阴一阳之谓道，而一阳一阴之谓非道。洛书有五无十，二与八，即五与十，故卦以坤艮居之。二五之精，妙合而凝，其理玄妙，非言可尽，兹姑不赘焉。今泰西科学家，骤睹吾阴阳五行之说，以为诞妄不值一笑。乃细按之，知其种种学说，皆无能越乎阴阳变化之范围者，始叹中国上古学说之精，虽于五行之说尚多怀疑，但其所持理论，已有高出吾冬烘先生之上者。则因彼一无锢蔽，以天然之眼光，睹天然之至理，纵仅得其表面，自已非蒙首幛目者所及也。吾国之学者，可自省矣。

十有八变

或问："十有八变而成卦"，以一卦而必变至一十有八，始备其象，不亦烦乎？曰：此所谓极数也。孔子曰："极数知来之谓占。"此以占筮揲蓍求卦而言，故不得不备此数也。或曰：数之用繁矣夥矣，即推而至百千万亿，更有百千万亿以继其后，亦未可云极，何乃以一十有八当知来之极数，亦有说乎？曰：数之极，不以多寡言也。占之数。尚其变，必一十有八，而始尽其变之用，故曰"极"，非谓数之极于此也。或曰：一十有八，何以尽变之用，可得闻乎？曰：天地之数，自一至十，十复返为一，故数之用者只九《周易》六十四卦皆乾元用九。数之变者，各有阴阳，故偶之，倍其九而为十八。其自一至九之变化，已备前人河洛之说，及揲蓍挂一分二象三揲四之义，可无赘述。惟倍九而为十八，已变奇为偶，自一阴一阳，又各生一阴一阳。邵子以体言，则自二而四而八而十六，但用"加一倍法"，已足推演于无穷。变占以用言，则非加一倍所能尽，以十八变而成六爻，"参天"之数也，分十八为二九，"两地"之数也。八卦而小成，引而伸之为六十四，而六十四卦，反覆仅为三十六，三十六者，即两其十八也。乾坤各十有八变，合之为三十六，故乾坤之策，已足当期之数，而为《易》之门也。乾之策二百一十有六，十二其十八也，坤之策百四十有四，八其十八也。十二其十八，乃三其四，八其十八，乃两其四，亦参天而两地也。其余六十四卦，无不参两其十八之数，以成变化，故曰：十有八而尽变之用也。不仅揲蓍求卦为然也，凡知来藏往，无不以此。参天以为用者，则两地为体，两地以为用者，则参天为体，合参天两地而为用者，亦合参天两地而为体，古今来历象占候壬禽遁风角诸术，均莫能外此焉。是故孔子曰："参天两地而倚数。"又曰："极数知来之谓占。"已举无穷无尽之数理，一言以蔽之矣。

孟子之《易》

《孟子》七篇，引《诗》者二十六，论《诗》者四，引《书》者十七，论《书》者一，论《礼》及《春秋》，亦屡见于编，独未言《易》，后人因疑孟子为非深于《易》者。李榕村《语录》，竟云："孟子竟是不曾见《易》，平生深于《诗》《书》《春秋》，《礼经》便不熟。"呜呼！榕村自命大儒，乃为此言，非但不知孟子，亦并不知《易》矣。赵邠卿《孟子题辞》，明明曰："孟子通五经，尤长于《诗》《书》。"虽孟子之时，未尝有五经之名，邠卿之言，未可据为实录，但《孟子》七篇，微言大义，荦荦具在，安见为不知《易》哉。夫《易》者固非仅乾坎艮震巽离坤兑焉，有立乎乾坎艮震巽离坤兑之先者，所谓道也。圣人"以通神明之德，以类万物之情""和顺于道德而理于义，穷理尽性以至于命"者，皆此道也。道不可见，以"一阴一阳"之象显之，以"参天两地"之数倚之，于是无形之道，俨然有迹象之可求，鳌然有数度之可稽，畀后之人得所指归，不致迷惘，此古圣作《易》之深心，亦孔子赞《易》之微恉焉。犹虑学者误以为象与数之即道也，又分别言之，曰"形而上"者，"形而下"者，可谓详且尽矣。故乾坤坎离震巽艮兑，形而下者也，器也；健顺陷丽动入说止，形而上者也，道也。然健顺陷丽动入说止，又有主宰乎健顺陷丽动入说止而为之纲维者，则此主宰纲维者又形而上，健顺陷丽动入说止，又形而下矣。维下学上达，非先得乎形而下者，无以进乎形而上。孔子生衰周之世，当道统绝续之交，愍人心陷溺之深，故微显阐幽，作《十翼》以明先圣之道，以人合天，由仁义而上跻道德。孟子继孔子之后，七篇之首，即揭明仁义大旨，而归本于性善及经，正孔子"立人之道，曰仁与义"及"继善成性"之嫡系也，安见孟子之不知《易》哉。孟子曰："天之高也，星辰之远也，苟求其故，千岁之日至，可坐而致焉。"又曰："天下之言性也，则故而已矣，故者以利为本。"此则随蛊丰革诸卦之确诂，后之言《易》者，莫能尚焉，非深得象数之精，乌能语此哉。《孝经》曰："先王之法言。""先王之法行。"夫所谓"法言法行"者，何哉？皆参天两地，准乎刚柔阴阳，而契合先王之道者也，先王之道，莫不准乎《易》象。故凡古人之立言，非苟焉而已也，一言一字，莫不有轨有则，以上合乎法象，六经之文，靡不若是。《孟子》之文，虽波澜壮阔，而准诸《易》象，亦各有其节文度数之可言_{《庄子》之文，波谲云诡，读者不解，以为寓言十九。孰知皆准诸《易》象，有轨有则，且细针密缕，绝非天马行空不可捉摸者。当另论之。}降及西汉，遗风未殄，迁固歆雄，藻不妄抒，文以载道，庶乎犹近。东都而后，渐离其宗，当涂典午，自桧而降矣。榕村道学，袭宋儒之皮毛，观其所著，深浅毕见，乃敢诋孟子为竟未见《易》，其谬妄更逾于李泰伯矣_{李泰伯喜驳孟子，其《原文》篇云："人非利不生，孟子谓何曰利，激也。"又《策问》云："天子在上而孟子游于诸侯，皆说以王道汤文武所以得天下之说，未闻一言以奖周室，其持论皆类此也。"《榕村语录》又有云："万章好论古，大抵博观杂取，一切稗官野史都记得多，却不知其人连大禹、伊尹、孔子都疑惑一番，可谓明以观人，昧于观己矣。"}

蓍法占例辨惑

蓍所以筮，《系传》曰："幽赞于神明而生蓍。"蓍草中空，略如木贼，丛生百茎，古有长丈二尺者_{古尺约视今十分之六}，今罕见矣。今伏羲、文王、周公、孔子四圣之陵，皆产蓍，长者约三尺，未及古之半也。古言卜筮，约有三类，有龟与蓍合用者，先灼龟以求兆，更以其兆为占，或先揲蓍得卦，即以卦兆画于龟，灼视其坼，以验吉凶是也。有筮与龟并用而分占者，《左氏传》所谓"卜之不吉，筮之吉"，"卜人曰：筮短龟长，不如从长"是也。有独用卜，或独用筮者。筮则专以《易》断，或亦称为卜，如《左》《国》诸书所载诸卜筮是也，此皆最古之法，今已不可得详_{胡沧晓侍郎有《卜法详考》四卷，皆言古龟卜者}。《周礼》筮人所掌，亦均失传，蓍法之得以仅存者，赖孔子《系传》大衍之数一章。详载挂一分二揲四归奇之序，明白如画，后人得依据而推衍之耳。然因"再扐而后挂"之"挂"，与"挂一象三"之"挂"相复，又为聚讼之因。唐宋以来，辩论纷纭，各执一是，因此又生三揲皆挂，与初揲挂二三皆不挂之异议。其实京氏注"再扐而后挂"，明明言"再扐"而后布"卦"，而虞氏注亦极详明，后之争论皆因未读古注。况"卦"本以"挂"取义，"挂一"之"挂"与"再扐后挂"之"挂"，古文当皆作"卦"字，字同义异，经文类此正多，无足异也。唐毕中和据一行禅师大衍历而著揲法，三揲皆挂，说甚明备，刘禹锡、顾彖诸氏皆从之。至宋张横渠、郭子和，始力主第二第三不挂之说，朱子驳之，谓恐非横渠之言。其《启蒙》揲法，绘图列说，引据极详，胡氏《本义通释》，更推阐无遗，《周易折中》亦主三揲皆挂。盖二三两次皆不挂，则所得九六七八之数，多寡悬绝，阴阳太不平匀，事实所决不行也。惟初揲之"挂一"作数，与"归奇"之数并算，二次三次之所挂之一，则不作数，即合于"归奇"数中，然不能因此谓二次三次之不挂一也。《折中》宋录《本义》，图说甚备，兹不复赘。但揲蓍之法，虽经辨正，可得明晰，据以求卦，而得卦以后，或一爻变，或两爻变，或三四五爻变，或六爻全变全不变，究应如何占断以定吉凶，《启蒙》虽有定式，各举其例，实皆以意为之。证之于古，既不尽合，而所谓"前十卦""后十卦"者，乃指卦变图之次序而言，卦变图即为朱子所推定者，朱子以前之决无此占法，断可知矣。使其确有至理，则古虽无征，而数有可验，因时创法，未为失焉。邵子之数，似因而实创者多矣，要皆确有征验。推诸数而悉合，考诸象而皆通，故能信之人，而自有其可信者在焉。朱子之占例，则未尝由象数而推其法，实欲立一法以断其吉凶，如布算者，不问法实。而探筹以断其得数，不待智者而知其惑矣。是以《启蒙》揲蓍之法，则精确可信，而占例则恍惚无据，未敢盲从者也。

《火珠林》

《火珠林》未知撰自何人，然其法相传甚古，《朱子语类》中屡言及之，且谓："今人以三钱掷卦代蓍，乃汉京房焦赣之学。"项平甫亦云："以京《易》考之，世所传《火珠林》即其遗法。"考《宋史·艺文志》，载有《六十四卦火珠林》一卷，马贵与《文献通考·经籍志》，亦有《火珠林》一卷。均不详撰人姓名，是此书当为唐以前人所作，盖焦氏有《易林》，郭璞有《洞林》，其称"林"之义，或仿诸此。今坊刻之《火珠林》，托名麻衣道者，麻衣固五季之隐者，为陈希夷所师事者也。世传有《麻衣心易》一书，凡四十二章，辞甚芜杂，朱子已发其覆，谓湘阴主簿戴师愈所撰，朱子曾亲见其人及其别稿，与《麻衣心易》词理正同。盖宋时希夷之名，倾动一世，麻衣为希夷所师事之人，更足取重于人，而其人又别无著作，名仅附于希夷传中，伪托其书，无可辨证，用心亦云巧矣。然罅漏所在，终难尽掩，使《火珠林》果出自麻衣，则宋人书中岂无称述，且朱子既见《心易》而知其伪，安有不以《火珠林》为取证之理，何以《语类》屡言之，而不及麻衣，而《宋史》与《通考》，皆佚其名，以理考之，决无是也。今其书中屡称《元龟》，当为《卜筮元龟》，乃宋以后之书，而结尾又录邵子一诗，则伪迹更显而易见矣。然书虽伪而法则甚古，盖卜筮之道，非精神专壹，无以取验，揲蓍之四营成《易》，十有八变成卦，事既繁重，而需时甚久，欲意志不纷，终此六爻，殊非易易。乃易之以钱，则以一钱代四营之用，三钱得一爻之象，减十有八而为六，缩短时间三分之二，庶心志不纷，精神易贯，而阴阳变化，仍有合于大衍之数，而得"乾元统天"之义，是以后世习用不废。间有好古者，遵用蓍策，而效反不著，岂蓍果有逊于钱哉？亦以素未习用，心手既不相应，精神自难专壹也，故卜筮实精神之学，未可崇以形式求之焉。今日京氏之《易》，虽无完本，然所传者，犹见大概，《火珠林》虽不尽用京法，而与京合者，固十之七八也。讲学家强以术数与《易》道划分为二，言及焦京，辄曰"方技小道"，不知世应飞伏纳甲辟卦诸法，《周易》经传固尽有之，但偶举一二，又未著其名，后之读者未能深求，概以为经所未言而尽斥之。实则象固曲成不遗，经亦无法不备，有未尽者，孔子《十翼》必补及之，世有好学深思者，必能自得于经传，以证余言之非妄也。

《参同契》

《参同契》，原名《周易参同契》，汉魏伯阳撰。虽非以注《易》，然两汉说《易》之书，存留至今，未大残阙者，实只此一书。魏为今上虞人，虞仲翔生与同里，故虞氏《易》袭用伯阳之说最多。原书三卷，《旧唐书·经籍志》两部，与《新唐书·艺文志》五行类，皆作二卷，另有《周易五相类》一卷，亦魏伯阳撰。伯阳密授青州从事徐景文，徐为之注，桓帝时复授同郡淳于叔通，遂行于世据彭晓《参同契序》。五代之末，蜀彭晓又为之注，分为十九篇杨升庵《序》谓分九十篇以应火候之九转，又与此异，且为图八环，成于广政丁未，乃蜀孟昶广政十年，后汉高祖之天福十二年也见陈振孙《书录解题》。嗣后传者，注与本文混杂不分，篇帙亦参差不一。朱子之注，托名邹䜣，而削其图。杨升庵所序，称为《古文参同契》，分上中下三篇，徐景休笺注亦三篇，淳于叔通补遗《三相类》上下二篇，后序一篇，合为十一篇。明万历甲寅间，余姚蒋一彪，据杨本为准，并节录彭晓、陈显微、陈致虚、俞琰四家之注于本文之后，此为最完善之本矣。《易》家虞氏之纳甲，荀氏之升降，其原固悉出于此，即邵氏先天八卦方位，此书亦已隐发其端。其"日月为《易》"之义，所传尤古，许叔重《说文》"易"字下引《秘书》"日月为易"，而不言《参同契》，可见魏君亦必有所受。杜征南谓汲郡发古冢者，得古书甚多，《周易》有上下经无《十翼》，而另有《阴阳秘书》一卷。则此冢所藏，必在孔子以前，其所谓《秘书》者，未知是否为伯阳所受，与叔重所引，要之为《易》之古义，可断言也。汉人说《易》，及《易纬》所述，当不乏《秘书》所传之故训，惜原书久佚，无从质证，良可憾焉。今日《易》注流传虽多，要皆宋以后之书，盘旋于程朱脚下者，十居七八，求其能参考古训，引证明确者，已如凤毛麟角，而又墨守一家，鲜能会通其说。不知古人文字单简，非荟萃各家之说，参观互证，往往不能喻其意义所由来，及其精妙之所在。故得宋后之书百，不如得汉人之书一，汉人之书，虽单辞只义，首尾不完，亦必有所取证，足为引伸充类之助，况其首尾完备如《参同契》者，可不宝哉。

卷 三

履礼豫乐

履《象》曰："上天下泽，履，君子以辨上下，定民志。"豫之《象》曰："雷出地奋，豫，先王以作乐崇德，殷荐之上帝，以报祖考。"此孔子于羲文象义，观察入微，始有此发明，以默契夫天人合一之旨也。《汉书》："上天下泽，春雷奋作，先王观象，爰制礼乐，故礼乐者，先王之所以垂教万世。维持人道于不敝者也。"自经学衰废，曲儒阿世，缘饰礼乐，以为羔雁，而历代帝王，乃利用之为巩固其富贵尊荣之具，愚民未获蒙礼乐之福，且或滋其隐痛焉。于是礼崩乐坏，世衰道敝，先王制作之精意，澌灭殆尽，仅存浮文虚器，等诸告朔之饩羊，欲图民族之日昌，人群之进化，乌可得哉。犹幸古籍虽亡，而《易》象之昭示者，既明且晰，又得孔子之赞辞，以阐发之，则礼乐之大本大原，固亘古如新，求治者尚不患无所藉手也。夫先王之制礼乐，岂为涂泽耳目，文饰太平也哉，盖详察于天人之故，而有迫于不得不然者。先王知人者好动者也，动而无以止之必蹶，故制礼以止之。人者好群者也。群而无以和之必乱，故作乐以和之。要皆顺夫人性之自然。而参天两地以为之准，其准维何？曰"中"曰"和"是已。《中庸》曰："喜怒哀乐之未发谓之中，发而皆中节谓之和。"礼也乐也，皆所以为之节，陶融其未发而范围其已发者也，故曰："致中和，天地位焉，万物育焉。"履之与豫，胥本此中和而立极也。两卦注疏，及诸家之注释者，繁而鲜当。甚或附会经文，以媚上胁下，曰："上天下泽，斯上者益上，下者益下，尊卑之分，秩然不可逾越。"呜呼，斯岂孔子原文之意哉！孔子但言"辨上下，定民志"耳，若上者益上则亢，下者益下则伏，安所谓中，又安所谓和，不中不和，又安所谓礼乐哉？自叔孙通辈，假天泽之名，为干禄之具，制朝仪以媚汉高，历代号称经师大儒者，靡不推波助澜，尊君卑民，君日以尊，民日以卑，至物极而反，世界遂趋重于民主。作《易》之圣人，早已洞瞩此必至之势也，爰本中和为礼乐之原则，孔子六十四卦之《大象》，皆以中爻绾上下二象<small>中爻者三四两爻，上天爻，下地爻，中三四人爻也</small>，所谓以人合天，参天两地者也。首以乾三坤四两爻发其例<small>说详《笔谈》初集</small>，此履豫两卦之关键，亦悉在履六三豫九四之两爻。礼以消极为用，故取阴爻，乐以积极为用，故取阳爻。履以一阴处五阳之中，是以愍愍危惧，如履虎尾，方能免咎。故礼之本在谦<small>谦为履之对也</small>，必高而能下，尊而能卑，始当于礼焉。豫以一阳出三阴之上，奋迅莫御，故有发扬蹈厉之容。然而乐之本在于畜<small>小畜为豫之对也</small>，孟子曰："畜君何尤。"必抑而能扬，顿而能错，始合于乐焉。然履以六而居三，豫以九而居四，阴阳皆不当位，故必损益得中，而礼乐始立。履以乾在上，豫以地在下，礼出于天，乐本于地，天地定位，礼乐之体也。然天地之大用在坎离，故后天以坎离当用，居乾坤之位，离南坎北，中也，震东兑西，和也。天泽履乾兑，而下中爻互离，雷地豫震坤，而上中爻互坎，离礼坎乐，而合乎震仁兑义，中之极，亦和之至也。且礼之本在谦，而谦之反易即为豫<small>反易即上下两卦相互易</small>，乐之本在畜，而小畜之反易即为履，更足以见礼与乐之互相维系，不可斯须离也。礼本乎太乙，九位离宫，乐起自黄钟，生于坎子，是以立表者必取影于火而始正，测度者必取准于水而始平，故和平中正，阙其一不足以言礼乐也，而卦象之昭著者如此。然此犹其迹耳，若精微之蕴，推阐无尽，更非芜陋所能详，参之《礼运》《乐记》与《乐器图谱》

诸书，多相说以解者，当世博雅之君子，必能循流溯源以极其致焉。

叠　　字

《易》之用叠字者，悉本于象，见于阳卦与互卦之重本卦者为多。八纯卦用叠字者，维乾坎震，乾曰"终日乾乾"，因上乾下乾。而互卦又重乾也；坎曰"来之坎坎"，以上坎下坎也；震曰"震来虩虩"，以上震下震也：皆阳卦也。阳主进，故卦爻之辞意皆进一层。重艮虽亦阳卦，以阳止于上，无可再进，与乾坎震微有异焉。他如蹇之"王臣蹇蹇"，以中爻又互蹇也；夬之"苋陆夬夬"，以四至上之又互夬也。惟谦之"谦谦君子"，非关互卦，以初六居谦之下，谦而又谦，故曰"谦谦"。他如贲之"戋戋"，旅之"琐琐"，渐之"衎衎"，泰之"翩翩"，履之"愬愬"，家人之"嗃嗃""嘻嘻"，皆各因其象义。而贲与旅渐三卦，则皆有艮象，尤耐人寻味思索也。圣人作《易》，无一字轻下，故读《易》者不可有一字忽略含糊过去，必字字研求，务各得其实在下落。有不得者，必反覆思之，参互求之，不得于本卦者，可索之互卦；更不得，则索之覆卦对卦；又不得则索之变卦；又不得则索之于先后天之图与爻位卦位之数，及时训卦气，必求其确当切合而后已。自然逐字逐句皆了然于心目之间，以读全《易》，无不迎刃而解，较盘于古人脚下，钻研故纸以讨生活者，其得失不可以道里计，而苦乐亦迥不侔矣。

睽　　革

火泽睽，泽火革，《象》曰："泽上有火睽。""泽中有火革。"此所谓"上下无常，不可为典要"者也。夫火之与泽，泽之与火，本不相蒙，曰"睽"曰"革"，其取义实不在火泽泽火。然其象则明明为上火下泽，上泽下火，《象传》本取上下两卦之象，以证天人相合之理，而示学者以人合天之方，势不得舍本象而别树一义，此所以仍以火泽泽火为言，他卦类此者甚多，读者不可以辞害意也。至《象传》则一曰："二女同居，其志不同行。"一曰："二女同居，其志不相得。"则卦象与名义皆相合矣。睽与家人反，家人由巽而离，于后天卦位，顺行而相比，且六爻除上九外，位皆正当，如一家之人，男女长幼各得其当，相亲睦而不相凌犯，故曰"家人"。至反而为睽，则由离而兑，位相隔，而性又相害，且除初九一爻外，五爻皆不当位，截然与家人相反，又乌得而不"睽"？然尚不至于革者，则情虽睽而势尚顺也，至易为上泽下火，则由兑而离，且倒行而逆施矣，势处于不得不革。比而观之，可见古圣人序卦命名，精审致密，轻重悉当，断非寻常思虑所能及矣。至革之为义，本训皮去其毛，有去华为朴，由文返质之意皮之已去毛者曰鞹，取皮而去其毛曰革。《洪范》"金曰从革"，亦以时当金令，返春华而为秋实，草木为地之毛，皆凋零枯槁，与皮去毛无异，故亦曰"革"。《杂卦》曰："革去故也。"充类言之，则凡取其故而尽去之者，皆得谓之革。事莫大于国故《史记》：五帝三王之故事，取一国旧有之政令而悉去之，乃谓之"革命"。然《象传》何以独称曰"汤武革命"，虞夏受禅，亦何尝非百度一新，盍不谓之"革"乎？此则详观卦象，可见其当名辨物义例之精也。夫四时迭王，功成者退，尧之让舜，舜之授禹，亦如由冬而春，由春而夏，时令虽改，气候虽更，然顺序递传，无所谓"革"也。惟夏之于秋，本以火克金，乃克之而不能胜，迫于时而不能不退，而继之者即为我克而不得之敌人，所谓顺以相克而逆以相胜者也。情势既两不相容，则旧之所有者，至改代以后，必将尽去而无存，故孔子以汤武之征诛为革命，而独取象于革，遂为后世改朝易代之定名。然防后世好乱者之藉为口实也，申之曰："顺乎天而应乎人。"曷为"应乎天"也？曰：维其时必如夏之及秋，酷暑既极，发泄无遗，非涤其暑，敛其气，则两间之物命且尽矣，爰不得不亟承之以金。然亦未可骤也，骤则将绝而莫续，故夏至以后，先伏以金，一伏再伏，而秋始立，此所谓"顺乎天"者也。曷为"应乎人"也？曰：维其情。凡人之情，其静者每安常而习故，其动者恒厌故而喜新，一动一静，非各臻其极致，而遽语以更张，人莫应也。如四时错行，沍寒之余而济以春暖，大暑既甚而剂以秋凉，人心之愉快，不啻逢故人而去酷吏，此所谓"应乎人"者也。圣人设卦观象，斤斤于天人之际，衡情酌理，无微不至，六十四卦称"革"者，惟此上泽下火之一卦，而火泽之睽，且不与焉。六爻之中，称革者惟九四之一爻，而他爻皆不与焉。初二为地爻，地不可革也，五上为天爻，天不可革也，革故鼎新，惟在人事，则三四两爻，似皆可革。然九三与六四，皆爻位相当，无可言革，六三位虽不当，然以柔爻而居下卦，亦无可言革也。惟九四以不当之位，而居人之上，且内阴而外阳，内柔而外刚，内小人而外君子，非革将何以转否而为泰乎？故乾之九四曰"乾道乃革"，亦即革九四之一爻也。革卦五爻皆当位，惟此九四一爻中梗，革而化之，则成既济，刚柔正而当位，故曰："革而当其悔乃亡。"曰："既济定也。"如汤武革命，顺天应人以定天下也。此象义之浅近而可言者，如抽茧绪，仅引其端，内蕴宏深，是在读者之触类旁通，非语言所能尽也。

鼎　象

鼎《象》曰："鼎，象也。"旧说谓象即象形，合离巽上下六爻即象鼎之形。下巽之初，偶爻象鼎之足；巽之上二爻，与上离之下爻，三奇象鼎之腹；离中之偶爻，象鼎之耳；离上之奇爻，象鼎之铉；合之宛然全鼎也。呜呼，是真儿戏之言矣。夫象有形亦各有理，故有相似之象 如颐中孚似离，大过小过似坎是也，有相通之象 如坤为牛，离为子母牛，乾为马，震坎亦为马之类是也，而决无相反之象。言象者除取证于经文外。当以《说卦》为宗，即荀九家与孟氏及诸家增广之象，亦无不取则于经文，非可臆造也。《说卦传》明明曰"震为足"矣，而今乃以巽为足，不适相反乎？《说卦传》明明曰"坤为腹"矣。而今以三奇爻之乾为腹，不又相反乎？《说卦传》明明曰

"坎为耳""离为目"矣,而今乃离之中偶为耳,有是理乎?或曰:此但取各爻之画以象形耳,非以卦论也。然鼎必三足,今乃以巽初之偶为足,几见有两足之鼎乎?以模糊形似为象,而不问卦理,且显悖于《说卦》而不顾,岂非儿戏,然则《彖》所谓"象"者,果何指乎?曰:"以木巽火。"亦象义之一也。鼎与井,为全《易》水火二大用之纲领,鼎凝命而井定性,所谓"穷理尽性以至于命"者,此二卦其阶梯也,宏深玄奥,当别具论。兹姑以象言象,则本卦之象,则但言鼎之用,即"以木巽火"是也。至鼎之形,所谓"制器尚象"者,则不在此火风之鼎,而在水雷之屯。屯与鼎,相对之卦也,如铸鼎必有范,屯者,鼎之范也。故鼎象不在鼎而在屯,妙哉,《易》之为象也。"震为足",屯下卦震也;"坤为腹",屯之二三四中爻坤也;"坎为耳",屯上卦坎也,与鼎之爻义既孚,而证之《说卦》更无不吻合,此可见圣人取象有无穷之妙,非寸光之目,注视于一隅者所能窥测也。或曰:屯之与鼎,一在上经,一在下经,乃谓两象相通,亦有所援据,足以证明此说之非出于附会乎?曰:吾不云鼎之与井,为全《易》水火之二大用乎?井之对卦为噬嗑,十三卦"日中为市",乃取之噬嗑,市井相连,不足以证屯鼎之相通乎?自汉以后言鼎象者,沿袭谬误二千余年,清季青田端木氏,始发其覆,惜其书流传不多,又诘屈奥衍,不可卒读,故诠叙而申释之,非敢掠美也。

井　养

《易》之言"养"者,曰蒙、需、颐、井、鼎五卦。蒙者,物之稚,故曰"蒙以养正";"物稚不可不养,故受之于需,需饮食之道也。"盖一以养其德性,一以养其躯体,二者交相为用,而养之道备矣。颐曰"观颐",曰"自求口实","观颐,观所养也,自求口实,观其自养也"。颐养分两层,足赅蒙需二卦之义,而意更深矣后世修养龙虎之术,《参同》《悟真》所言,悉本于此。此皆上经之卦也。下经井鼎二卦,皆言养,井定性而鼎凝命,集养道之大成，而竟颐养之极功。粗言之不外水火二用，五卦蒙需井皆坎水，惟鼎为离火，颐亦象离，有火之用而无火之形，故其道更精。然精言之，仅关于一身之修养，义狭而小，而天地大用，以养庶民万物者，义更广而大也。故惟井曰"井养不穷"，"往来井井"，古今来民物递嬗，相续而不绝者，实惟井养之功。自耒耜利兴，画井分田，民鲜艰食，今虽井田之制久废。然形式亡而精神自存。今之言农田水利者，必合其道而事始昌，苟或悖之，即卤莽灭裂，断无成功可言也。卦象以水风为井，《彖》曰："巽乎水而上水。"《象》曰："木上有水井。"向来注疏旧说，皆未尽其义。至以木上有水为桔槔取水之象，尤近于鄙陋，诬精深之象，而侮圣人之言矣。井，通也。《杂卦传》："井通而困相遇也。"天地之气，非木不通，"巽乎水而上水""巽乎水"之"水"字，别本或误作"木"，谬甚，正木道疏通天地之大用。益《彖》曰："天施地生，其益无方。"必归功于"木道乃行"，故赤地无草木，则人物不生，而水源亦枯竭矣此五行之所以有木，或乃疑木之为用不能与水火土并论，腐儒之见乌足语此。今西人历若干年事实之经验，经若干人学术之研求，方知种树之益，谓能兴水利而除水害，吸灰气吐养气，有畀人生，言极详尽，吾人始有崇信而仿行之者，不知古圣人极深研几，早已揭橥其义于水风一卦矣。"木上有水"，乃以证"井通"之义，谓木性疏达，能引地中之水，由木之下而达于木之上也。尝见北地种葡萄者，初冬卷蔓而藏于土，至春引而出之，支以木架，掘根之四周如小池，注水满之，俄顷水即上行，溢于蔓巅，如露珠下滴，故"木上有水"，水之功用毕见，而"井通"之大义亦见，此圣人神化之笔也。五行始于坎子，终于乾亥，坎子一，乾亥六，终始皆一六之水，故言"养"者，维"井养"为"不穷"。而乾巽壬戌己亥对宫，为天风姤，值五月卦，天地相过，氤氲媾合，余气蕴毒在水人生痘疹亦先之蕴毒，故午月之毒乃天地交姤余蕴，与父母先天之毒正同，是以五六月间之水，煮茶入杯，瞬即变色，隔宿尤甚，俗例端午食蒜，非为迷信，实解水毒，盖有所受焉。顾或谓井卦下巽既取木象，似与风无涉，不知取象于风，更有妙义。凿井法，于通泉之日，必视其时之风，如井东为海而西为山，通泉时得东风则为海泉，日久味咸，得西风则为山泉，日久味甘，可见风与水实相表里，而圣人象义之妙，固无所不赅也。《易》其至矣乎，又岂言所能尽哉。

反　生

震为反生，《说卦传》："其于稼也为反生。"反生之物，实不仅稼也，凡物无不反生者，惟稼为易见耳。《易》数至三而反详见前"三反四复"条，复卦"刚反，动而以顺行"，已概万物生理原始之情状矣。复由剥反，剥上一阳硕果，下反为复，故万物之生，其初无不向下。植物为天地最初生之物，故最显见，人物后起，首虽居上，然在母胎之初，首仍向下。旧日医书，谓婴儿在母腹，女向外，男向内，至将临盆，始转生向下，男仰而女俯。近据西医之实验，则殊不然，孩在胞中，无转身之余地，初受胎时，其脐带悬系于子宫，至三阅月以后，头重脚轻，首在下而脚向上矣。产生之际，无分男女，皆俯而出，有仰面者，则难产矣。西医虽浅，然出于实验，有目共见，当未可诬，且与《易》象生理，殊相吻合。盖孩居腹中，本以脐为呼吸，必与母体上下相反，而后血脉交互，可相贯通。若端坐其中，无论向外向内，与母气皆睽隔不通矣。医书之说，实出唐宋以后，不免以理想揣测，证诸《易》理，殊不相合。《灵素》之经脉阴阳悉本于《易》，汉人方剂，亦均按五运六气，足与卦象相表里，故其效如响斯应，神妙莫测。后之医书，仅据一端，有验有不验，未足为定论矣。呜呼！安得有精于中西医学者，取《内经》及西人生理解剖诸书，一一与《易》象相证，畀阅者晓然于生理之源，不特斯民之幸，亦吾国文化之光也近西蜀唐氏著有《中西医学》五种及《医易通释》二卷，颇有发明，惜其于象数所见尚浅，引证或未悉当，然有开必先，继起者当更有进也。

血　气

　　血气者，人身之阴阳也。《说卦传》"坎为血卦"，而未言气卦者，血可见而气不可见也。且《说卦》之例，对待者或但举一端，如曰"乾为圜"，则知坤为方，曰"坎为隐伏"，则知离为光明，以此推之，血气不能偏废，亦可知矣。各卦言血者，坤《文言》上六："龙战于野，其血玄黄。"曰"战"者，即气血之交战也。"其血玄黄"，即由坎出震之象，阴阳分而血气定矣。故《说卦》明以"震为玄黄"。屯上六曰："乘马班如，泣血涟如。"为上坎之上爻，血上于脑则泣也。需六四曰："需于血出自穴。"为上坎之下爻，六四爻位皆阴，阴虚故有需象，已达下卦之上，故曰"出"也。小畜六四曰："血去惕出。"需上六变即为小畜，上卦之坎既变为巽，坎象已去其半，故曰"血去"。"惕"者，乾三也，四居三上，故曰"惕出"。涣上九曰："涣其血去逖出。"与小畜正相对照者也，涣则不畜，然涣至上九，则处涣之极，物极必反，故亦取畜之义，所以济其涣也，"逖""惕"通用字。归妹上六曰："士刲羊无血。"则以下兑为羊，三至五互坎为血，上变成离，则为乾卦，而血无矣。各卦言血，皆由坎取象，然六十四卦上下卦有坎及互坎者，岂仅此数卦，而他皆不言血何也？曰：血与气本非二物，气聚生血，血化成气，周流百脉，荣卫一身，不但气不可见，而血亦潜行于脉络，非外视之而可见者也。凡可见之血，皆死血废血，血之已离其经者也。血既离经，不可复回，与汗略同，故涣曰"涣汗其大号"。后人发号施令，辄援斯义，以其一出而不可复反也，涣卦"涣血"与"涣汗"取义亦同。是以坎为血卦，非坎之本象，乃阴阳相争相薄，致巽伏者或忽兑见坎象下巽而上兑也，成为坎卦。坎卦水行地中，与人之血行经络，本无异也，水溢地上则为灾，血出体外则为病，故卦之称"血"者，仅此数卦也。象义精微。沉潜玩索，意味无穷，举一反三，是在善读者。

再说乾坤为《易》之门

"乾坤为《易》之门"，已见前集卷二，因向来注者，多模棱笼统之辞，同学时有疑问，缘更详述之。按荀氏"阴阳相易，出于乾坤，故曰'门'"，其说最古，惟学者读之，殊难悉其义蕴。《正义》本此意而申说之，曰："《易》之变化从乾坤而起，犹人之兴动从门而出。"乃大误矣。杨时曰："或问'乾坤其《易》之门'，门是学《易》自此入否？曰：不然。今人多如此说，故有喻《易》为室，谓入必有门。为此言者，只为不晓乾坤即《易》，《易》即乾坤，故曰'乾坤毁则无以见《易》'。盖阴阳之气，有动静屈伸，一动一静，或屈或伸，阖辟之象也，故'阖户谓之坤，辟户谓之乾'，所谓门者如此。"杨氏之说，近乎是矣，然亦未尽也。以"阖辟"释"门"固至当不易，但何以为《易》之门，何以能"体天地之撰"，能"通神明之德"，尚未能有所发挥，则亦仍与阴阳出入之笼统语无以异也。夫后天八卦，自坎子一以至兑酉十，独西北戌亥为无数，故八风西北曰"不周"，乃镇之以乾，无以出有，而"不周"者周。以十二月卦言之，西北实维坤位，故坤上六曰"阴疑于阳""龙战于野"，乃乾坤合居一位也。乾坤合居一位，故谓之"门"，故曰"阖户谓之坤，辟户谓之乾，一阖一辟谓之变"，皆指西北戌亥之一方而言也，观下文"阴阳合德"，可以证乾坤之合居矣。盖西北者，阴阳之门，亦天地之门，先天艮居西北，故艮为门，后天乾居西北，故乾为门。分言之，则西北以对东南，戌之对辰为辰，亥之对辰为巳，是以术家以辰戌为魁罡，《内经》以辰戌为天门地户也。天门地户相对，而乾坤合居于此，故"乾坤其《易》之门耶？乾阳物也，坤阴物也，阴阳合德，而刚柔有体。以体天地之撰，以通神明之德"。孔子之言，各有所本，所谓"述而不作"者也。三代以前《易》道阴阳，必有其书，孔子赞《易》，多取材于是，故立言皆有统系，一一与象数相合。非如后儒之言阴阳，谈性理者，信口任意，茫无涯涘也。至杨氏所谓"乾坤即《易》,《易》即乾坤"二语,意亦多所未安。古文"日月为《易》",故称《易》者,指坎离为多。《传》曰:"天地设位,而《易》行乎其中矣。"又曰:"乾坤成列,而《易》立乎其中矣。"凡此"《易》"字,皆指坎离而言。天地设位,先天八卦,离东坎西,故曰"行乎其中";乾坤成列,后天方位,离南坎北,故曰"立乎其中"。其不曰"坎离"而曰"《易》"者,正以坎离即乾坤二体之《易》也,故《易》未可以专指乾坤也。

易 逆 数

《说卦传》:"数往者顺,知来者逆,是故《易》逆数也。"邵子以"已生之卦""未生之卦"言之,意义既不明晰,而所谓"已生""未生"者,乃指其先天横图二生四四生八而言,孔子赞《易》时,未必有此图也。与朱子占例之前十卦后十卦,同一不检,殊不免贤者千虑之一失焉。汉学家因此极力驳之,亦仅解得"知来者逆"一句,意义亦未完全,而于"逆数也"一句,皆忽略带过。不知此三字,最关重要,乃全《易》数理之关键所在。"知来"固由于"逆数",而"逆数"实不仅"知来"之一端,大《易》之道,无一非逆而用之者。盖理顺而数逆,交相为用,非数之逆,无以济理之顺也。日月为《易》,日月右行而左次,故《易》数随天数逆行,而为逆数。万物数起丑牵牛,日月始丑,星记右行,故《易》以东北震九,逆行而北坤八,西北艮七,西坎六,西南巽四,南乾三,东南兑二,东离一,皆逆数也_{纳甲数甲三乙八,乾坤列东,故乾三坤八丁二丙七,艮兑列南,故兑二艮七辛四庚九,震巽列西,故辛四震九戊一癸六,坎离列北,故离一坎六}。故地中有山曰"谦",而山附于地则"剥",天在山中则"畜",而天下有山则"遁",地上天下则交而"泰",天上地下则不交而"否",水在火上则"既济",火居水上则"未济",一阴一阳之为道,而一阳一阴则为非道,皆逆也。圣贤克己之功,丹家修炼之术,亦无一非以逆用。修德曰"反身","君子必自反"，反者，逆之谓也。道书"逆则生，顺则死"，又曰"逆则为仙，顺则为鬼"盖人生即属后天，由生而顺行，则日近于死，故曰：顺则死。顺则为鬼。惟逆行而反其初，则由后天而返于先天，故曰：逆则生。逆则为仙，陈致虚曰："子南午北者，颠倒五行也。仙圣云：五行顺行，法界火坑，五行颠倒，大地七宝。所以水火互为纲纪。"即既济之道，皆以著逆用之功焉。孔子特于"八卦相错"之下，特示"数往知来"，而以"逆数也"三字总结之，意深哉。

五行化合

庖牺画卦，观变阴阳，分四时，播五行。至黄帝造甲子，以天干地支分阴分阳，以经纬五运六气，符造化之大原，备人事之终始，《易》道之范围天地，曲成万物者，至此愈精愈密。后王制治，大而礼乐政刑，小而百工技艺，胥无能违其轨则，而医药卜筮风鉴诸家之导源于此者，更无论矣。自西学东渐，趋重于物质之文明，斥阴阳为谬论，指五行为曲说，承学之士，皆吐弃而不道。不知阴阳之道，实根本于天地，盈天地之万物，不论其有形可见，无形可见，无一不具有一阴一阳之性，即无一能出此阴阳轨道之外者。动植物无论矣，即矿物诸类，亦无不有阴阳，其他如数学之有乘除，有正负，化学之有分合，有加减，伦理之有优劣胜败，有积极消极，有演绎，有归纳，何一非一阴一阳之义哉。至五行之说，以水火木金土概之，说者疑为不伦。不知水火木金土之五者，非仅以其质，乃所以代表阴阳之气与数，其不以四不以六而必以五者，则参天两地，阳常饶而阴常乏，阴阳之数，仅限于五，化合虽成六气，而实数仍未能出五之外，此中微妙之理，非一言可尽，前集所述象数与化学分剂之相合，已可略见一斑矣。兹但述干支之合五行，与五行之所以化合之理，熟思而详审，当亦必有所悟也。

天干甲乙木，丙丁火，戊己土，庚辛金，壬癸水；地支亥子水，寅卯木，巳午火，申酉金，辰戌丑未土。干阳支阴，而干支之每类又各有一阳一阴，如甲阳而乙阴，戊阳而己阴，寅阳而卯阴，申阳而酉阴，固人人所知也。惟甲子何以必六十而始周，而六十甲子，又各有纳音？何以天干地支，又各有合，又有"两合""三合"？何以又有刑冲克害生扶拱合诸名？是虽精于术者，往往知其然而不知其所以然，而向之所谓经学家，又斥为术数小道，非经生所屑言。不知五行之说，与六书同出于庖牺之八卦，而《诗》《书》《礼》《乐》《春秋》，又无一不本于《易》。六书出于八卦，孔子删《诗》《书》，定《礼》《乐》，修《春秋》，皆学《易》以后之事。详玩《十翼》，再读诸经，其义自见，当另论之。故不明小学而读经，不通象数而读《易》，不读《易》而读《诗》《书》《礼》《春秋》诸经，自谓通者，吾未见其果能通也。

勿以生克刑害诸说，为鄙俚无足道也。彼术者之歌诀，诚多词不雅驯，但其渊源所自，则皆出于《易》象，但非深求之，不能知其所在耳。《系传》曰："生生之谓《易》。"五行之生，皆二气感应相与，出于天地阴阳之自然，有莫之为而为，莫之致而致者。惟独阳不生，孤阴不长，必阴阳和此"和"字如算学勾弦和勾股和或勾较和之和，内有节度分寸，非仅两者相合之谓也，而生意始萌。生之初，气也，气能达，则成形气不能达，有不及成形而消灭者矣。如"天一生水"，水之始，气也，"地六成之"，则形立矣。其余火木金土亦然，是谓"生生"。至水生木，木生火，则谓之"相生"。火与金，则相克不能相生，必济之以土，而始收生金之功，故卦独于火泽曰"革"。而所以神变化行鬼神者，亦胥在此坤艮二八之数，亦即天五地十之数，于地支为丑未，实司阴阳变化之枢。由是而金生水，水复生木，循环不已，故论五行以"相生"为第一义。

其反乎相生则曰"克"，盖于相反之中，有相成之义。如震动反艮，兑见反伏，盛极不可无制，故相克适以相成。此言其有情者也，若无情之克，则不足以相成，而适相害，《系传》曰"凡物之情，近而不相得则凶或害之"是也。故次曰"相克"。

冲者，本宫之对，如子之与午，丑之与未，卯辰之与酉戌，寅巳之与申亥皆是也。地支十二，而冲者六，故曰"六冲"，于数言之，实为七也自子数至午、丑数至未等皆第七位也。是以天干遇七，则称为"煞"，以干位遇七之必逢克如甲至庚为第七，庚金克甲木，丙至壬为第七，壬水克丙火，余可类推，而支则不尽相克也如丑未、辰戌皆为比和。

合者，以阴阳气数言之，亦以躔度次舍言之。如甲与己合，乙与庚合，丙与辛合，丁与壬合，戊与癸合，以阴阳之气数言也。如甲一己六，一与六合，乙二庚七，二与七合也，余可知矣。子与丑合，寅与亥合，卯与戌合，辰与酉合，巳与申合，午与未合，则以天左旋而地右行，以躔度之次舍言也。如正月建寅，日月会于亥，十月建亥，日月会于寅，故寅与亥合也，余皆类是。而地支更有三合，亦曰"会合"，如申子辰合会为水局，寅午戌合会为火局，亥卯未合会为木局，巳酉丑合会为金局，是也。三合皆以中一字为主，子午卯酉，于卦为坎离震兑，坎承旺于子，而生于申，墓于辰，合始壮究而为一局，木土火金从可知矣。其义详论于后。

害者，冲其所合者也。子与丑合而未与丑冲，则未为子害也，午与未合，而丑与未冲，则未为午害也，谓之"六害"。《易》例"近而不相得则凶或害之"，而此所为害，则为间接而非直接，故虽害而不甚凶。但须详察其情，或能相得，则虽害而不害如未为子害，土克水，情不相得。丑为午害则火生土，情能相得，仅泄气而已，未可一概论也。

刑者，数之极也。十二支寅刑巳，巳刑申，丑戌未相刑，子卯相刑，辰午酉亥相刑。盖从巳逆数至寅，申逆数至巳，皆相隔十位。十者，数之极也，数不可极，极则损，故刑与害相并论也。

曰"拱"曰"扶"者，皆同类相亲。如巳午同类，巳扶午，而午拱巳；申酉同类，申扶酉，而酉拱申。旺盛者得扶拱而益增势位，衰弱者得拱扶而可免倾危，但必详主干之位，与从化如何，而得失始定。苟失时失势，虽拱扶又奚益哉。

此术家所谓生、扶、拱、合、刑、冲、克、害者，推论皆细入毫芒，论《易》理虽不尽可采，然其说悉无背于象数。盖古人于十干十二支，但以纪日，六十日而一周，其纪岁月与时，别有其名，征诸《尔雅》已可见矣。后人以干支配合，实足以概阴阳之气数，而尽其变化，遂并岁月时而并以干支次之，推步更密，且便于用，故至今遵用不废，良有以也。

西人之历算推步虽精，有其数而无其气，故象亦不备。吾国之干支，则兼象数与气三者，皆相密合，而皆各有其征验，非徒托诸空言者也。因其理渊源邃密，仅举其一，已繁衍夥颐，毕生莫殚，况兼三者而尽明之，且会通之，宜其难矣。不能会通，或执此而疑彼，或是丹而非素，同一学焉，而有互相水火者矣。是皆由逐末而失其本，如辨认树木者，循其叶而数之，穷年不能毕其数，即能得其数而无误，仍不能执此以概彼焉。园师之良者，其于果木，若北之枣梨，南之龙眼荔枝，及江浙之桑之茶，举目望之，即能断其产额之确数，而估其值，百无一误者何也，以能探其本也。象数与气之本，尽在于《易》，能尽《易》之理，则执简以御繁，亦若园师之估果木已，夫何疑哉。

古来言五行之气者，莫古于《内经》，亦莫详于《内经》。盖人生天地气交之中，于气之生克制化，在在关系其生命与健康，势使然也。《庄子》曰："兵莫憯于志，镆铘为下，寇莫大于阴阳，无所逃于天地之间。"盖能深知其理者也。泰西之学，偏重物质，其不能知气化之用，无足怪也。我国学者，自锢于科举，溺于词章，古书精义，日就湮灭，仅以肤廓之泛论，相禅贩传习，无一足验诸实用，反远逊西人之偏于物质者，尚能尽其一得之长也。如陈修园者，非近世所称为名医之矍矍哉，著书至六十余种，乃谓五运六气，与人病多不相验。呜呼！则其所谓医学者，概可见矣。兹采录《内经》所言气化之精微，以证阴阳五行大用之一端，学者能深思熟玩，以反求诸《易》，则所见必更有进矣。

甲己合化土，乙庚合化金，丙辛合化水，丁壬合化木，戊癸合化火，今术家多用之，鲜能知其所以然者。《内经·五运行大论》曰："丹天之气，经于牛女戊分；黅天之气，经于心尾己分；苍天之气，经于危室柳鬼；素天之气，经于亢氐昴毕；玄天之气，经于张翼奎娄；所谓戊己分者，奎壁角轸。则天地之门户也。"戌亥之间，奎壁之分也。辰巳之间，角轸之分也。天门地户，说已见前。故五运皆起于角轸，甲己之岁，戊己黅天之气，经于角轸，角属辰，轸属巳，其岁月建得戊辰己巳，干皆土，故为土运。乙庚之岁，庚辛素天之气，经于角轸，其岁得庚辰辛巳，干皆金，故为金运。丙辛之岁，壬癸玄天之气，经于角轸，其岁得壬辰癸巳，干皆水，故为水运。丁壬之岁，甲壬苍天之气，经于角轸，其岁得甲辰乙巳，干皆木，故为木运。戊癸之岁，而丁丹天之气，经于角轸，其岁得丙辰丁巳，干皆火，故为火运。故星命家有"逢辰则化"之说，亦出于此。盖十干各有本气，是为五行，若五合所化者，则为五运。曰"运"者，言天之五纬运临于辰巳者，系何纬道即青赤黄白黑五道是也，谓之"登天门"，主一年之运也。气与运常司天地之门户，戊己在角轸，则甲乙在奎壁，甲己岁必甲戌乙亥也，故《素问》曰："土运之下，风气承之。"庚辛在角轸，则丙丁在奎壁，乙庚岁必丙戌丁亥也，故《素问》曰："金位之下，火气承之。"壬癸在角轸，则戊己在奎壁，丙辛岁必戊戌己亥也，故《素问》曰："水位之下，土气承之。"甲乙在角轸，则庚辛在奎壁，丁壬岁必庚戌辛亥也，故《素问》曰："风气之下，金气承之。"丙丁在角轸，则壬癸在奎壁，戊癸岁必壬戌癸亥也，故《素问》曰："火位之下，水气承之。"盖气盛则亢，承以制而剂之，相反所以为功也。

地支十二辰，或谓起于斗柄所指，非也。先有十二辰之次，然后视斗柄所指以为月建，非先有斗柄，乃定十二辰也。日与月会，每年约十二会而一周天，虽间有闰月，然闰为闰余，每年十二月，乃其常度也。故将三百六十五度，划分为十二方，以纪日月会合之舍次天方、回回诸历皆同，惟用阳历者以太阳，此所云月轮最低，土星最高，即离地远近之谓。读者以意逆之，勿以词害意也，不应合于子丑之位，木星亦在日上，不应合于寅亥而反在日下此所云上下者，即新说地球之内外，所谓"内行星"与"外行星"是也。是则六合不可以配七政，有求其故而不得者，遂诋六合无凭，亦妄说也。考诸图书，揆诸仪象，而知六冲三合，是就地体平面划分为十二，则方隅异位，气亦异焉。六合是就地体椭圆之形，自下而上，层累剖分，以为六合也。平面剖分，则土无定位，寄旺四隅，圆形竖剖，则地当在下，天当在上，仍不得列为定位。日月在天，亦不得专配午未，盖天顶于洛书<small>彭氏宗刘牧说以五十五数者为洛书也</small>当配中五，地配中十，是午未合天，子丑合地，乃贯四气而为之主者也。除去子丑午未，然后以木火水金配之，则气象始确。木附于地，子丑既合地，则附子丑之寅亥二辰，应化合而配木，故寅月草木花，亥月草木亦花，名小阳春，亦即寅亥合木之一验。木上生火，附于寅亥之卯戌二辰，则合化为火，卯为日出之方，戌为日入之方，亦卯戌火合火之征也。由地生木，由木生火，此三者自下而生上者也。天者乾阳金精之气，子未既合天，附于午未之巳申二辰，承天之气，当化为金。旧说巳申合水，巳月既无水可验，且与自上生下之义不合，今改巳申合金，申月农乃登谷，巳月麦亦称秋，夏枯草生于亥月，是秉亥合木之气也，死于巳月，是感巳申合金之气也。农田蔬谷，以亥月种巳月收者甚夥，称为上季，巳虽夏月，俨然秋金告成之候，是巳申合金之验也。金下生水，辰酉之附于巳申者，当化为水。旧说辰酉合金，然酉是金之定位，非气化也，辰月更无金气。今按辰属三月，酉为八月，古人以清明改水，八月观潮，河水旺于辰月，秋泛尤大，足见辰酉二月，盛德在水也，故改辰酉合水。由天生金，由金生水，此三者乃自上而下生者也。天居于上，地居于下，水火二气，交于两大之中，乾坤之功用，寄于坎离，万物之化生，不外水火。今人以午为天顶，然暑盛必在未月。盖天顶与地心正对之时乃极热，必五六月午未之交，恰与子丑合地之处，两相正对，是天体偏未故也，丑月极寒，是地体偏丑故也<small>子正于丑，午正于未，午七未八，子一丑二，天纪为主。故今日西历每年十二月皆各有其名，并非月也，因我国之习俗而译之。"正月""二月"，实不当也。我国历法实兼太阳太阴，节气后太阳，月次后太阴，所谓象数与气皆备者也，或称为"太阴历"，谬甚</small>。谓之十二地支。盖天体虚空，无从分析，故就地之六面，分为十二，而时序节候，俱准于是矣。故

《内经》定候，有从四时起义者。"春三月为发陈，天地俱生，万物以荣，早卧早起，以使志生，养生之道也，逆之则伤肝。夏三月为蕃秀，天地气交，万物荣实，使志无怒，使气得泄，养长之道也，逆之则伤心。秋三月为容平，天气以息，地气以明，早卧早起，使志安宁，收敛神气，养收之道也，逆之则伤肺。冬三月为闭藏，早卧晚起，去寒就温，无泄皮肤，养藏之道也，逆之则伤肾。四时不相保，与道相失，则未央绝灭。""未央"二字，注家未悉，盖"央"即中央，子正于丑，午正于未，为土之正位。故《月令》《内经》，皆以未月属中央土。《内经》此篇，详言四时，以"未央"一语总结之。因此篇乃《四气调神论》，专主四时立说，故总来此句，以见土寄于四时之义。后世脉法，春弦夏洪秋毛冬石，四季之末，和缓不忒，即是土旺四季之义。《内经·平人脉象篇》云："四时之脉，皆以胃气为本。"谓脉之冲和不促者为胃气，即土旺四季之气也。

地支两合三合，说已见前，更有以冲而化合者，亦维《内经》详之，盖两支对待，冲合为一气者也。子午合化为少阴热气，卯酉合化为阳明燥气，寅申合化为少阳火气，巳亥合化为厥阴风气，辰戌合化为太阳寒气，丑未合化为太阴湿气。盖十二辰分之为十二，合之为六合，六合之间化生之气，是为"间气"。"间"者，隔也杂也，十二支本相隔，因对冲则相见，相见则两气杂合，化成一气，谓之"间气"。虽《内经》只云"司天""在泉"，未言"间气"，然在司天之左右者，为左右间气，则知两相正对合同而化以司一年之气者，尤间气之大者矣。上天下地，谓之"两间"，人在气交之中，实秉间隔杂合之气以生，是以人有六气，以生十二经，上应天之十二辰。仲景《伤寒论》专主六气，深知六合交感间气生之理，故六经括为千古不易之法也。

《内经》六气司天在泉，司天者主春夏，在泉者主秋冬。厥阴在上，则少阳在下；少阴在上，则阳明在下；太阴在上，则太阳在下；少阳在上，则厥阴在下；阳明在上，则少阴在下；太阳在上，则太阴在下。子午之岁，上见少阴；丑未之岁，上见太阴；寅申之岁，上见少阳；卯酉之岁，上见阳明；辰戌之岁，上见太阳；巳亥之岁，上见厥阴。皆言司天之气，本于六冲化合也。司天者，言其辰轮值天顶；在泉者，言在地体之中，非地底也。如午年午当天顶，则为司天，午与子对。则子在轮值地底，惟卯酉适当地体之中。故午司天，不曰子在泉而以卯酉在泉，此可以潮汐证之。凡海潮子午来，则卯酉退，寅申来，则巳亥退，潮泛随月，月在泉，则潮来，月离泉，则潮退，一日两潮，即两辰之对冲也。

或问六冲化合，既各有其验，则两合三合，当然各有变化，其征验如何？曰：两合即前所谓子与丑合之类是也。乃日躔与月建相合，日躔右转，月建左旋，顺逆相值，而生六合。夫日月与斗建，为气运之主宰，日月所会者，天左旋之方位也，斗柄所指者，地右转之方位也。天体虚空，无从实测，故干支皆以日为准的，《易》曰"大明终始，六位时成"，亦以日为天之代表也。"天左旋地右转"云者，但以表天象与地错行之义，与西说地球绕日之说，经纬仍合。盖如舟中与岸上，两方虽所见不同，而所行之里数仍相等也。斗建与日躔合，即是地与天相合，阴阳磨荡，气化以生，又乌能无所征验乎？惟历来推步诸家，说各不同，旧说以寅亥合木，卯戌合火，辰酉合金，巳申合水，午未合火，是五行惟火独有二，于理不合。后人改为午未合日月，以午配日，以未配月，用符七政之数。谓六合者，上合于天七政之位，子丑合土星之位，寅亥合木星之位，卯戌合火星之位，辰酉合金星之位，巳申合水星之位，午未合日月之位云云，此亦出于理想，于象数未能相合，考诸事实，又无征验，故天彭唐氏驳之，谓午未之位最高，月轮最低，安得与日同合最高之位？子丑最下，而土星于七政行度最高起于丑，正于未，唐氏此说甚精，上天下地，即是天五与地十正对。午未属天五，亦可配阳土，《月令》名为"中央土"，主于生万物。子丑属地十，亦可配阴土，《月令》所谓"土返其宅"，主于终成万物。以午未配天五，土寄旺于此，所以下能生金也。子丑配地十，土寄旺于此，所以上能生木也。此虽与旧说不合，然理较圆满，究与象数能否确合，尚待研求，未敢遽为定论也。

唐氏又曰：星辰之运，始则见于辰，终则伏于戌，自辰至戌，正于午而中于未。故《尧典》言"日永星火，以正仲夏"，是以午为正也。《月令》于季夏未月曰"昏火中"，《左氏传》曰"火星中而寒暑退"，《诗》曰"定之方中"，皆以未为中。盖以天干之纬道言，则辰巳间为黄道之中，以地支之经度言，则午未相会之处为天顶之中。经度起于南北极，午未合处南极也。子丑合处北极也。是足以补前文所未足，然阅者于天顶南极北极诸处仍须活看也。

地支三合，以四正为主四正，子午卯酉也，于卦为坎离震兑，而四隅之支，只从四正以立局。木生于亥，壮于卯，墓于未，故亥卯未会木局。火生于寅，壮于午，墓于戌，故寅午戌为火局。金生于巳，壮于酉，墓于丑，故巳酉丑会金局。水生于申，壮于子，墓于辰，故申子辰会水局。后世衍为长生，沐浴，冠带，临官，帝旺，衰，病，死，墓，绝，胎，养十二位，以差别衰旺，亦古法也。惟土旺四季，以辰戌丑未会为土局，而无从定其生旺之次。于是有以水土为一位者，生于申，旺于子，墓于辰，谓水土同源也。有以火土为一位者，生于寅，旺于午，墓于戌，谓子从母也。盖星命诸家，以五行并列，缺其一，未便布算，故不得已而假定生旺墓绝之次，此须神而明之，以消息其间，未可泥也。《史记·货殖传》"水毁""木饥""火旱""金穰"，而不言土，《京房易传》亦言土兼于中，未定所生之位。《内经》言岁气会同，亦只有四局，《六微旨大论》云："甲子之岁初之气，天气始于水下一刻，谓子初初刻为冬至也。乙丑之岁天气始于二十六刻，谓卯初初刻。而寅之岁天气始于五十一刻，谓午初初刻。丁卯之岁天气始于七十六刻，谓酉初初刻。戊辰之岁天气复始于一刻，亦以子初为冬至节，申岁亦然。"余仿此。故"申子辰岁气会同，寅午戌岁气会同，亥卯未岁气会同，巳酉丑岁气会同，终而复始，所谓'一纪'也"。

甲子周流六十花甲，因天干之纬道，与地支之经度广狭不同。岁星周行五纬，旁行斜上，与经度参差不齐，故后甲子起，必六十年乃复为甲子。《内经》云："上下相临，阴阳相错，而变生焉。应天之气，五岁而右迁，应地之气，六期而环会。五六相合，凡六十岁为一周，不及太过，斯皆见矣。"盖以十二辰所主之六气，在上司天，以十干所合之五运，在下运行_{地支本下而在上，天干本上而在下}，所谓"阴阳交错"也。十干与十二辰相错，于是乎五运与六气，有相生相克。风木司天而遇木运，火气司天而遇火运，湿土司天而遇土运，燥金司天而遇金运，寒水司天而遇水运，是谓"太过"。如木运之岁而遇燥金司天，则木受金克，是为"不及"，余皆仿此。六气与五运不相胜负，是为平和，推之六十花甲之气运，以制病药之宜忌，此《内经》言气化之最精者也。其余如二十四位_{即天干地支去戊己而加坤乾艮巽}，及地支藏用_{如子藏壬癸辛，丑藏癸辛己之类}，五行节气浅深之类，皆由阴阳气化，互相乘除而分析之，似浅而实深。以象数求之，各有至理，为说甚繁，未能悉举，学者能明其纲要，余可迎刃而解矣。

或曰：阴阳气化，虽言之甚详，但皆理想之词，果以何征验而分析之欤？曰：否否。阴阳二气，乃造化之自然，物理所固有，非理想也。天下之事事物物，决不能因耳目之所能闻见者为有，以不能闻见者为无。近世西学东渐，为科学万能之时代；种种学术，以实验为基，固足矫旧学空疏虚渺之弊，然不免偏倚于物质，而遗其精神，况物质之体类万殊，亦断非耳目之力所能听睹无遗者。在显微镜未发明以前，则水中空气中之微虫，与人体之血轮，病毒之细菌，均无由见之，然不得因未见而谓为无此物也。若显微镜之制更能进步，则必有更微更细之物发见，尚非今日所及料也。猎犬之嗅觉，能辨识人物之气，虽越数时之久，犹能追踪无误，是足征无论人畜，均各有特殊之气，而绝不相同者，此气即其所禀受于天地阴阳者也。因五行之质类各殊，而所秉之或全或偏，及清浊厚薄，均不一致，是与人之面容相似，萃千百人而无一同者，亦足征人物生于气交之中，与两间大气关系之密切矣。盖大气之运行，既周流无息，而阴阳之摩荡交错，变化万端，遍布于大地之上，理密如网，故术家以辰为"天罗"，戌为"地网"，遇五行之偏胜，于是有吉凶之分，而凶毒之甚者，猝中于人，或且立死。人生日处此纷纭错杂之气中，苦于目不能见，如瞽者持杖踯躅市中，非杖之所触，不知为有物而避之，其杖所未及者，岂得谓之无物哉。

或曰：此两间错杂之气，果其为有质者欤，则必有术焉可以见之。何以古来仅凭推算，迄未能明其质之何若也？曰：物质之体不一，有可见者，有不可见者。凡可见者，皆质之不透明者也，透明之质，则不可见，或藉他物之映射，始得其仿佛。凡所谓空间者，实非真空。而皆有物焉充塞其间，今西人亦知之矣。但化学家所验得之空气，仍为有质之气，而非无质之气，故可吸收而贮之以器，或化分之而析为淡气养气，此即所谓透明之质也。若阴阳之气，则超乎物质之上，并超乎精神之上，而为天地真元之气所变化，为生育万物之根本，谓之有质，则无质可见，谓之无质，则确有其气。但与物质之气类有别，视之若无色，而自有其色，嗅之似无味，而自有其味《月令》以五色五味配四时与中央之五行，是以物质之色味合真元之色味，有感应之道也。故古人有能望气而辨其吉凶者，与猎犬之嗅气而能踪迹人畜者，皆具特别之感觉而得之者也。故物之有质者，物质足以阻之，如空气光线，虽似无质，实皆为物质之体，特透明耳，是以物质皆足以阻之。若阴阳之气，有如西人近日发明之爱克司光线，皆非物质所能阻，以其超乎物质以上之元体也鬼神亦超乎物质以上，故亦非物质所能阻。日后人类之智识日益进步，必能有术以显此无形之元气，而接触于人目之一日，而其枢要，悉总括于《易》象。是赖有高识积学者，潜心以研求之，徒探索于枝叶之间，事倍而功不及半，终无能得其当也。

五音六律

阴阳之气，冲激动荡，发为声音。气不可见，而以音表之，则触耳而能辨其清浊，以耳代目，气之不可见者，亦不啻予人以可见矣。黄帝吹管定律，与干支同为协和阴阳之用，故音出于律，律出于数，数出于阴阳之自然。声之不具阴阳者，不能成音，《记》曰"声成文谓之音"，成文，则阴阳协而音出矣。是以音律之数。亦不越乎五六，五与六各有阴阳，亦与干支同。故六十甲子有纳音，纳音之义，以数至己亥，必归纳伏藏。朱元昇之《三易备遗》，即据此为殷人《归藏》之大旨，其确否虽于他书无征，未敢奉为定论，然其推论数理，固极精密，有发前人所未发者。盖阳数至己而已亢，阴数至亥而疑阳，亢则绝，阳则战，均有极盛难继之势，非伏藏无以为发生之机，尽循环之妙。因五音之高下，本有不同，故其数有九八七六五四之别，更与本数互相乘除，则气化而音亦变焉。于是本五而用七，益以少宫少商，而变化益繁，声音之道，乃肆应而不穷。乾九五《文言传》曰："同声相应。"中孚九二曰："鹤鸣子和。"以二五两爻得中，为定音之准。故黄钟之宫起于坎子，阴阳上下相生，数隔以八，是以音之用至七而尽其变也。今西人之准音以义，为术虽殊，而得数亦同。发音成调，还相为宫，变化之数，终不出九九之外，仍黄钟之数也_{音十为章，数起坎一，黄钟所始，至兑十数终，故在卦坎兑为节}。《传》曰："君子以制度数。"天下之度数无能出此以外者也。至郑氏爻辰律吕相生与合声之别，具详前集，兹不复赘。

六子男女

乾父坤母，乾索坤而得三女，坤索乾而得三男，所谓六子，只以言阴阳之象，非谓有形之男女也。然天地间有生之物，固无不具有阴阳，即无能越乎此三索之理，而自然有合于卦气。人为万物之灵，得气再全，故其于卦象气数之相合尤显。《内经·上古天真论》曰："女子七岁更齿，二七而天癸至，三七而真牙生，四七体壮，五七始衰，七七天癸竭，地道不通。男子八岁更齿，二八而天癸至，肾气盛，三八真牙生，四八满壮，五八始衰，八八天癸竭。"男为阳而起八数，女为阴而起七数，阴阳交错，即水火互根。故孔子曰"八卦相错"，阴阳之用，无不以交错而尽其妙，即八卦之用，无不以相错神变化之功。学者能于相错处注意，则于阴阳之秘，思过半矣。唐氏祖鉴曰：天癸未至时，皆少男少女也，实应艮兑二卦，故男女皆从此二卦起。在洛书原书曰河图，兑数七，故女子之数起于七，二七一十四，是为少女。七岁更齿，应兑之下卦，二七天癸至，应兑之上卦也。天癸气在脑内，以象兑卦阴爻在上，天癸既至，则阴气下交于心，任脉始通，月事乃下，是兑变为离。自十四岁至二十八岁为中女，三七二十一，真牙生，应离之下卦，四七二十八岁，身盛壮，应离之上卦。自二十八岁至四十二岁，阴血全归于下，则离变为巽，是为长女。四十二岁以后，阴血渐衰，至七七四十九岁，则巽变为乾，女血尽矣。艮数八，故少男之数起于八，八岁至十六岁为少男，应艮卦。艮阳在头，故下无肾精，八岁更齿，应艮之下卦也，二八而天癸至，应艮之上卦也。十六岁后天癸既至，则艮之上爻入于中爻，遂成坎卦，是少男变为中男，故肾气盛，精溢泄。三八二十四岁真牙生，应坎之下卦，四八三十二岁，身体满壮，应坎之上卦。由五八至六八四十八岁，阳气全归于下，是坎变为震，是为长男。四十八岁后至八八六十四岁，则男精已竭，是震变为坤，不能生子矣。亦有男逾八八，女逾七七，尚能子者，则秉气独厚，故出于常数之外。医家道家，均有返老还童之说，欲返长男在下之阳，还为少男在上之阳，故必转河车，运辘轳，醍醐灌顶，服药还丹，使阳气复归于脑中，窃造化之机，以逆用其术，岂不难哉。男女天癸路道不同，女子天癸至，是从前面下交于心，合于离卦，故《内经》原文先言任脉通。男子天癸至，是从背后下交于肾，合于坎卦艮为背，坎为肾，故《内经》先言肾气盛。古人文法谨严，其一字不苟如此。

数之体用

"天一，地二，天三，地四，天五，地六，天七，地八，天九，地十。天数五，地数五，五位相得而各有合。天数二十有五，地数三十，凡天地之数五十有五"此天地体用大数之全，凡言数者所莫能外也。五位相得，以示天数地数之各有定位；相得而各有合，以示天数地数之化合而各极其变也。故数有体用，互相交错，旧说以生数一二三四为体，成数六七八九为用是也。然此特以举体用之一例，言其本然之体用如是耳，若论运用之变化，则任举一数，俱可为体，而由体以生用，初不限于生数之必为体，成数之必为用也。惟由其本然之体用言之，以一二三四为体，六七八九为用，惟五则介于生成体用之间，生数得之其体始备，成数得之而其用始全。此其数为生成所不能外，体用所不能离，是以为建中立极之数，乃阴阳变化之中枢，两其五则为十，合之为三五，贯三才之中，备五行之全，而立其极，此洛书纵横所以无不合于十五之数也。昔之言《易》者，以一二三四为四象之数，六七八九为四象之位，数也者纪其始生之时也，位也者定其已成之位也_{此就河图四方之位数与八卦方位之数言之}。是以《周易》用六七八九，而不用一二三四，卦用七八，爻用九六，皆成数也。七八为数之正，九六为数之变，合七八九六，而阴阳错综之变化，无不尽矣。盖《易》之为书，合象数而言，言数必兼象，言象必兼数，二者恒相互而不相离。象也者形也，其不曰形而曰象者，形仅以状其物质，而象则并著其精神，形仅能备阴阳之理，而象则兼备阴阳之气也_{《几何原本》《数理精蕴》为数学形学所宗而不能具《易》之用者，则亦以理与气有未备焉}。《易》数既兼象，而又与阴阳之理，及天地流行之气无不相合，故言数之体用者，亦必能与象及理气相准，而后能融会贯通曲畅无遗，与《几何原本》诸书之专言形数者，其根本实有不同，故不曰"加减乘除"，而曰"盈消虚息"，如仅以数言，则仍不能外加减乘除而别求得数之道也。《易》数以"参天两地""阳奇阴偶"为纲，阳左旋以法"参天"，阴右转以合"两地"，无非此奇偶两数，迭为乘除。盖万物之理，有进必有退，有顺必有逆，故有乘必有除，有见必有伏。孔子曰："二篇之策万有一千五百二十，以当万物之数。"无有一物不可记之以数者，即无有一物能出此数之外者也。在理阳可统阴，而阴不能统阳，《易》道扶阳而抑阴，非故抑之也，其定数有如此焉。凡阴所至之分，阳皆有以至之，故乾曰"大明终始"大明非纯乾，以阳含阴，为离日之象，天不可见，表之以日，言日即言天也。阳所至之分，阴不必皆有以至之，故坤曰"无成而代有终"。洛书二八之偶数，不能与一三七九之奇数相为乘除者非不能乘除也，乘除所得之数不能合于阴阳之原则也，阴固不可以干阳，所以谓之常乏也。三七之奇数，能与二四六八之偶数相为乘除者，阳之所以统阴，天之所以包地，所以谓之常饶也。洛书之偶数以三之奇数乘之而求其进数，是阴从乎阳，故必左转而始有以相合。如三二如六，三六十八，三八二十四，三四十二是也。如以三之奇数除之而求其退数，则必逆转，始能合于阳。如二三除六余四，三四除十二余八，三八除二十四余六，三六除十八余二是也。如更以七之奇数乘之，则生数顺而乘数必逆，如七二十四，七四二十八，七八五十六，七六四十二是也。如更以七之奇数除之，则乘逆而除者必顺，如七二除十四余六，七六除四十二余八，七八除五十六余四，七四除二十八余二是也。奇偶互为乘除，进退互为消长，顺逆相为盈缩，每一乘除兼有四法，四四应得一十有六，而兹只十二者，即邵子所谓四分用三，半隐半见之机，凡皆阴阳自然之妙也。如以二八之偶数乘除一三七九之奇数，则只能生四隅之偶数而不能生四正之奇数，如一八，一如八而生东北之八，八三二十四而生东南之四，八九七十二而生西南之二，八七五十六而生西北之六是也。又如二三如六而余四，二九十八而余二，二七十四而余六，二一如二而余八是也。是偶数之所乘除亦只能乘除偶数而不能乘除奇数，此"地道无成"之义也。明乎阴阳顺逆进退之理，而数之体用可无误矣。夫天数备于五，地数极于六，故数至七而更庚者更也，故庚居七。亦至七而复剥极则反，七日来复，三反四复此以三画卦言之，其义另详，合之亦七。四阴而三阳，四柔而三刚，以阳全阴半之义言之，则四为两偶，仍为"参天两地"之数，而合为五。故七之数，实兼阴阳之义，备刚柔之德，天圆地方之象，非七不足以尽之方圆周径，惟以七为径，则方周二十八，圆周二十二而无畸零，合圆方两周数，即大衍五十之数，三才合体之数，非七不足以度之三四五者三才之数，必勾三股四弦五乃无畸零，勾三积九，股四积十六，弦五积二十五，合之亦为大衍五十之数。圆方周径之合数，勾股弦幂之积数，皆大衍之数五十，即数之体也。因而开方，则不尽一数，而止于四十九，即大衍数之用也。故"大衍之数五十，其用四十有九"，亦维七足以尽之。此皆天地理数之自然，非人力可以增损其间者也。向来注释"大衍"一章者，无虑数百家，于首二句之意义，鲜能明确畅达，故因数之体用而并及之。至八卦之数，因河洛、纳甲、纳音及先后天，各各不同，学者不易分晰，拙著《易楔》已详载之，兹不复赘

<small>阳顺阴逆，旧说多不明白，来氏以内外言之，亦非也。乾圆左往而坤方右来，左往者一三七九，右来者四二八六，偶数起四，崔氏之说当，惜其误四为不用，致后人訾议而其说不行，二千年来遂鲜有明顺逆之序者。详《易数偶得》。</small>

三反四复

"三反四复"之一语，已成为通俗之口头禅，几人人能言之，而人人不能知之，即向来说《易》者，亦皆含糊其辞，而未有切当之解释，致学者若明若昧，似或心知之而口不能言之。于是至浅至显之理，遂若极玄极妙，而有不可以言语形容者，是皆不善解释之故也。夫一生二，二生三，三生万物，故八卦之画止于三，上为天，中为人，下为地，三才之道备矣。兼三才而两之，故重卦之画限于六，而以六五为天，四三为人，二初为地，仍三才之义也。"三反四复"，则以三画卦言之。如三画皆奇为乾卦，初变为巽，二变为艮，三变则为坤，三画皆偶，与乾卦三奇相反矣，故曰"三反"。至四变，则坤又变为震，是初爻又复为奇，故曰"四复"。若以六画卦言之，则复在七，而反在六，故复卦曰："七日来复。"剥卦曰："穷上反下。"然不曰"六反七复"，而仍曰"三反四复"者，则以其数仍不出三与四也。如八宫卦变，乾为天，天风姤，天山遯，天地否，三变而下卦之乾，反为坤矣。风地观，山地剥，火地晋，至火天大有，四变而下卦之坤仍复为乾，故亦曰"归魂"。六者数之极，穷上反下，阳极生阴，阴极生阳，阴阳往复，如环无端。故以六爻之义言之，而反复则在中之三四两爻，乾九三"乾乾终日，反复道也"，"乾乾"者，上乾下乾，上乾谓四爻，下乾谓三爻，皆人爻也。天地之道，反复皆在于人，故以乾四之坤初为复。"七日来复"，亦即乾四之复也。乾三之坤上为剥，"穷上反下"，亦即乾三之反也。乾父坤母，具六子之爻，三四为坎离爻<small>详见《易</small>

楔》，必三四反复，水上火下，而后既济之道成，阴阳乃循环而无穷。故"三反四复"，语意虽极浅近，而蕴义宏深，于理象气数，无不有重要之关系。孔子赞《易》以垂教万世，尤重在三四两爻，故曰："立人之道曰仁与义"人道即三四两爻。于洛书卦数，震居三而兑居四，震仁兑义，亦在三四两位，六十四卦之变化，胥出于此。详言之更仆难尽，兹但发其端，并参观前一条，亦可为隅反之一助矣。

内外上下相反说

卦有内外，外即上也，内即下也。位有上下，下即内也，上即外也。而《彖》《象》辞义，则上下与内外，往往意各相反。故以上为贵者，则外可置而不论，以内为主者，则下亦废而不用。内外上下，不以并称，所谓"唯变所适"，而"不可为典要者"也。圣人于否泰，则论内外，于损益，则言上下，盖随事制宜，非可泥于一端也。如执一而论，则损之为卦，乃损内而益外，是损一家而益一国也，其益大矣，而何以为损？否之为卦，乃三阴在下，而三阳在上，是君子举进而小人举退也，可谓泰矣，而何以谓否？是故泥于上下之例，则穷于否泰；拘于内外之说，则废于损益。他如二阳在下而足以有临者，得于内也；四阴在内而未免于观者，失于下也。盖阳在下，则以内外为言，阴在内，则以上下为断。此于不为典要之中，又似有典要之可据者，圣人扶阳抑阴之微旨，所以进君子而退小人，即《春秋》书法之所本也。吴沆《易璇玑》"辨内外"篇言之甚详，沆为南宋抚州布衣，绍兴间表上《易说》三卷，即《易璇玑》，颇究心于象义，虽不免瑕瑜互见，然在宋人《易》说中，尚能自立一帜者也。

卦有小大

《系传》曰："齐小大者存乎卦。"又曰："卦有小大，辞有险易。"先儒于"小大"二字，解释互异。要皆望文生义，揣测臆度，未能切实指证也。王肃曰："阳卦大，阴卦小。"朱子《本义》宗之。胡氏瑗曰："阳主刚明，而有生成之义，故其德大。阴主柔顺，而有消剥之行，故其德小。六十四卦，皆以阴阳定位，君子必当明辨之。"司马氏曰："阴幽祸恶为小，阳明福善为大。"虞氏曰："阳易指天，阴险指地。"韩康伯曰："其道光明，君子道消曰小。"程子曰："卦有小大，于时之中有小大也。有小大，则辞之险易殊矣。辞各随其事也。"综观诸说，不越阴阳二义，王肃以概括言之，尚无语病。然《传》文固明明曰"卦有小大"，曰"齐小大者存乎卦"，如以"阳大阴小"概之，则曰"卦有阴阳"可矣，何必更以"小大"二字加一转折乎？是王说亦未可为确诂也。如泰否"小往大来""大往小来"，以阴阳言之可也。若乾艮为遯，固阳卦也，何以言小？离乾大有，乃阴卦也，何以称大？泽风大过，上下两卦皆阴，雷山小过，内外两卦皆阳，是又何说乎？孔子虑后人之误解也，故于《序卦》《杂卦》两传，与《系》互相发明。可列举者，如"复小而辨于物"《系辞传》，"临者大也"《序卦传》，"丰者大也"《序卦传》。"旅小亨"彖辞，"旅琐琐"，亦小之义也，贲"亨小利有攸往"，巽"小亨利有攸往"，遯"小利贞"，睽"小事吉"，小过"可小事"，皆卦之小者也，余如"小畜""大有"等卦名之显著者，更无论矣。

乾坤艮巽时

《南豀杂记》谓："古无十二时之说，《洪范》言岁月日而不言时，《周礼》言岁月日辰而不言时。古所谓'时'者，三时四时，皆指春夏秋冬而言。后世历法渐密，于是日分为时。《左传》卜楚邱曰：'日之数十，故有十时。'杜预注则以为十二时，不立干支名目。然其曰'夜半'者，即子时也。'鸡鸣'者丑也。'平旦'者寅也，'日出'者卯也，'食时'者辰也，'禺中'者巳也，'日中'者午也，'日昳'者未也，'晡时'者申也,'日入'者酉也,'黄昏'者戌也,'人定'者亥也,日之分为时,始见于此"云云。其说非也。干支造自黄帝,最初原以纪日,而记岁固别有专名如《尔雅》摄提格、大渊献之类是也。逮五行既分,协律定声,而子丑即以纪月。羲和造历,则以冬至朔旦年月日时皆值甲子为历首,统以六十甲子为循环,又乌能举岁月日而独遗时哉?伶州鸠之对七律,曰:"王以二月癸亥夜,陈未毕而雨,以夷则之上宫毕之当辰,辰在戌,故长夷则之上宫,名之曰'羽',所以藩屏民则也。"又曰:"王以黄钟之下宫,布戎于牧之野,故谓之励,所以励六师也。"固已时日并举,或三代以前,另有通俗之名,以纪岁月日时,如《尔雅》所载者,干支但为历数,阴阳家所用。亦未可知,决未可谓古人无此名也。且古者不特以十二支记时,而每时且分为上下,如子初为壬时,丑初为癸时,寅初为艮时,卯初为甲时,辰初为乙时,巳初为巽时,午初为丙时,未初为丁时,申初为坤时,酉初为庚时,戌初为辛时,亥初为乾时。今历书所称寅申巳亥月,宜用甲丙庚壬时,子午卯酉月,宜用艮巽坤乾时,辰戌丑未月,宜用癸乙丁辛时者是也,钱辛楣《笔记》,称都门法源寺辽舍利函后题甲时,又戒坛寺辽法禅师碑后题乾时,又辽石幢二,一题庚时,一题坤时,盖辽金石刻。多以此记时也。今子平家亦用此二十四时推算,堪舆家所谓二十四山,亦本诸此,可见其法相传甚古,与六壬遁甲诸术,皆为三代时所已有者也。今西洋钟表,均每日分为二十四时,不知何以不相谋而相合如是也。可见天地理数,悉出自然,决非人力可勉强为之者也隋萧吉《五行大义》每时分为三十二,禽亦增至三十有六,不知其何所根据,后人亦罕遵用之者,殆所谓勉强为之未能合于天地理数之自然者欤。

阳一阴四

或问:阳以一为体,阴以四为体,其说何居?曰:此说本诸崔氏觐。崔释大衍之数,云:"'昔者圣人之作《易》也,幽赞于神明而生蓍,参天两地而倚数。'既言蓍数，则是说大衍之数也。明'倚数'之法，当'参天两地'。'参天'者，谓从三始顺数而至五七九，不取于一也，'两地'者谓从二起逆数而至十八六，不取于四也。此因天地数上以配八卦而取其数也。艮为少阳其数三，坎为中阳其数五，震为长阳其数七，乾为老阳其数九，兑为少阴其数二，离为中阴其数十，巽为长阴其数八，坤为老阴其数六，八卦之数，总有五十，故云'大衍之数五十'也。不取天数一地数四者，此数八卦之外，大衍所不管也李鼎祚曰：崔氏探元，病诸先达，及乎自料，未免小疵。既将八卦阴阳以配五十之数，余其天一地四，天所禀承而云八卦之外。在衍之所不管者，斯乃谈何容易哉。其用四十有九者，法长阳七七之数焉，其圆而神象天，卦方而智象地，阴阳之别也。舍一不用者以象太极，虚而不用也。且天地各得其数，以守其位，故太一亦为一数，而守其位也。"崔氏此说，以八卦配合大衍，余天一地四无可支配，遂屏诸八卦之外，谓大衍所不管，未免支离武断，宜李氏鼎祚疵之。然其一与四不用之说，则确有精义，非浅人所能道，后人演数者皆莫能外焉。盖天地生数之一二三四五，既以二为阴始，三为阳始，二与三合为五，则参天两地，已合天地之中数，则一与四，当然在不用之数。以用者为用，以不用者为体，此阳一阴四之说所由来也。夫一之与四，犹九之与六也。一九皆为太阳数，四六皆为太阴数，既用九用六，亦当然不用一与四矣。盖生数为体，成数为用。一与四为体中之体，二与三为体中之用，七与八为用中之体，六与九为用中之用。一与四合，五也，二与三合，亦五也，七与八，九与六，合之亦皆五也，故五为天地之中，而无乎不在。天地之数，虚十为四十五，其为五者九，为九者五。参天两地，参天三九得二十七，两地二九得十八，十八以三分之得六坤用六，二十七以三分之得九乾用九，以五除十八则余三阴含阳也，以五去二十七则余二阳生阴也，二与三合则仍为五，故五为阴阳之共体，仍为一与四合之等数，此一与四所以为体中之体也。一者奇数之奇，四者偶数之偶也，奇数极于九，三分九数而得一奇，故奇者九之用。偶数极于六，二并六数而得一偶，故偶者六之用。以画言之，三分奇画，较偶画中多一分，故奇数三而偶数二。奇数三，而卦得一奇者，必交二偶，故三男之卦皆七。偶数二，而卦得一偶者，必合二奇，故三女之卦皆八_{王夫之氏亦主此说}。由一奇一偶而反之成用之始，得七八之数，由三奇三偶反之立体之始，仍得一四之数。故七八为用中之体，而一四为体中之体也。以一四为立体之始，故乾圆而坤方，圆者一而方者四也，七八为成用之始，故蓍圆而卦方，蓍七而卦八也。一四为二太之始，而九六为极，奇交偶合，乃爻用之所以成。七八为二少之始，而三二为极。《易》用生于卦，故统以九六，而不及一四，亦犹卦用主于爻，但别以奇偶，而不及七八也。凡此皆出于数理之自然，图书蓍卦爻用无不一贯，参看前文"数之体用"一条，更可触类而旁通矣。

参伍错综

《系传》曰："参伍以变，错综其数，通其变，遂成天地_{"地"虞陆皆作"下"}之文，极其数，遂定天下之象，非天下之至变，其孰能与于此。"此节为"《易》有四道"之一，承"大衍之数五十"而来，乃《十翼》言数最扼要之处。自汉以来，注者数十百家，虽精粗不同，皆各有所见，兹举其最著者，汇录如下，而附以管见，阅者比类以求之，当有所默会于心而通其故。因孔子赞《易》之文，皆以神行气驭，有未可泥迹象以求之，凭文字以索之者。此节虽实言象数，似较有凭藉，然参伍错综，实统括天下之数之象而无所不包，任举其一，纵亦言之成理，已不免挂一漏万，况未必能确合哉。是学者所不可不知也。虞氏曰："逆上称错；综，理也。谓'五岁再闰，再扐后挂'，以成一爻之变，而倚六画之数，卦从下生，故错综其数，则'参天两地而倚数'者也。"王肃曰："错，交也。综，理事也。"《正义》："参，三也，伍，五也。或三或五，以相参错，以相改变，略举三五，诸数皆然也。错为交错，综谓总聚，交错总聚其阴阳之数。由交错总聚，通极阴阳之变，遂成就天下之文，若青赤相杂，故称文也。穷极阴阳之数，以定天下万物之象，若极二百一十六策，以定乾老阳之象，穷一百四十四策，以定坤老阴之象，举此余可知矣。"邵子曰："天一地二天三地四天五地六天七地八天九地十，参伍以变，错综其数也，如天地之相衔，昼夜之相交。一者数之始而非数也，故二二为四，三三为九，四四为十六，五五为二十五，六六为三十六，七七为四十九。八八为六十四，九九为八十一，而一不可变也。百则十也，十则一也，亦不可变也。是故数去其一，而极于九，皆用其变者也。五五二十五，天数也，六六三十六，乾之策数也，七七四十九，大衍之用数也，八八六十四，卦数也，九九八十一，元范之数也。"张子曰："既言参伍矣，参伍而上，复如何分别？"又曰："气之聚散于太虚，犹冰凝释于水，知太虚即气则无无。故圣人语性与天道之极，尽于参伍之神，变易而已，诸子浅妄，有有无之分，非穷理之学也。"苏氏曰："世之通数者，论三五错综，则以九宫言之。九宫不经见，见于《乾凿度》，曰'太乙九宫'。九宫之数，以九一三七为四方，以二四六八为四隅，而五为中宫，经纬四隅，交络相值，无不得十五者。阴阳老少，皆分取于十五，老阳取九，余六以为老阴，少阳取七，余八以为少阴。此一行之学不同，然吾以为表里，其说不可废也。"朱氏震曰："参伍以变者，纵横十五，天地五十有五之数也，错之为六七八九，综之为三百六十。以天地观之，阴阳三五，一五以变，为候者七十二。二五以变，为旬者三十六，三五以变，为气者二十四。三百六十五日周而复始，乾之策三十有六，坤之策二十有四。三其二十四，与二其三十六，皆七十二。三其七十二，为二百一十有六，得乾之策。二其七十二，为百四十有四，得坤之策。三画之卦，三变而反，六画之卦，五变而复。通六七八九之变，则刚柔相易，遂成天下之文。极五十有五之数，则刚柔有体，遂定天下之象。"程氏迥曰："《易》之为书，十有八变而成六爻，故参以变，所以尽乾坤相杂之文，盖错其数而通之也。五位相得而有合，故伍以变，所以行乎卦爻之间，盖综其数而极之也。经曰'八卦相错'，则参以变者可知。织者之用综,盖以经相间而低昂之,如'天一地二'之类是也,则伍以变者可知。"《本义》:"此尚象之事,变则象之未定者也。参者三数之,伍者五数之也。既参以变,又伍以变,一先一后,更相考核,以审其多寡之实也。错者交而互之,一左一右之谓也,综者总而挈之,一低一昂之谓也。此亦皆谓揲蓍求卦之事。盖通三揲两手之策,以成阴阳老少之画,究七八九六之数,以定卦爻动静之象也。""参伍""错综"皆古语,而"参伍"尤难晓。按《荀子》云:"窥敌制变,欲伍以参。"韩非曰:"省同异之言,以知朋党之分,偶参伍之验,以责陈言之实。"又曰:"参之以比物,伍之以合参。"《史记》曰:"必参而伍之。"又曰:"参伍不失。"《汉书》曰:"参伍其贾,以类相准。"此足以相发明矣。《朱子语类》曰:"揲本无三数五数之法,只言交互参考,皆有自然之数。如三三为九,五六三十之数,虽不用以揲蓍,而推算变通,未尝不用。错者有迭相用之意,综又有总而挈之之意,如织者之综丝也。参伍是相牵连之意,如三要做五,须用添二,五要做六,须著添一,做三须著减二。错综是两样,错是往来交错,综如织底一个上一个下来,阳上去做阴,阴下来做阳,如综相似。大抵阴阳奇偶,变化无穷,天下之事,不出诸此。"李氏光地曰:"参伍以变者,阴阳相生也。错综其数者,刚柔迭居也。"综观以上诸说,《正义》随文敷衍,所谓望文生义。张子之说,未免大言欺人。余皆各有当否。来瞿塘氏,即本朱子及程沙随之说以解错综,以代虞氏之反对旁通,谓旁通谓错,反对为综,以成《来氏集注》一书。胜清益阳张氏 名步骞,字乘槎,书成于同治初年, 更推广来氏之法,取"参伍以变"一句,成《易解经传证》五卷,谓:"参伍以变"一语,实包旁通彖象而言。如乾错坤,坤六五一爻参乾为六二,以六三一爻参乾为上六,所谓三相参为参也。于是乾自二至上成伍,所谓伍相伍也。坤错乾仿此。参即旁通,而彖象即见其中,彖象二字俱从豕,以乾成伍,中大坎为豕,坤成伍,成大离,离错坎,亦有此二字之象。六十四卦,皆以参伍成大坎大离,方有象可言。较来瞿塘之错综，尤为别开生面，然于《易》义，亦颇有发明，未可谓全无是处也。青田端木氏之释此，则以：“参伍为乾之三五，《易》二篇上下卦三五之，日月为《易》，三五皆十五也。天地数参天两地，参两即伍，而参三之九，伍五之二十五，故《易》四营师匝，伍五人，而两二十五人，乃伍也。伍之以合九制变，参之九以制伐申九数，申参也，参伐也，《荀子》曰：'窥敌制变，欲伍以参'是也。参三九，伍五二十五，皆乾天数变，皆是乾三五变。乾三爻变履，天数九者三变，乾五爻变睽，天数二十五者五变。而乾三五十五，《易》日月变易以成《易》，皆卦三五往来象也。故乾三五变，天地万物睽，'以同而异'，韩非曰：'省同异之言。偶参伍之验'是也。参伍以变，此其变也。错综其数，即参伍以变，参以三错之其数九，伍以五综之，其数二十五，乃参伍错综以变其数。故《易》二篇上下卦，以三错五，以五综三，日月为《易》，三五皆十五，是坤三十月数。是以卦三五往来，屯三比五，数错综，为月前十五，月与日比明象。泰三豫五数错综，为月后十五，月'豫疾恒不死'象。临三复五数错综，复为月前十五，月与日复比明象。颐三恒五数错综，复为月后十五，月复'豫疾恒不死'象。于是晋三解五，夹三井五数错综，皆为月前后十五解此明井"恒不死"；震三旅五，涣三未济五数错综，皆为月前后十五旅比明未济"恒不死"。而前后错综卦参伍中间四，月前后十五者四，于日月圆周象，当期三周之，为乾三五中间革变，四乃革，是以革金火。寅月火，巳月金四，午月火，酉月金四，戌月火，丑月金四，四革变，是乃乾三五变，革金火变，而睽同异数，伍综变同，参错变异前后十五，坤三十而乾二十五。在其中革变一月三十日地数，初三至二十七月得日光，只二十五日天数也。是以天地日月，乾五五之，乾离日数二十五乾离同人。天阴阳同人二十五，坤五五之，坤坎月数二十五坤坎师，地雨师众二十五。乾三三之，乾离日三日数是九明夷三日"明出地"。坤三三之，坤坎月三日数是九。九数错九，比而综之，其数十八，《易》十有八变数也。二十五综数二十五，又比而综之，其数五十，

《易》大衍五十数也。五十通昼夜刚柔往来，乾离日数二十五，见之坤坎月数二十五，是伍综数日月变同其象也。十八通刚柔昼夜往来，乾离日三日数是九。即乾九终，又数是三又明夷三日"明入地"，坤坎月三日数是九，亦即乾九'终日'，又数是三，是参错数，日月变异其象也。参伍以变，错综其数，此其数也。故综，理经也，当南北天地经，乃子一合在丑二，以制经，综也。故丑起一数，二十五综在丑，是终在丑，丑天地一二比，有比而伍。综则不异变而参错，是以天地数丑，是屯三经始，亦丑是颐三经终，屯三颐三，乾坤坎离，天地日月中间不大过，是二十五综数。而屯三颐三是九错数，参而错之，通其变，极其数，则数九之九九八十一。九九八十一，三之二百四十三，而乾坤坎离中间二十五不大过，是天地经二十五，是方矩数，而天地日月圆规周数。则九九三之八十一，二百四十三，通变极数，天地日月，四通四极，而通极万物变数。乃以天地日月圆周之数数之，则九九三之日月变易之数至矣，'参伍以变。错综其数'是也。"此端木国瑚氏之说也。向来言象数者，皆就一卦一象，或先后天八卦之象而玩索之，罕能以全《易》之象数会通一贯者，端木所得，自较诸家为多，惜其书奥衍，学者或望而却步，是以象数之终未易明也。然端木氏之言，亦仅详《易》象历数之一端，而由此以推衍之，则气运声律，及一切阴阳变化之理，无不可通也。是在学者之神而明之已。

卷 四

大 有

《春秋》书法，以五谷丰登为"大有"。而《易》卦之取象，乃以离上乾下之卦为"大有"。乾为天，为大，离为火，为电，"大"则大矣，而"有"之义，似无属焉。《象》曰："火在天上，大有。"望文生义，似亦无可解说。各卦称"大"者，如大壮，大畜，皆以乾；大过虽无乾，而中爻互重乾，且皆四阳之卦，故曰"大"。此外惟震上离下之卦曰"丰"，丰亦大也见《序卦》，且与"大有"之义亦正相通，两卦皆有离，则大有之有，必取象于离，自可知矣。《易》例一阴一阳，必相对待，故大与小对，有与无对，阳大阴小，乾大坤小，此显而易知者也。以斯例推之，则阳当为有，阴当为无，乾当为有，坤当为无，而抑知不然。乾为天，无方无体，坤为地，有方位，有形体，故乾乃为无，而坤则为有"无"字义甚精深，当以另篇详之。然坤虽称有，而不能有其所有，盖阴统于阳，地包于天，故曰："地道无成，而代有终。"坤载万物，无一非天之所生，坤但致役长养，以代终天之功而已。坤之象数皆统于乾，是坤不啻为乾有，坤之所有，皆乾之所有也。然乾之无方无体仍自若也，不以有而增，不以无而减，其大无限，斯有亦无限，故曰"大有"。五行在天地之间，水土金木，皆愈分而愈少愈小，唯火独愈分而愈多且愈大木虽亦可愈分愈多，然须加以培养生植之力，未可并论也。盖四者皆有形有质，故有限，唯火有形而无质，故无限。唯无限，故"大"亦无限，"有"亦无限，此火天大有之卦之所以称"大有"也。其对卦为水地比，上坤下坎，曰"有孚盈缶"，虽亦称"有"，渺乎小矣，非地与水之果小也，以视火天大有则小，益以见"大有"之大，无外无对矣。然"大有"之卦名象义，其尽于此乎？曰：未也。《春秋》之书"大有"也，当然根据于《易》，释者以"五谷丰登"诂之，虽近是而意实未圆满也。夫"有"之大小，初无定限，实出于比较，今试设一例以明之。如有人口五百万之国，而有耕地五千万亩以上，斯五谷丰登，自然食之不尽，余粮栖亩，可称为"大有"矣。设人口递增至五千万，或至五千万以上，而仍恃此固有之地，则虽五谷丰登，而人且不饱，饿夫载道，更何"大有"之足称。必以《春秋》书法而参之《易》象，"大有"之意义，始完足无少欠缺，然后叹古圣人立象措辞之精妙神化，断非寻常思虑所能及也。夫天下之地土有限，而人口之生殖无穷，据最近推算之率，以二十五年辄增一倍，如以五百万人口之国，苟无疠疫兵灾诸意外，则百年以后，可增至八千万，约为十六倍，更越百年，则为十二万八千万。又加十六倍，以此递推，其增加之率，殆不可思议。故世界百年无灾害，辄有人满之患，衣食不足供所求，而争攘扰乱因之以起。必经一度之大乱，人口之死亡过半，地力之休养经年，于是消费减而生产转饶，家给人足，乃复睹治平之世。故自有历史以来，一治一乱，循环往复，几若恒例。《春秋》所书之"大有"年，固偶一遇之。至《周易》"大有"之象，则"大有"之世，旷代难逢，古今中外所未觏也。然则文何以序此卦，周何以系此辞，孔何以一再赞叹，"自天佑之，吉无不利"之文，凡三见于《十翼》之中，可见古圣人推测未来之精，而垂象昭示之深切著明，其爱天下后世也，可谓极其至矣。夫人口生殖增加之率，既如是其繁且速，而自古至今，何啻数千万年，而人类迄未能大遂其生者，则由于地力之限量天灾之危害，实为之障碍。圣人作《易》，既阐明人道，参天两地，则所以参赞天地之化育，弥补天地之缺憾者，悉惟人力是视。古圣十三卦教民佃鱼耕稼。所以开其端，举其例，以示制器尚象之道。自象学失传，专以空理谈《易》，不但《易》理晦盲，而世界之进化，亦以此阻滞，芸芸众生，受厄于天灾人祸，而莫由发展，谁之咎哉？今幸西学东渐，物质昌明，日有进步，以证《易》象，若合符契，而后古圣人垂教之深心，皎然大白于世，且于西人所未发明者，亦得循涂索径，以究其恉归。是固不仅大有一卦为然，而惟大有之卦象意义，得《春秋》之互证，为更著明焉。夫"有"而曰"大"，乃无所不有。必人生衣食与日用所必需者，取不尽，用不竭，人人有余，而无一人不足，方足以副"大有"之称。拟之以物，在天地间取用不竭者，惟水火与空气耳。然水火之用有节，过度则灾，故既、未济之卦，必序于节卦之后。近人利用水火以代人力者，用至广矣，但火必资于燃料，是以虑远者有石炭将竭之惧。自电学发明，足以代水火之用，并能超乎水火之上，于是物质之进步，更上一层，然生电之动力，今尚不能废乎水火，仍不能无遗憾焉。古圣人知电之功用，无所不能，无所不备，爰以离上乾下之卦，名之曰"大有"，以见人能利用天空之电，以曲成万物，非特制器备用，并可参赞造化之功，欲雨则雨，欲晴则晴，更无水旱偏灾之患，春夏温暖，固得种植之宜，秋冬寒冷，亦有补救之方。斯物产之丰，自可倍蓰于今日矣。至地力之限量，实由土中补助植物之原料不继，古人已知用粪力培养，然所获仍不能多，今日有用化学之肥料，及种种合宜之矿质者，已视粪力为优矣。但植物所必需之养料原料，空气中殆无乎不备，果能利用空气，则物产之丰，更当无可限量。近今泰西学者，已研究及此，惜乎未有端绪，不料古圣之《易》象，已昭示无遗也。离为气_{坎为血，则离为气，此对待之象也} 乾为空_{乾居戌亥为空} 离与乾合，不啻明示为空气，为空中之电气。又雷地豫之卦曰："由豫大有得。"正与火天

"大有"相印证，以明电气贯澈乎天地。必世人能利用乎此，而后物产之丰，可取之无尽用之不竭，夫然后可称为"大有"之世矣。若《春秋》所书，只称为"大有"年，而非"大有"之世也，然非得《春秋》"大有"之义，无以知《周易》"大有"之象，合而观之，"大有"之大斯可见矣。

释　　无

有无之"無"，《易经传》皆作"无"，乃《易》之特例也。《说文》："天屈西北为无。"言"无"即"天"字屈其西北之一笔也。西北为乾卦方位，乾为天，乾圜往而坤方来，往屈来信，故曰"屈"。天屈西北，即乾居西北，西北为戌亥之方，戌者，亦屈之义也。故了鸟亦曰屈戌，亥万物滋荄，有屈极将信之象，故戌亥乃存亡绝续之交。以干支会合言之为空亡；以天地之数言之，始正北方坎一，终西方兑十，戌亥乃无数。以十二辟卦言之，戌为剥，亥为坤，一阳垂尽，纯阴用事，非以纯阳刚健之乾处之，不足以镇全局，收继往开来之效也。故后天卦处乾于西北之位，乾坤合居 辟卦之纯坤亦位居西北与乾合位，阴凝于阳必战，故《说卦》曰："战乎乾。"乾西北之卦也。斯时也，静极而动未生，阴极而阳未形，孕育万有而未见其朕，欲以一字尽其状而赅其义，故特以一"无"字概之。此"无"字与有无之"無"。训诂虽同，而意义殊别，有无之"無"，与有相对，而"无"则无对，超乎有无之上。盖有無相对，则一阴一阳，已成两仪。而"无"则立乎两仪之前，为群动之根，开万有之宗，非后天之乾卦，不足以当之。夫后天坎离正中用事，而二老退处于西南东北不用事之地，然不用之用，而用乃无穷。老子之《易》以无为用，曰："三十辐共一毂，当其无有毂之用，埏埴以为器，当其无有器之用"，凡此皆言无之用，言无正为有之用，非虚无之为也。后之读者以辞害意，谓老子之学清净无为，为世诟病，其厚诬老子焉实甚。孔子曰："无思焉，无为焉，寂然不动，感而遂通。"岂孔子亦主无为寂灭哉。大哉乾元，无方无体，目不可得而见，耳不可得而闻，乃为万物之所资始，惟万物资始于乾，故亦各有其元，亦皆不可见不可闻者，即此"无"字之真谛也。《诗》曰："上天之载，無声無臭。"何也？即天之元也。又曰："德輶如毛，毛犹有伦"，此天理之所在，即人之元也。然曰"無声"曰"無臭"，则犹有形容拟议，而无则无可形容拟议矣。曰"德輶如毛，毛犹有伦"。"毛"即古语有无之"無"，故犹有伦，而无则无伦矣。读《易》须首明八卦之方位，"帝出乎震"，虽为后天八卦之始，而实资始于西北之乾。此义古今说《易》者罕有发明，惟五行家"甲木生亥"一语，确合资始之义，更足以证乾父震子之所自来矣。方位不明，無以见《易》，但知方位而不明乾居西北之义，亦無以见《易》，知西北之乾，知天屈西北之为"無"，《易》之道思过半矣。

风自火出

家人《象》曰："风自火出，家人。"此六字骤视之似不相联贯，向来解之者，皆望文生义，谓有火必有风，风与火不相离，故有家人之象，其说之牵强，不待言矣。然因出于大儒，虽疑其不合，亦不敢辨驳，然舍此更无确诂，只得随声附和，而经义之晦盲，几终古长夜矣。夫"风自火出"者，非必水火之火也，若泥于水火之火，则有火必有风，尚属近似，然无火而亦有风，风更自何出乎？《说卦》"巽为风"，因乾动入坤，乾之下爻虚而阴来补之，所谓"空穴来风"。近今西学家之论风，谓因地上冷热之度不匀，热以涨而轻，轻则上升，他处之气来补其缺，故动荡成风，此其说与《易》理正合。故风之出，实出于动，乾之初动为震，震动成离_{说已见前}，则动极而生热生光，即为电，是以震为动为雷，离为火为电，合而观之，则风自火出之火，非专指火水之火，盖可知矣。

然不曰"热"，不曰"动"，不曰"电"，而必曰"风自火出"者，《内经》曰："在天为热，在地为火。"热虚而火实，家人为夫妇之卦，义取征实，火为五行之一，自足概以上诸义，更见圣人之文之妙，无一字或苟，无一义之不精也。或曰：本卦未尝有震，而子乃牵及震动，岂非节外生枝？曰：卦之象义，皆有所自来，风火家人之卦，何自来乎？朱子卦变之说固不可通，然六十四卦命名之义，与象之分合，则皆各有深意。家人之卦，实本于恒，恒者长男长女，夫妇之道。后天卦帝出乎震，齐乎巽，震出巽齐，至离则位正而家道立矣，故《彖传》曰："女正位乎内，男正位乎外，正家而天下定矣。"<small>既济六爻皆正，故曰"既济定也"，家人则正之始也。</small>孔子犹虑读者之不悟也，故《象》又曰："君子以言有物而行有恒。"特指出"恒"字，以明象义之所在。恒者，久也，《序卦》曰："夫妇之道不可以不久也。"此言夫妇之情也。然愚夫愚妇，往往陷溺于情，以为久之果足恃矣，不知百年弹指，亦等于电光石火耳，何久之有？故特于家人之《象》曰："风自火出。"互文见义，警觉提撕，至矣，尽矣。古漆书竹简，势不能用繁复之文字，著语必节而又节<small>节减之义亦称曰"简"，意可知矣</small>，读者非深体此意，参互错综以求之，则古人之意终莫得而明矣。

蓍圆卦方

《系传》曰："蓍之德圆以神，卦之德方以知。"蓍数七故圆，卦数八故方。旧注以邵子之说为详，邵子曰："蓍德圆，以况天之数，故七七四十有九，五十者，存一而言之也。卦德方，以况地之数，故八八六十四，六十者，去四而言之也。蓍者用数也，卦者体数也，用以体为基，故存一也，体以用为本，故去四也。圆者本一，方者本四，故蓍去一而卦去四也。"<small>与前卷"阳一阴四"条参看。</small>又曰："圆数有一，方数有二<small>阳用全，阴用半，故方言二也</small>，奇偶之义也<small>四者二其二也</small>。六即一也<small>圆以六包一，说另详后</small>，十二即二也，天圆而地方，圆之数起一而积六，方之数起一而积八，变之则起四而积十二也。六者常以六变，八者常以八变，而十二者亦以八变，自然之道也。八者天地之体也，六者天之用也，十二者地之用也。天变方为圆，而常存其一，地分一为四，而常执其方，天变其体而不变其用也，地变其用而不变其体也。六者并其一而为七，十二者并其四而为十六也。阳主进，故天并其一而为七，阴主退故地去其四而止于十二也，是阳常存一，而阴常晦一也。故天地之体止于八，而天之用极于七，地之用止于十二也。圆者刓方以为用，故一变四，四去其一则三也，三变九，九去其三则六也。方者引圆以为体，故一变三，并之四也，四变十二，并之十六也。故用数成于三而极于六，体数成于四而极于十六也。是以圆者经一而围三，起一而积六，方者分一而为四，分四而为十六，皆自然之道也。圆者一变则生六，去一则五也，二变则生十二，去二则十也，三变则生十八，去三则十五也，四变则二十四，去四则二十也，五变则三十，去五则二十五也，六变则三十六，去六则三十也。是以存之则六六，去之则五五也。五则四而存一也，四则三而存一也，三则二而存一也，二则一而存一也。故一生二，去一则一也，二生三，去一则二也，三生四，去一则三也，四生五，去一则四也。是故二以一为本，三以二为本，四以三为本，五以四为本，六以五为本也。方者一变而为四，四生八，并四为十二，八生十二，并八为二十，十二生十六，并十二为二十八，十六生二十，并十六为三十六也。一生三，并而为四也，十二生二十，并而为三十二也，二十八生三十六，并而为六十四也。圆者六变，六六而进之，故六十变而三百六十矣。方者八变，故八八而成六十四矣。"邵子之数，此其要领，能于此慎思而明辨之，则于方圆变化之道，蓍卦体用之妙，可了然矣。盖邵子之说，非空言其理，于算法无不密合。圆之必以六包一而为七者，以一大圆函七小圆，则其边乃相切而无罅隙。以一函七，而七之中各以一函七，则为七七四十有九，并外包之大圆，仍为五十，此所谓天地自然之形象也。一函七，即六包一，六包一成六十度，则通弦与半径等，成等边三角形。而中一圆之半径，与外每两圆之半径，亦各相等，每两半径相并六半径，亦成等边三角形，与通弦为底者同式。而六十度乃六分圆周之一，故惟与六包一，则中外之圆径相等也。若以七包一，则通弦必小于半径，而外圆之半径，亦必小于中圆之半径矣。若以五包一，则通弦必大于半径，为外圆之半径，必大于中圆之半径矣。四以下，八以上，其相差更巨，不待言矣。方起于四者，亦自然之定率。如画一平方，开为百分，则最外之一周为三十六，即二十与十六之并也，第二周为二十八，即十六与十二之并也，三周为二十，即十二与八之并也，四周为十二，即八与四之并也。中心为四，故曰方起于四，或任由一角以积四起，数之亦同。以方圆之数，合之河洛，亦无不相符，故但曰圆方，只为形学与数学之起点，蓍圆卦方，遂以合天地之文而成天下之象。圆象天，方象地，而所以度此圆方者，则惟三角。故洛书以三五七在中，为人之数以象三角，以人秉天地之气以生，其心则圆之心，其边则方之边也。盖以等边之三角形三分其中垂线，二分在心上，一分在心下，积数十，则心在三，积数二十八，则心在五，积数五十五，则心在七。说详《周易折中》，兹不赘述，义蕴宏深，实为理象气数之渊源，初学所不可忽也。

二八易位

洛书之数左旋，本一二三四也，右转，本六七八九也，乃二与八相易，遂成后天之位，前已言之矣。而其所以相易之理，则精微玄妙，有非言语所可形容者。兹但就其可得而言者言之。则其所不可言者，亦不难于言外得之，更参看前述各条，或更有相喻于无言者矣。夫二八之位，以方言之，则东北与西南也。以卦言之，先天则震巽也，后天则坤艮也。以辰言之，则丑未也。以数言之，则二八也。先天以西北为太阳太阴之位，东南为少阳少阴之位，以五十生成变化而为后天。骤视之，似四九与二七易位，为老少阴阳之交错，而究其数之序，则悉依《系传》天一地二天三地四之次而去其十，又以二八相易以尽其用。盖先天之变化以五十，而后天之妙用则在二八，二八与二五等也。二五媾精，妙合而凝，即二八交错之用也。因先天为震巽之位，雷风相薄，故恒《象传》曰："雷风恒，君子以立不易方。"_{方者体也，体不易而用斯易矣。}后天为坤艮也，故谦《象传》："天道下济而光明，地道卑而上行。"_{即二五媾精，天地交错，二八相易之用也。}《象传》曰："君子以裒多益寡，称物平施。"_{裒多益寡，亦二八之交易也，多寡平施，说另详。}孔子之《彖》《象》诸传，虽似未尝言数，而细按之实无一字一义不与象数相合者，举此亦可类推矣。若由地山谦之本象言之，未见有"天道下济"之象，而"光明"二字，更无所指。旧注或以旁通，或以中爻，均未有当，而望文生义，就字面以解释者，尤不足论矣。惟坤艮相对，实二八易位，天纪始于丑，地极正于未，天圆数阳，以二而进，地方数阴，以八而退，天地二数之进退，仍不越河图洛书之序者。奇在图自北而东而南而西，而复始于北，为奇序左旋之数。故自内之外，而二加一得三，二加三得五，二加五得七，二加七得九，二加九得十一，为圆径。方者偶，在图自西而南而东而北，而复始于西，为偶序右转之数。故自外之内，而八减十二得四，八减二十得十二，八减二十八得二十，八减三十六得二十八，八减四十四得三十六，为方围。洛书之奇数，自后而左而前而右，而复始于后，为奇位之上升。故自内之外，而三倍一得三，三倍三得九，三倍九得二十七，三倍二十七得八十一，而圆围。偶数自前而右而后而左，而复始于前，为偶位之下降。故自外之内，而二折四得二，二折十二得六，二折三十六得十八，二折一百八得五十四，为方径。此天地二数，进退消息之自然_{参看前"参伍错综"及"数之体用""阳一阴四"诸条}。故孔子特于谦《象》详晰言之。"济"者，即水火既济之"济"。子正于丑，午正于未，丑未相交，即水火之既济；"鬼神"者，西南为神，东北为鬼；皆指二八之相易言也。俗儒不明象数原理，谓孔子所未言，而斥为方术，诬为异端，读谦之《彖》传，试问将何辞以解哉？先天卦位以阴阳长少之序言之，震巽之位亦相互易，与二八之相易同也。邵子所云"月窟天根"，人皆知为震巽，为复姤，而不知其实暗藏坎离也。观下联"天根月窟常来往，三十六宫都是春"二语，可知为震巽言，不但为震巽言，为复姤言，不但为复姤言，而"常来往"三字，则明指震巽之往来相易，皆所以发二八易位之蕴者也。后人讲《易》，但知逐卦寻求，求而不得，以为此孔子之未尝言者，吾辈又何必言之。不知孔子《十翼》，实无所不言，奈读者不求甚解，以致始终不悟耳。

六 坴

《管子·轻重》戊篇曰："宓戏作造六坴以迎阴阳，作九九之数以合天道，而天下化之。"魏刘徽《九章算经》序曰："庖牺氏始画八卦，作九九之术，以合六八之变，黄帝引而伸之。"夏侯阳《算经》序亦曰："算数起自伏羲，而黄帝定三数为十等，隶首因以著《九章》。"以此观之，阴阳象数，皆创自庖牺，黄帝但引而伸之，以益其所未备耳。可见八卦之重为六十四卦，亦必出自庖牺，而先后天之变化体用，亦已略具，但未有文字以发挥之耳，否则仅此小成之卦，何以能迎阴阳而合天道哉。管子去古未远，所谓"六坴"必有其相传之法，与九九之数，同为士类所习用者，必非空言，今则九九仅存，而六坴已无从探考矣。按"坴"当读若"计"，亦必数理之原，曰"六坴"者。正与九九相并，一六一九，即为《周易》二用之所自本，后之言数者，千变万化，均莫能越其范围也。六八之变，即圆方之数，后世言形学者之所本，邵子圆之数起一而积六，方之数起一而积八，六者常以六变，八者常以八变，即此义也。可见数理悉备于《易》，九九之术，已包孕于八八六十四卦之中。然则六爻之法虽亡，即《易象》以求之，其数理固自在也。

卦象进化之序

文王《序卦》，以上下篇六十四卦，备具天地万物之象，参伍错综，而无乎不通，故《传》曰："盈天地之间惟万物。"又曰："有男女然后有夫妇，有夫妇然后有父子，有父子然后有君臣。"于是天下之事，遂层出而不穷，有是物，有是事，即有是象。而当物之未生，事尚未见以前，而象已前知之，而数已前定之，然皆非动不可见。若六十四卦之序，固定而不移，非如卦之贞悔，爻之动变，而为象事知器占事知来之用者，然其次序之推迁，皆为事理之所不易，广言之固具万事而应众理，隘言之任举一物一事，而其序不越。我国《书》史纪事，断自唐虞，而《易》则始于羲皇，至羲皇以前之事，于文史罕征。而近译泰西《世界进化史》，则追溯夫天地之所肇始，与地球初成时之景象，虽云出于推想，然于地层以下，及南北冰洋所发现之古物，足为太始时代之征验者，似较荒渺无稽之神话，为确实而可信。更以考之吾《易》之卦象，则文王所序，固已将世界开辟以来，逐渐进化之次序，已列举无遗，与西人进化史所述，不但大致相同，且其爻象之显著，俨如图绘，有不待烦言而解者。惜吾学浅薄，不能微显阐幽，只就肤理言之，觉往事所经，固已历历在目矣。然于象义，实仅一斑，管窥所得，聊佐谈资，非敢诠《易》也。

《序卦传》首言"有天地"，而不言乾坤，则以乾坤为天地。《周易》首序乾坤，即天开地辟之象，上天下地，天地初分，为第一期。

乾坤以后而首继以屯。其卦为坎上震下，中爻二至四为坤，三至五为艮，坎为水，艮为山，坤为地，震为雷，以见天地初分之后，地中纯阳鼓动如雷，发生地气，为四周天空之冷所激<small>乾为寒为冰</small>，气皆化水，故遍地之上皆水，而山亦淹没水中，与西史所述情状，悉相符也。此乃地球初成，水陆未分，为第二期。

屯后受之以蒙。其卦为艮上坎下，中爻二至四为震，三至五为坤，震阳上升，山已高出地上，地已高出水面，坤为万物，在震起艮止之中，有生有成，故曰"蒙"，蒙有草木茂盛蓬勃之象焉。此则水陆既分，万物滋长，为第三期。

蒙后继之以需。需者养也，万物既生，各得所养，其卦坎上乾下，中二至四为兑，三至五为离，兑金离火，燧人火化，民已知饮食之道。在蒙之时，万物皆天地自生，未假人力，至此有火有水有金，而人工之制造，渐已创始。惟上至四，互水火既济，五至二互火泽睽，虽有制造，未尽合用，于是圣人发明数度以前民用，而后民始知有生之乐矣。观上至五互水泽节节曰"君子以制度数"，二至初互火天大有，其先后之次可见焉。制作初创，此为第四期。

需后继之以讼。讼者争也，制作既兴，民知有利，利者争之媒也，而争者，即进化之渐也。其卦乾上坎下，中爻二至四为离，二至五为巽，四至初互火水未济，五至初互风水涣，惟争则涣，涣则既济亦为未济。上至二互天火同人，通其志同人通天下之志则争息，上至四互天风姤，姤者遇也，天地相遇，品物咸章也。争息则相遇相合，巽以齐之，为工为长，百物以兴，乘木有功，舟楫以通，是天下之事，因竞争而进步者也。是为第五期。

讼后继之以师。师者众也，人物之滋生日众，则争之途益广，于是师旅以兴。为卦坤上坎下，水由地中行，本至顺之事也，以见古人之师，容民畜众，以防民之争，非以戮民也，以卫民之生，非以残民也，故曰："能以众正。""以众正"者，以众正众，非以众暴寡也。上至二互复，"复见天地之心"，夫天地之心，于何见之，即见之众人之心而已，故曰："天视民视，天听民听。"坤为民坎为法，此民众立法之时代也。是为第六期。

师后受之以比。比坎上坤下，以地中之水，泛滥于地之上，乃至不祥之事也。盖生民日众，占地日广，以气候之不齐，原隰之不同，而好恶利害，不能无异。民法虽立，便于此者或不便于彼，利于甲者或不利于乙，况师旅之制已兴，兵革之祸难免，于是有强者兴焉，力足以服众，智足以用众。一人首出，君临万邦，运会所至，亦有不期然而然者。卦象以坎坤拟之，不得已而为之辞曰"比"，曰"亲"，其垂训于后世之君者，至且切矣。上至四互水山蹇，蹇者难也，险在前也；五至二互山地剥，剥曰："上以厚下安宅"，《象》曰："君子得与小人剥庐。"其垂诫于后世之君，更明且著矣。奈后之学者，不求象义，以"显比"之吉，媚兹一人，而忘"无首"之凶，皆《易》之罪人也。今观比之象而玩其辞，先圣之心，固昭然若揭焉。此为第七期。

比后继之以小畜。以开国之君，能比贤而亲民，所谓显比日月，犹有光明磊落之心，无自私自利之见尧舜垂裳，其庶几乎，故能致小畜之治。小畜巽上乾下，中爻二至四为兑，三至五为离，上至二互风泽中孚，二至初互火天大有，上至四互风火家人，皆佳象也。而二至四互火泽睽，犹有都俞吁咈之象，且尧之庭有四凶，舜之家父顽母嚚象傲，亦美中之不足，然不为郅治之害也，《象》曰："君子以懿文德。"此为第八期。

小畜后承之以履。上天下泽，君道愈尊，臣道愈卑，积习所致，亦有不期然而然者。为卦上乾下兑，中爻二至四为离，三至五为巽，上至二互天火同人。二至初互风泽中孚，二至四互风火家人，三至初互火泽睽，与小畜大略相同。皆君主极盛之时代，以礼持之，所以防尊者愈尊卑者愈卑之渐，故曰："以辨上下定民志。"辨者分，分者等也，上下悬隔则睽，于是绌彼伸此以剂其平谦以制礼，上者以礼下人，下者以礼奉上，各有分际，不越其等，使上下各有所守，此之谓礼，非尊上抑下之谓也。后儒不解"辨"字之义，以为天泽之分，天愈高，泽愈下，谓礼所本，去圣人制礼之意相隔河汉矣。此为第九期履九数，履于三九二十七数，孔子三陈九德始于履三之二十七，合履旋之数。

履而安，然后泰，故受之于泰。盖自比而小畜而履，积功累仁，而始能臻泰之一境，所谓上以礼下人，下以礼奉上，上下交而其志同，承履之道，殆继体守文之令主欤？为卦坤上乾下，乾本尊也，而虚己以下人，坤本卑也。而守礼以奉上。中爻二至四为兑，三至五为震，上至二互地泽临。二至五互雷泽归妹，五至初互雷天大壮，四至初互泽天夬，上至四互地雷复，象之参差，似已不及小畜与履之世矣。盖泰伏为否，盛之极，已伏衰之机，是以君子持盈保泰，不敢稍忽焉，《象》曰："财成天地之道，辅相天地之宜。"盈虚消息，其道甚大，言之甚长，兹姑不赘。此为第十期《周易》自乾坤至履凡十卦，阴爻阳爻各三十，已备阴阳气之全。自泰卦起，故又以乾坤立局。

泰极则否，故泰后受之以否，亦物极之必反也。为卦乾上坤下，若以旧说"上天下泽"例之，非天地定位之当然乎？而作《易》之圣人，命之为"否"，其忧天下后世也至矣。中爻二至四为艮，三至五为巽，上至二互天山遁。上至四互天风姤，五至二互风山渐，四至初互山地剥，五至初互风地观，复象均与泰相反，盖尊者愈尊，卑者愈卑，与履有同况焉。然履承比亲之后，亲则易暱，故可以礼节之，而否则非其时矣。继泰之后，已不胜礼繁文过之弊，在上者以自尊为当然，在下者以卑谄为能事，于是"小人道长，君子道消"，天下事不可问矣。然物无终否，天心有厌乱之机，人心有悔祸之日，否极则泰来。乱极之世，正致治之机也。此为天地不交万物不通时代，为第十一期。

否之极转为泰，泰之极又终为否，否泰反类，循环无已，孟子所谓"一治一乱"，其机相为倚伏者也。吾国数千年以来之历史，皆颠倒往复于否泰，如牛之转磨，盘旋不已，始终不离此一圈之地，无进步之可言者，则以不悟《易》理进化之道，未能变易其方式以求之也。今值世运日新，环球大通，当午运离明，万物皆相见之会，虽深闭固拒，而有所不能，即不欲自变其方式，亦必有强迫而为之者。于是国中知几之士，猛然觉悟，力求改革，此乃由否而进于同人，不反于泰，庶可免历来一治一乱之覆，以求日进于文明，此其义作《易》之圣人已昭示于数千载于上，即"物不终否，而受以同人"之深意也。同人之为卦，上乾下离，以阴为主，而九五犹当阳正位，此其象实现世君主立宪之政体也。上至二五至二皆互姤，四至初互家人，而上至四互重乾，乾乾夕惕，君无失德。此政权虽归诸民，故君位仍未失也。而利涉大川，仍为乾行，如各国之海陆军大元帅，及对外代表全国，仍在君主。此济否过渡之时代，为第十二期。

同人后继以大有，则民主正位，顺天休命。为卦上离下乾，刚健文明，上至三互睽，上至二仍互大有，四至初互重乾，五至二至初皆互夬。夬刚决柔，君子道长，小人道忧。今以刚决柔，以柔济刚，则君子小人，各得其所，故曰"遏恶扬善"，又曰"自天佑之，吉无不利"也。此民主政治之时代，为十三期。

主政者志易骄，骄必败，富有者气易盈，盈必亏，故受之以谦，而后大有之"休命"可久。谦之为卦，上坤下艮，中爻二至四为坎，三至五为震。上至三互地雷复，上至二互地水师，五至二互雷水解，四至初互水山蹇。天道下济，地道上行<small>说见前"二八易位"下</small>，有泰之象，而不居泰之名，故泰终则否，而谦则可以持盈而保泰也。曰："裒多益寡，称物平施。"<small>皆天地自然之数，说亦见前。</small>曰："劳谦终吉。"皆今世社会主义之所主张，而《易》象已著明于数千年以前矣。盖大有之极致，非此无以剂其平也。是为第十四期。

承大有与谦之后，虽盈虚消息，善剂其平，亦不免有极盛难继之势。盖日中则昃，月盈则亏，数理如是，故虽能避否泰之循环，终不越盛衰之定理，是非豫以防之，无以泯其遗憾焉。故谦后继之以豫，谦以坤顺艮止，或近于退守，豫则雷出地上，人人皆有震兴奋发之象。为卦震上坤下，中爻二至四为艮，三至五为坎，上至四互雷水解，上至五互雷山小过，五至初互水地比，四至初互山地剥，《象》曰："刚应而志行，顺以动豫。"顺以动者，举国之人，皆能顺其轨则，奋发有为，则利无不兴，弊无不去，大有之业，不致失坠，故《序卦传》曰："有大而能谦必豫。"联之卦为一气，皆相因而至者也。谦以制礼，豫以作乐，礼明乐备，万象休和。在大有尚在法治时代，至谦而继之以豫，殆风醇俗美，人人能陶淑其身心，各优于自治，虽有法律，几无所用之矣。此为第十五期。

继谦、豫之后曰随，古《圣序卦》之妙，真不可思议矣。而随于六十四卦中，又为特例。他卦皆有二五之位，独随卦无之，随之爻位，但以初随二，二随三，三随四，四随五，五随上，依次相随，故卦名曰随。盖承谦豫礼明乐备之后，法律久成虚设，人人优于自治，已事无不举，更无庸设政府以治之，近世所流行之社会主义、无政府主义，圣人于随卦之象，已备举而无遗。为卦上兑下震，震动兑说，自然相随，中爻二至四为艮，三至五为巽，上至四互泽风大过，上至五互泽山咸，五至二互风山渐，四至初互山雷颐，一卦全备八卦之用，故"元亨利贞"而"天下随时"王肃本"时"作"之"，《本义》从之，大误。盖随虽无贵贱之位，而各爻各自有本位，阴阳相随而不相忤，仍各自守其位，自尽其责，不相越，不相渎，所以谓之随。今世社会之精义，其能有过于是哉？孔子作《春秋》，随时也，孟子言"仁义"，随时也。《春秋》者，震春兑秋也，故《春秋》张三世，至太平世而"随时"之义著矣。"仁义"者，震仁而兑义也，《孟子》曰："天下之言性者，则故而已矣，故者以利为本。"《孟子》七篇，首仁义而不言利，是以道性善，异乎天下之言性者也。天下言性者故，而以利为本。孟子则本于震仁兑义言性善，而不言故，即不言利，"随无故"也《杂卦传》。盖至随之世，人人各守其位，各事其事。无有余，亦无不足，无利己利人之见，更有何"利"之可言，此孟子言《易》之最精者也参看前卷"孟子之《易》"。人人率其天性，即尽人道以合天地之道。《说卦传》："立天之道曰阴与阳，立地之道曰柔与刚，立人之道曰仁与义。"至随则仁义并立，合阴阳柔刚，与天地参，乃人道之中正，人治之极功以性功言之，孔子之"七十从心所欲，不逾矩"，即随之义也，故九五曰："有孚在道。"经文言"道"，始见于此。自天地开辟，人治之由渐进化至此，而生人之道，始见完备。是为第十六期。

乾坤以后至随，世界进化之序，约分为十六期。阴阳气化，数备于十六，随时之道，仁至义尽，已臻人治之极功。物极则变，递演递进，又将更易维新之局，故圣人《序卦》，于随后继之以蛊，蛊者变也其义已详前卷，蛊为变化。《易》数十有八变而成卦，八卦而小成，自乾至蛊，计十八卦，为爻一百零八，已备阴阳之数阴阳之数备于一百零八。全《易》六十四卦共三百八十四爻，然除乾坤坎离颐大过中孚小过之八卦外，一卦覆为两卦，上下二篇实只三十六卦，共二百一十六爻。合纯乾一卦之策数，以阳包阴，内含阴爻一百零八，全《易》卦爻总数阴阳爻各得一百零八也。除乾坤各为一卦，自屯至蛊十六卦，反复仅得八卦，与乾坤并计，则为十卦。故分言之乾坤至履为十卦，阴阳爻各得三十，合言之乾坤至蛊亦为十卦，阴阳爻仍各三十，是以至蛊卦而象数更生变化。自蛊以后，又从乾坤另起一局，别开生面矣。惟泰否之为乾坤，人易知之，若蛊下临卦之为乾坤，人皆不省也。缘临有坤而无乾，内卦为兑，兑未可以当乾也。不知临之初二，皆曰"咸临"，六曰"至"，四曰"大"，皆指乾坤也。乾曰"咸宁"，坤曰"咸亨"，临当丑月之卦，子丑一二，日月合明，故曰"咸临"，"至"哉坤元，见于临之六四，"大"哉乾元，见于临之六五。故临之一卦，乃天地合德，日月合明，实具乾坤之大用者也，是故序卦有八变止于蛊。今以近世之进化史，比类以推，《易》象之次序止于随。至蛊之变化如何，则尚未敢蠡测，临观以下，更无论矣。

以上所述，仅约略言之，与西人所叙世界进化次序，固已无不吻合。若论其详，象数具在，阅者试触类以求之，当必更有所得，非可以言尽也。

或曰：自乾至随，溯古证今，既以明白如绩。而自今以后，则为蛊之时代，究其变化何若，亦可得预言其略欤？曰：《易》道变化，高深莫测，岂敢妄拟，但变化无穷，皆出以渐，月晕而风，础润而雨，皆有其兆。今未能知变化之终极，然其兆之先见，或可略睹矣。或曰：其兆如何，愿得闻之。曰：今日物质之文明，已偏胜于一时，则此后必将由物质而更求精神。官治之痛苦，已遍喻于人民，则此后必将由官治而进于自治，此可得而言者也。或曰：此则欧美诸国已有实行者矣，未可为将来之变化也，请更言之。曰：未来之事，非空言所可揣测。无已，仍请征诸卦象。自蛊以后，临观噬嗑贲剥复六卦，皆乾阳潜伏，则此时之世界，必将以柔胜刚，以弱制强，而女权亦必扩张，此则可断言者也。至事实如何，今先有其兆者，如蒸气之用，或将代以电力，轮轨之用，或将益以飞行，枪炮必归废弃，金银不为易中，晴雨不尽听诸天，宝藏不复蕴诸地，亦变化之所有事也。然非敢预测，妄言妄听，至天雷无妄，或此妄言妄听者皆非妄矣。

雷电噬嗑

噬嗑《象传》曰："雷电噬嗑，先王以明罚敕法。"朱子《本义》："'雷电'当作'电雷'。"惠氏栋曰："项氏安世谓石经作'电雷'。"晁公武谓："《大象》无倒置者，当从石经。"案今所传唐石经，仍作"雷电"。项氏所据未知何本，或是蜀石经。《程传》亦云《象》无倒置，疑为互文。然以象考之，并证诸物理，则确知此二字之非误，且寓意绝精，非后人思虑所及者。孔子犹虑后人以他卦《大象》相例，疑为倒置，故特于《象传》先明示之，曰："雷电合而章。"与随卦"随时"之义，先之以"天下随时"一例，圣意之周密，可谓无微不至矣。盖雷之与电，本为一物，雷为电之声，电为雷之光，光速而声迟，故人必见电而后闻雷，遂以目所见者为电，耳所闻者为雷，其实非有二物也。是以测雷之远近者，以见光及闻声相距之时间求之，此可见雷电之相合也。

《象传》曰："雷电合而章。"以二者本不可分析，且人之耳目，虽闻雷在见电之后，而雷之出地，实声在先而光差后也。今物理学家所谓新发明者，伏牺于七千年前已昭示其象，孔子于三千年前已详析其义，可谓微妙不可思议矣。以象言之，震为雷，而离为电，似分为二，实则二者必相合其用乃见。震以一阳动于下，取象于雷，然阴阳不合，则雷无声，而电亦无光。复之《象》曰："地中有雷。"雷在地中，郁而未发，此震之本象也，必与巽合，阴阳摩荡，声光始见，故姤之《象》曰："天下有风姤。"复姤阴阳相正对也。必复雷震刚始，而姤之巽柔引之，则震一刚，薄巽一柔，嗑合而为离电离卦上巽伏而下震起，合震巽之半而成离，即虞仲翔氏所谓"半象"是也，故曰"离为电"，其象义之精，与物理丝毫悉洽。噬嗑以震刚薄巽柔，巽柔化为离明，于是雷电交作，中爻成坎，而雨随之矣。若巽阴不化，则但有风而无雨，雷电之用亦不章矣。且电有阴阳，亦称正负，必正负合而光始出。离下震起而上艮止，正负相合，而中爻之光出矣。妙哉，《象传》"雷电合而章"仅五字，而象数物理无不毕赅，改为"电雷"，于文义亦未始不通，但为巽柔之薄刚，为风天小畜之象，而非噬嗑之象矣。差以毫厘，谬以千里，又乌可望文生义，而妄改经字哉。

同人而人不同

同人承否之后，所以济否者也。否塞不通，故济否之道，首在通天下之志。否以睽隔而不通者，同人则相亲以通之，类族辨物，人无不同，故曰"同人"。《杂卦传》曰："同人亲也。"以斯义推之，则一卦六爻，宜无不同矣，而抑知不然。夫所谓人者，独三四两爻为人位，卦曰"同人"，似必以三四两爻得名，孰知上天下地，初二五上尽同，而独三四两爻不同，不亦异哉。初九曰："同人于门。"六二曰："同人于宗。"九五曰："同人先号咷而后笑。"上九曰："同人于野。"皆曰："同人。"独三四非但不同，九三曰："伏戎于莽。"九四曰："乘其墉。"且似有各不相下之势，岂非与同人之名不相副欤？然而无损于同者，则以通也。盖天下唯人最难同，而亲近之人，较疏远之人更为难同，以近则易争，亲则易狎，故初二五上之不同者皆同，三四之本为人爻而处于同者，独不言同。然既处同人之世，终无独异之理。始之不同者，或由于是非之争，终归于同者，明于公私之辨也。是非以争而愈明，公私以辨而各当，虽有"伏莽乘墉"，终得"安行""困反"之"吉"，故曰："先号咷而后笑。"近世共和政治，无不先出纷争，而卒归于一致者，以土广民众，利害互殊，非各通其志，无以剂其平也。于不同者而致于同，其同乃出于"安行困反"，而绝无强迫，同于是乎可大而可久，此同人之同，所以不讳其异，虽"伏莽乘墉"，而卒无碍于同也。若阿附曲从，尽出于同，非不足粉饰于一时，而其志未通，其心不一，所谓同而不和，又安能"利君子贞"，而臻同人之治哉。故孔子曰："二人同心，其利断金，同心之言，其臭如兰。"是即指三四两爻而言，圣人之体贴人情，可谓无微不至，而六爻之象，皆精义入神，芜陋之词，不足状其万一，但略引其绪，则善读者自不难于言外得之。

天地相遇

姤《彖传》曰："天地相遇，品物咸章也。"《释文》："姤，古豆反，薛云古文作'遘'，郑同。遇也。"荀氏谓："乾成于巽，而舍于离，坤出于离，与乾相遇。"九家《易》曰："谓乾起子运，行至四月，六爻成巽，位在巳，故言乾成于巽，既成，转舍于离，万物皆盛大，坤从离出，与乾相遇，故言天地遇也。"按"坤从离出"云云，即邵子先天图说也，可见汉人说《易》，早已有此方位，但未立先天之名耳。惟以此释"天地相遇"二句，殊为肤浅。朱氏震曰："此以初六言姤之时也，姤五月卦。《易》于复言：'七日来复。'冬至也，于姤言：'品物咸章。'夏至也，举二至，则律历见矣。"此说较近，而于"天地相遇"四字仍未能发挥。《吕览·五月纪》曰："太一出两仪，两仪出阴阳，阴阳变化，一上一下，合而成章。"以释此句最为的当。夫姤复相对，复为乾初九，爻贞于子，姤为坤初六，爻贞于午，子与丑合，午与未合，二八易位，天地相交，始于子午，而正于丑未，故姤为五月卦。夏至日午，立竿日中无影，为天地阴阳遘合之时。凡逢四五月之交，水必有毒，茶水越宿，必变黑色，甚者或逾时即变，此即阴阳交遘之气所感，与人之痘症种于先天胎毒者，其理正同。先天胎毒者，即父母交遘时所伏者也。古人相传以五月为毒月，五月五日为毒日，皆本于此。俗尚于端午日饮雄黄酒，食蒜头，未知始于何时，实足以消疠气而解水毒。凡饮水致毒及中蛊者，食蒜立解，可见古人于此中极有研究，故能历久相传，成为风俗，后人不解，误为迷信，其负古人也甚矣_{夏至日行北陆，故其毒北盛，南北俗以蒜为常食，即所以解水毒也。南人在北思食蒜者，至秋初必患腹疾或痢症，此余留意验之三十年历历不爽者}。姤之"天地相遇"，以气非以形，其相感之情状，几非言语所可形容。孔子以"咸"字拟之，咸者，"二气感应以相与"，不可以言说者也。故咸卦以少男少女之情感况之，乾之"咸亨"，坤之"咸宁"，临之"咸临"，皆此义也。临之咸，乃子丑日月合，姤之咸，乃午未天地合，而皆本之于乾坤。呜呼！《易》义精微，非孔子神化之笔，不足以状之。即以文字论，亦冠绝古今，更无以尚之矣。

七　巧

七月七日，谓之"七夕"，又曰"七巧"，习俗以此夕盛设香花酒果，向天孙乞巧。自古相传，均莫名其所以之故，而各家纪载，亦仅侈陈其事，而鲜有释其义者。此亦与端午、重九诸节，各有寓意，而非漫然为之者也。七月于卦消息为否，与泰相对，于八卦方位，则为坤，七月七日，数遇重七，即"幽赞神明生蓍"之数。天下之数无穷，惟七足以度之，五地方数，而方五则斜，七以七度五，适尽而无畸零_{勾三股四弦}

五，三与四亦七也。一三天圆数，而无论围三径一，径一围三，有余不足，各有畸零 周三则径一不足，径一则周三有余，惟以七为径，则周为二十二，亦适尽而无畸零。故天五地十，阴阳斡旋，亦惟七持其柄，而运转不穷。子丑日月，而寅为斗，斗数七《易》数始七屯见，终七姤遘，即著七七之数，坤艮为谦，谦柄履旋 谦者德之柄也，以周十有二辰，起于牵牛。牛女本同宫，而天地交遘，丑未相易，于是牛女分析，此所以有牛女相离之说也。七七斗数斡旋，二八数合 即坤艮合，故牛女相会，只此一夕。乌鹊填桥，鹊为离象，乌鹊者，离入于坎，水火既济，而后东三西七相会，二气感应，《参同契》取之以喻一身交遘之象，亦即天地阴阳往来之象也。故后天谓之泰者，在先天则否，先天为否者，后天则泰，否泰反类，几亦在七。是七者，足以尽阴阳之数，度圆方之形，通否泰之类，成天地万物之变化，谓之曰"巧"，宜哉。

星曜神煞释义

《易》未尝言星曜神煞也，而后之言星曜神煞者，无不推本于《易》。腐儒辞而辟之，而不明其理，愚夫崇而信之，而罔识其原，于是术士得假之以惑人，皆《易》道不明之害也。胜清《仪象考成》《协纪辨方》诸书，甄录极详，惜亦未探源立论，令阅者目迷五色，仍不知其所本。《易·乾凿度》："太一行九宫。"郑康成注曰："太一者北辰神名也。"此实为星曜神煞之宗。太一下行八卦之宫，每四仍还于中央，中央者地神之所居，故谓之"九宫"太一天神，中央地神。天数大分以阳出，以阴入，阳起于子，阴起于午，是以太一九宫，从坎宫始。自此而坤而震而巽，所行者半矣，还息中央；又自此而乾而兑而艮而离，行则周矣，上游息于太一之星，而反紫宫也。盖太一即太极，《礼》曰"礼必本乎太一"，何以又曰"北辰之神名"，则以阴阳不测，非假立一名，无以神其用，故曰"太乙之神"。而后世太乙遁甲六壬诸式，皆由此推衍，变化益繁，而神之名愈多，复益以天星躔度，而杂揉并著，更不可分。然所立之名，率为阴阳顺逆及星度舍次之符号，非谓有是具体之神也。《九宫经》及《五行大义》所载，一宫，其神太一，星天逢，卦坎，行水方白。二宫，其神摄提，星天内，卦坤，行土方黑。三宫，其神轩辕，星天冲，卦震，行木方碧。四宫，其神招摇，星天辅，卦巽，行木方绿。五宫，其神天符，星天禽，卦坤，行土方黄。六宫，其神青龙，星天心，卦乾，行金方白。七宫，其神咸池，星天柱，卦兑，行金方赤。八宫，其神太阴，星天任，卦艮，行土方白。九宫，其神天一，星天英，卦离，行火方紫。统八卦，运五行，土飞于中，数转于极，今历书尚沿用此术。惟太乙数所用推法，与此不同，乾一，离二，艮三，震四，兑六，坤七，坎八，巽九，而避五不入，四神十二宫。又于九宫外，增绛宫明堂玉堂三宫，神名亦与此不同。《灵枢》曰："太一常于冬至居叶蛰宫_坎。四十六日，明日居天留_艮，如是而仓门_震、阴洛_巽、上天_离、玄委_坤、仓果_兑、新洛_乾、周而复始。"其次与郑萧诸说均同，所谓"叶蛰""天留"云者，当为宫名也。盖阴阳五行之气不可见，藉其行度之数，以觇其顺逆往来，及盈虚消息，故推算首重在数，但数能无误，虽立法各异，而收效亦同。象以代数，已可更易_{如乾六离九，太一数易为乾一离二是也}，若神煞星曜诸名，则更以补象之不足，而藉以为符号耳。阴阳者，如代数之负与正也，五行者，加减也，但加减与正负不误，其代数之名词符号，不妨以意为之也。惟代数为单纯之数，故方式尚简，而此则数与象兼，且五行又各有其气，是不啻于正负之外又有正负，加减而后又有加减。且互相加减，而顺逆生克，又生吉凶，是以不能不设种种之名称以为符号，而名称亦不能不略含意义，以辨吉凶，此星曜神煞之名所由来也。必取其人以实之，或祷祀其人以祈禳之，愚矣。然此风由来已古，子产之对晋侯，其神"实沈"，其神"台骀"，已为禳祝之滥觞。而《月令》之五帝五神，无不各有其人，汉儒注《礼》，遂有天帝人帝_{灵感、仰赤、燷怒之类}

为天帝，太昊、轩辕之类为人帝之辨，是在三代之时，已如是矣。孔子《说卦传》于"震出"而必曰"帝"，于"妙万物"而亦曰"神"，盖非是不足以状其用而形其妙也。殷人尚鬼，意坤乾及太卜所掌之《易》，所称之神名帝名尚多，孔子赞《易》，以其无关义理去之，特存此一"帝"一"神"，以见其例，亦未可知也。但经虽不著，而习俗难移，故《易纬》及《春秋》《礼》诸《纬》，与六壬等书 六壬相传甚古，春秋战国时已有之，子胥、少伯皆精其术，故或谓太公所著，皆仍相传之旧，而鬼神之念，遂固结于人心。帝王更神道设教，择立祀典，坛庙庄严，久而弗替，取精用弘，灵验斯昭，为祸为福，皆斯人之精神自相感召，又何足怪哉。

中　和

孔子立教，道在中和。然中和其体，而其用在时，时而无违，斯其效又为中和，故曰："时中之圣。"又曰："体用一源。"《中庸》曰："致中和，天地位焉，万物育焉。"中和之效也。孔子赞《易》尚中尚时，而曰："保太和。"惠定宇《易例》曰："中和。"曰："《诗》尚中和。"曰："礼乐尚中和。"曰："君道尚中和。"曰："建国尚中和。"曰："中和之本。"盖将以为"《易》尚中和"之一例，属稿未成而散见杂出者也，其"二五为中和"一语，已挈其纲领。又《易三统历》曰："阴阳虽交，不得中不生，故《易》尚中和，二五为中，相应为和。"又引《说文》曰："咊，相䴿也。"咊即和也，䴿即应也，其要义已见，余皆杂引经传诸子以证其说耳。《礼器》曰："礼交动乎上，乐交应乎下，和之至也。"于象言之，坎离为中，震兑为和，离礼坎乐，震仁兑义，始于水雷屯，而终于水泽节，皆中和之应也。于历言之，论其体，则中为赤道，和为黄道，论其用，则中为黄道，和为赤道，必二者交错，始四时节而泰阶平，推而至于政治人身，皆理无二致焉。《淮南·精神》曰："万物背阴而抱阳，冲气以为和。"荀悦《申鉴》曰："以天道作中，地道作和。"即黄赤二道交错之义也。《白虎通》曰:"木者少阳,金者少阴,有中和之性。"即震兑为和之义也。董子《繁露》曰:"天有两和,以成二中,岁立其中,用之无穷两和者,春秋分,二中者,日长短至也。是北方之中坎,用合阴而物动于下,南方之中离,用合阳而养始美于上。动于下者,不得东方之和,不能生中,春是也,其养于上者,不得西方之和,不能成中,秋是也中春震,中秋兑。然则天地之美恶,在两和之处,二中之所,来归而遂其为也。"又曰:"德莫大于和,而道莫正于中。是故能以中和理天下者,其德大盛,能以中和养其身者,其寿极命。男女之法,法阴与阳。"又曰:"天地之阴阳当男女,人之男女当阴阳,阴阳亦可以为男女,男女亦可以为阴阳。"其说皆极精,然不以《易》理合之,亦味同嚼蜡耳。方本恭曰:"天地之道,分则为男女,合则为夫妇,息则为父母,消则复为天地。天地也,男女也,夫妇也,父母也,分也,合也,消也,息也,一乘除进退之所为也。"更为向来说《易》者未有之快论,但不得中和,明中和之用,亦未能知其说之妙也。

象义琐言

伏羲画卦,分阴分阳,而阴阳之学,至黄帝之世而益精益备。然泥于阴阳之说,或过恃气数,则委天任运,而人事将废弛而不修。是以《易》穷则变,阐危微精一之旨以治心,励试功考绩之规以治事,执两用中,四方之观听一新,以成垂裳之治,所谓"通其变使民不倦"者此也。自是而后,夏质殷忠,各有因革,至商政之末,历世既久,风靡俗敝,或又浸成尚鬼之风。盖《归藏》原本自黄帝,末世之积重难返,以偏倚阴阳术数之术,而大道复晦,益以纣之淫虐,上行下效,天理泪亡。文王忧之,乃取坤乾重为演绎,变通尽利,以挽颓风,周公继之,遂成《周易》,绌阴阳而伸道德,略五行而详晦吝,补偏救敝之心,固昭然若揭矣。降及衰周,纪纲失坠,列强并起,恣意凭陵,帝德王道,澌灭殆尽。孔子于是发愤学《易》，韦编三绝，立人道以合天心，著《十翼》以发挥文周未尽之蕴，祖述尧舜，而归本于伏羲。此一线源流之厘然可考者也。

《易》道广大，无所不包，拘文牵义，无一是处。佛理圆觉，不可执著，而况《易》乎？冬烘之见，好争门户，汉宋并帜，入主出奴，刺取经文，以相攻击，断章取义，不问经旨。最可笑者，如驳《归藏》之首坤，曰：乾君坤臣，臣岂可以先君？驳《连山》之首艮，曰：艮为少男，子岂可以先父？而于孔子观宋得坤乾，及《系传》"始万物，终万物，莫盛乎艮"诸文，均置不顾。且地天泰，非臣之先君乎？山天大畜，非子之先父乎？八卦相错，六子遍乘乎乾坤，且有女而先父者矣，更何说乎？驳"天地定位"之为"先天"，曰："天地定位"一章，与卦位无关，而不顾经文之明言"定位"也。凡此之类，不胜枚举，且皆出诸大儒之口，良由博学雄辨，词源滔滔，风发云涌，意气既张，不暇自检，后学震惊其名，亦不敢论其是非，而《易》学又多一重障碍矣。

或问象与数孰先？曰：《左氏传》"物生而后有象，象而后有滋，滋而后有数"，汉学家据此以驳宋儒由数生卦之说，谓象先而数后，理固然也。然此以论生物之始则可，若专以论象数，则固无确定之先后可言，且象与数，亦正有未易分析者矣。如一画开天，一即数也，画即象也，即象即数，何从分析，更何有先后。若执象以推数，似乎先有象而后有数，然未推之前，数已即象而具，非至既推以后而数始生也。若揲蓍求卦，谓象由数生，亦未始不可。执片面之辞以攻击非难，已为学人之通病，象数先后，未有一定，强词辨之无当也。

朱子说："《易》道光明如灯，多一种学说，如多加一路骨子，反把灯光障住了。"此王弼扫象之意也。然必须能见得灯中之烛，方知发光所在，若后世谈《易》者，只如瞎子打灯笼耳，更说不到障光一层。

朱子又曰："坐谈龙肉，不如吃猪肉而饱也。"固为脚踏实地工夫，惟《易》之为道，亦猪亦龙，所谓仁者见仁，智者见智，但见于目而不见于心，则亦与不见等。谈龙肉固不能当饱，吃猪肉亦岂易消化哉。

朱子于《说卦》"乾为天为圜"一章，云："此广八卦之象，其间多不可晓者，求之于经，亦不尽合。"可谓能阙其疑矣。读汉人《易》注，而叹其说之精，知未可尽去象数以说《易》，可谓能尊所闻矣。然强断《易》为教人卜筮之书，作《本义》专以占筮吉凶释《易》，谓如是则元，如是则亨，如是则大亨而利于正，纵谈忠说孝，视文王周孔，与严君平何异，岂四圣作《易》之本义，果如是哉？孔子自谓"述而不作"，于赞《易》尤为谨严，字无虚说，藻不妄纾，《说卦》一篇，当为历代相传之卦象。有为占筮用者，有不仅为占筮用者，其取象之精之妙，非言语可尽，间有为经文所未见者，而无不悉具于卦象。即象以求经，而意固可通，即经以求义，而象无不合。"书不尽言，言不尽意，故圣人立象以尽意。"经有不得者，当求诸象。非仅卦自为象也，有宜比而观之者，有宜从方位以合之者，有实象，有虚象，有主象，有附象，有正象，有反象，有变象，有兼象，有意象<small>日本讲《易》悉宗汉学，有所谓意象者，如震为舟，巽为剪，皆中国所无</small>，用各不同，务通其意而不泥其迹，庶物物而不囿于物，可窥象于万一矣。

卦之取象，各有其源。《说卦》"乾为木果"，巽为木，艮为果，乾兼巽艮二体，故曰"木果"。乾初变巽，而巽为"不果"。坎为弓轮，亦由巽木绝直而来，离为矢，用乾金动直而来。兑为泽，坎水之塞其下也，艮为石，坤土之坚其外也。巽为近利市三倍，反巽为兑，则为义矣。艮为刚狠为暴，反艮为震，则为仁矣。故同一卦也，因时因地因人而象互异，甚者或相反焉，乌可执一以求之哉。

"巽为鱼。"郭璞曰："鱼者震之废气也。"盖巽王则震废也。由此观之，鱼实兼震巽二象，震巽合为离，离为飞鸟，故鱼鸟相亲，每互变其体。《庄子·逍遥游》鲲鹏之变，虽为寓言，实以明坎离升降之大用，字字皆根于《易》象，非臆说也。鲲鹏不易见也，雀入大水为蛤，则浙之沿海且习见之，然雀与蛤皆为离象，形变而性未变也。雀变为鱼，则离变震巽，鱼变为雀，则震巽又变为离。粤中之禾花雀，确为鱼变，田禾初刈，水中有鱼而无雀也，农人夕罩网于田，翌晨得雀盈网，间有未及全变者，俨然雀首而鱼身，可谓具体而微之鲲鹏矣。故田鼠化驾，雀亦化蜃，气至而化，有不期然而然者。且鱼之与雀，全体骨肉鳞羽，无一同者，其变也，成于俄顷，当其时有惊之者，即止而不复能变矣。粤又有秋风鸟，亦为鱼变者，皖中有白鱼，则为雀变，人皆见雀纷纷入水，而白鱼盈市矣。气化之说，西人尚未研究及此，其精意已悉备于《易》象，愿博学深思之士，遍索而详考之，所得或更有进于此焉。

"坎为矫揉。"矫揉者，改变木质以就范，如告子所谓"以杞柳为桮棬"是也。震巽皆为木，坎之下巽也，其上震也，震刚巽柔，坎兼二体，以剂刚柔之中而定之，是矫揉也。或谓凡矫揉者，先炙以火，必沃以水而形始定，故其象属坎，其说不免肤浅。

坎"其于木也为坚多心"，坎为心，刚在中也。艮"其于木也为坚多节"，艮为肤为指，刚在外也。

乾"为良马，为老马，为瘠马，为驳马"，震"其于马也为善鸣，为馵足，为作足，为的颡"，坎"其于马也为美脊，为亟心，为薄蹄，为下首"，共十二马。此皆乾阳坤用，马行地周十二支，所谓"元亨利牝马之贞"者也。经言马者，除坤卦外，屯言"乘马"三，泰"冯河"之马<small>泰马"冯河"，合阴阳二马，故曰"冯"，经之用字，神妙不可思议如此</small>，贲之"白马"，大畜之"良马"，晋之"锡马"，明夷与涣之"用拯马壮"，睽之"丧马"，中孚之"马匹亡"，合坤亦共十二马。

虞仲翔谓"坤为虎"，朱子发云："'坤为虎'者，坤交乾也，其文玄黄，天地之文。"其说似是而实非也。坤之为虎，当有二义。一谓其位西南，与兑同为昴宿之次，而当龙德之冲，故有虎刑之称。一谓与乾相对举以成文也，《文言》曰："云从龙，风从虎。"乾为龙，则坤为虎，震为龙，则兑为虎，皆一例也，与"玄黄之文"何涉哉。

《易》象有以类取者，有以义起者。类取者如革之豹，中孚之鹤之燕，屯之鹿，皆非本象所有，因虎而及于豹，因飞鸟而及于鹤与燕，因马而及于鹿，所谓以类相从者也。以义起者更多，未遑遍举，约取一二为例，如夬之苋陆，姤之杞，丰之蔀，归妹之袂皆是也。

离"其于木也为科上槁"。离为火，火生于木，火旺则木休，故"槁"。海南为离方，多文木，而木火之精，蕴结则为香，故沉香茄楠，皆产于木，然香生而木即槁矣。曰"科上槁"者，其槁在上，而其木之生气固未尝绝，胥郁结凝积而为香，历年愈多，则其香愈厚愈纯。凡重而降者为沉香，轻而升者为茄楠，沉香得其阴者多，茄楠得其阳者多也。然沉香性阴而其用则阳，主疏散，茄楠性阳而其用则阴，主收涩，二者皆得其气之一偏者也。若得纯离之气，中正冲和，无少驳杂，则返魂香是也。离为魂，魂藏于肝木，母抱子也。以厥阴风木之精，钟离明纯粹之气，感召之捷，出自天然，"返魂"岂虚语哉。然返魂者，亦非别为一类，特沉香茄楠之最精者耳。今世人烟日繁，英华日泄，天地之气，为人所分，沉香茄楠之佳者，已不易得，况返魂香乎。琼崖五指，蓁莽未辟，天地灵秘，或犹有孕毓，未可知也。

《说卦》震、巽皆为木，不言草者，木可以概草也。五行巽为柔木，柔木即草也，故大过之"白茅"，泰否之"茅茹"，皆为巽象。泰西人之进化史，谓天地开辟以后，植物之最初生者，厥惟青苔。乾坤初交而乾成巽，故巽居天地成物之初，柔木之象，与西人青苔之说，亦不谋而合也。故木之余气，得水则成菌，苟得天一之精，纯粹冲和，不驳不杂，则灵芝是也。涣之初九曰："涣奔其机。"注语简略，但曰"机木无枝"，以象言之，当为灵芝之类也。或谓灵芝非可常见，今世之所有，视为珍品，咸以为有起死回生之效者，莫若人参，以《易》象言之，当为何卦？曰：以类言之，自属于巽，但究其功用，非巽所能尽，当兼兑也，巽兑同体，特一反覆耳。参之功用，浑然元气，实秉坤土中和之气，而得乾阳纯粹之精，乾坤之元，伏于巽而见于兑，合巽兑为中孚，为卦气之所自起，亦为人身命根之所由寄也。得生气之初，合五行之中，参天赞育，故其字当作参，不可从俗作覆。

《参同契》曰："坎离匡廓，运毂正轴，牝牡四卦，以为橐籥。"今日西洋之汽机，纯乎此象之作用也。朱子之注曰："乾坤其炉鼎欤？乾坤位乎上下，而坎离升降于其间，如车轴之贯毂以运轮，一上而一下也，牝牡配合四卦橐籥其管也。"此注尤不啻今日之机器图说矣。上阳之陈致虚注曰："何谓坎离匡廓？盖阳乘阴，则乾中虚而为离。阴乘阳，则坤中实而为坎。故坎离继乾坤之体，而为阴阳之匡廓，比乾坤之于坎离，犹车辐之于毂轴也，乾坤正坎离之辐，坎离凑乾坤之毂"云云，于汽机遘合，尤形容酷肖。"制器尚象"，象亦备矣，且明显确凿如是，而卒无以收制器之效，直待西人之发明，尚迟疑观望，指为淫巧，而不悟《易》象之所固有。此皆由扫象之说既炽，讲《易》者悉尚空谈，《冬官》之书不明，作工者遂无学术。《易》有四道，至今日仅存"言语尚辞"之一，独断断为门户同异之争，不能尽其义，不亦重可哀哉。

小过之象，今日之飞机，得其义矣。夫雷在山上，何以曰"飞鸟遗之音"，而孔子又曰："有飞鸟之象也。"曰"飞鸟之象"，则非飞鸟可知矣，曰"遗之音"，则似乎鸟而非鸟之音又可知矣。震得乾金之初气，故轻而能举，震之体数与轻气分剂之数相合见前集《笔谈》卷四。今飞机虽取材于金类，仍无碍其飞也。伏巽为缯帛，为臭，大象坎为轮，震又为善鸣，飞机之材具矣。日本《古易断》，亦以震为舟。以舟而轻举行乎高山之上，虽欲不谓之飞艇不可得矣。

既济未济两卦，经皆曰"曳其轮"，是明示水火有曳轮运机之功用，而离又为电，是不啻于电机之用，亦明白言之矣。今机械之学，既经西人逐一发明，应恍然于先哲所遗象义之精，包孕无穷，进而求之，当不仅止于此，亡羊顾兔，犹未为晚也。乃维新之士。既吐弃旧学，而竺旧之夫，又昧于新机，且于《易》象，夙未研究，虽有此明显之表示，或犹以为偶然相合，而不屑措意，曾亦思孔子所谓"制器尚象"者，岂空言哉。"以佃以渔"之十三卦，略举其例，决不以此尽制器尚象之用也。后人不求之于象，征之于经，坐视他人制作之确合吾经旨象义，尚不知悟，可谓冥顽不灵之极矣。或曰：子之所言，虽似偶合，然经传未尝明言，终不免出于附会。曰：西人发明之新学新器，虽风靡全球，利溥区宇，当其创制之始，何一非出附会者。蘋果之坠地，与重学何关，瓦缶之水蒸，与机器何关，儿童之玩具，与远镜何关，鸢飞鱼行，与潜艇飞机又何关，乃卒一一比附其理，研求不辍，而各竟其功，使世界之空气思想，均为之一变，是遵何道哉。以彼本无所凭藉，故不得不就天地自然之现象，以触悟其灵机，而我则先圣已极象而明其用，极数而通其变，成书具在，视彼所尚之象，其难易劳逸相去，不可以道里计，乃犹诿为附会，自甘暴弃，余又何言！虽然，先圣已预言之矣，曰："东邻杀牛，不如西邻之禴祭。"然则《易》象之昌明，或犹将假诸他人之手乎？吾不禁悁然以悲矣。

民　　极

《书》曰："维皇建极。"《洪范》"五皇极"曰："皇建其有极。"邵康节以先天数言《易》，成《皇极经世》一书，以元会运世，十二与三十，反复相乘，推古今之治乱兴衰，人事之休咎得失，各有征验，若合符契。其书以皇立极，故曰"皇帝王霸"，其编年虽止于宋仁宗朝，而后世如牛无邪、张行成、黄黎洲诸家，各有推衍，深泽王氏更续推至乾隆为止，所载固皆专制君主之事实也。今则革君主为民主，易专制为共和，然则邵氏之数，亦将截止于爱新觉罗一朝，以后将无复适用，《易》

道所谓通变无穷者，无乃至是而穷乎？曰：《易》冒天下之道，为世界以立言，世界无尽，《易》安得而穷。邵氏之书曰"皇极"者，以生于君政时代，且逆数既往，其系统由皇而降，故以皇建极。然建极者皇，作极者民。《书》曰："维民作极。"诗曰："立我蒸民，莫非尔极。"今后为民主共和之世界，当然适用民极，夫何穷之有。或曰：君主与民主政体既异，国情亦变，皇极之数，又焉能施之于民极，然则欲据今日以推将来，其数安得而不变乎？曰：变者其用，不变者其体，数理壹定，断无变更。如挽汽车，顺进逆退而改其方，而不易其器，皇极与民极，亦若是焉耳矣，又安能变其数。或曰：其进退之方如何？曰：皇极之世，由上而递降者焉，故曰皇降而帝，帝降而王，王降而霸。民极之世，则自下而逆上者焉，当由霸而王，由王而帝，由帝而皇，此其变焉。或曰：既民主矣，更何皇帝王霸之有，若循斯以往，不几又复为专制乎？曰：非也，皇帝王霸者。特邵子假定乃名词耳，皇以道，帝以德，王以功，霸以力。世风递降，至霸之世，则惟力是视，弱肉强食，即西儒所谓优胜劣败，有强权而无公理，人生之道几乎息矣。今日五洲兵争，尚力之风已臻其极，极则必变，固理势之必然。但蜕嬗之际，必有其渐，冬尽而春，乃有余寒，夏过则秋，尚多残暑，今虽值革新之世，而旧日专制之余毒，与恶俗大憝，仍非借逞于力，不能摧锄而扩清之，故在民治之初元，当未能尽弃力而不用。然春寒秋暑，久为人心所厌倦，其不能久存于世，固可断言者也。由力而进于法_{法即邵氏所谓"功"}，由法而进于德，由德而进于道，则惟民所止止于至善，斯得民治之正轨，而合民极之天则矣。故皇极为退化之世，而民极为进化之世，升降消息，互相错综，数往者顺，知来者逆，理无二致，《易》道固无穷焉。然立极者必建中，建中立极，斯可大可久，匪特古帝王之箴，亦吾民乘时进化者之良鉴焉。在《易》泰之九三曰："无平不陂，无往不复。"以三之过乎中，过乎中则偏倚，天下之事，其偏于恶者固非，偏于善者亦未必是也。善善恶恶，殊涂同归，失中之敝，理固壹致。夫夏暑冬寒，极相反也，然夏暑虽盛，而早晚必凉，冬寒虽烈，而日中乃温。是皆以中和者剂其平，以成其气而定其候，若酷暑无壹息之间，严寒无片时之和，则不久必有剧烈之天变。物理如是，人事亦何莫不然。孔子修鲁史而命曰《春秋》，以春秋能调节冬夏之寒暑，而得其中，即以垂万世人事之昭鉴也。新潮澎湃，民智顿觉，晨钟甫动，曙光千丈，万汇昭苏，为时非远。然矫极过正，易涉于偏，感物质之束缚，乃并精神之自由而牺牲之，恫私产之敝害，或并衣食之必需而限制之，则自由之极端，其结果更酷于专制，是立极已失其中，恐终为民治进化之碍，更愿得与诸君子一商榷之者焉。

读易杂识

序

读古人书不可无定见，而万不可有成见。无定见则见异思迁，心不能专，读如未读也。有成见，则入主出奴，必有偏重，论议失平，激成意见。历来汉宋之争，门户水火，要皆以成见横梗胸中，求胜之心切，由意见而发为意气，至言论失检，亦不自觉，虽贤者亦所不免。如黄梨洲、顾亭林两先生，博学笃行，后世宗仰，焦理堂孝廉，以比例说《易》，自具特识，亦汉学巨子也。乃其驳宋人之言《连山》《归藏》，皆谓乾君坤臣，乾父艮子，君臣父子，天地之大义，《归藏》坤居乾上，非以臣陵君乎？《连山》以艮为首，不以子先父乎？此所谓强辞争胜，而不顾理论者矣。夫八卦相荡，乾坤六子，互为上下，无可偏废者也。若由是言之，则凡地天否山天大畜诸卦，皆不应序入六十四卦之中，而其余震坎离巽兑诸卦，皆不应重在乾坤之上，有是理乎？程子《易传》，以廓清芜秽自命，专以人事说《易》，杨诚斋遂以史事相比附。于是卦之六爻，不啻为六人，五为君，二为臣，名分尊严，其余之应与当否，亦均以一爻为一人，为交为害，相争相敌，各有对手，俨如演纸人之影戏。夫卦象广大悉备，人事万变，固尽在其中，而孔子赞文周之《易》，则专以明人道而立入极，与天地参，为中和位育之本，未可舍天地象数，而专以人事概之也。人事得失备著于《春秋》，故曰"《易》以道阴阳，《春秋》以定名分"，实孔门之遗训，非太史公臆说也。言各有当有伦，惟胸中先有以理为主之成见，而遂忘阴阳为《易》象之本，而立论乃倚于一偏。朱子《本义》，则以卜筮为《周易》之本义，一切皆以占言，至以"元亨利贞"为占辞，而曰"占此者大亨而利于正"。设以此六字出诸后人之口，几乎不成文理矣。夫占筮固《易》之一端，壬、遁、太乙，固皆古人以占筮言《易》者也，其精微讵后人所及。朱子既以占筮为《易》之本义，而又薄术数为小道，仅赖大衍之揲四归奇以求卦，无论其揲法当否，而得卦以后，仅赖六十四象辞三百八十四爻辞定吉凶，纵判断悉当，其足以尽万事万物之变乎？大贤大儒，因有成见，而窒碍横生，其蔽已灼然可见。宋后注《易》者，其书存者尚数百家，碌碌者姑不论，其精心结撰者，往往以《十翼》之一辞一义，为全书之大旨。如来瞿塘之错综《来氏集注》，张乘槎之参伍《易解经传证》，胡沧晓之开而当名《周易函书》三种，黎遂球之当名《文物当名辨》，焦理堂之六爻发挥旁通情也《易通释》，任钧台之洗心退藏于密《周易洗心》，端木鹤田之各指其所之《周易指》，以上各书皆近人《易》说中之各有心得者也。精深透辟，发前人所未发者颇多，而以体例所在，不能不回护其本旨，于是拘牵窒滞，往往不能自圆其说。《周易函书》之开而当名，谓伏羲画八卦，原以黑白二色分阴阳，如环无端，至文王始开八卦为六十四其图如周子《太极图》，一黑一白，连贯如环，阴阳相间，分为六层。谓八卦原形如是，文王开之为奇一偶二，成六十四卦。虽愚者亦知其说之非，乃以为撰述之大旨。然全书宏博浩瀚，理论甚精，未可以一眚弃也。《周易指》殚四十八年之力，成此杰构，象数名理，阐发独多。乃特立命卦与声应卦两例，不免间有牴牾，然命卦与声应卦，未始非卦中之一例，特必以一例概全《易》，终有不能尽通之处。于以知怀挟成见固不可，坚执一义以求独树一帜，亦不免客气用事。孔子曰："毋意，毋必，毋固，毋我。"固治心之要恉，亦读书之懿训也。辛斋知浅力薄，又未能专心壹志，惟不敢稍存成见，不立门户，不分派别，不论古今，不限中西，但求其说之足与吾《易》相发明。或足备印证参考，而确有征验者，里谚市语，俱觉可珍，其大言炎炎，羌无故实者，虽出名贤伟论，亦不敢曲从阿附，以欺后学也。取材固杂，而意在求是，默而识之，聊以自娱，非敢谓所识之悉当也。同志爱我，刊以问世，畀得就正有道，是其是而非其非，庶免自误以误人，不仅吾书之幸也。壬戌冬十二月辛斋识。

读易杂识

频年读《易》,不离丹铅,偶有所得,辄为乙记。或疏录大意,以备遗忘,书楣简尾,墨沈淋漓。间有改窜赓续,不得不以另纸粘附,积久日多,无从疏理。稍获余暇,择录一册,以其间多为前人所未言者,不欲散弃也。写录未半,友人见者,谬加赞许,谓足为读《易》者启发心思指陈谬误,敦促付印,并有借阅借钞者。因重加甄择,其已载《笔谈》,或已见于《易楔》者乙之,略为诠次,得书一卷,以供覆瓿。辛斋并识。

《易》以道阴阳

太史公曰:"《易》以道阴阳。"此实三代相传之故训,故《庄子》之说亦同。盖伏羲画卦分阴分阳,而阴阳之学,至黄帝而其说益精,其术愈备,法象乎天地,著明于日月,变通乎四时,握二气之枢机,泄造化之秘籥,以辅相天地,左右人民。故黄帝之世,神道设教,大概与泰西历史所称神话时代,其情状不甚相远。但黄帝之道,实根本于天地阴阳,天秩天序,皆有法象度数,非若西史荒渺无稽之可比。惟其积重,或泥于阴阳之说,过信气数,则委天任运,而人事将废弛而不修。是以《易》穷则变,尧舜继之，阐危微精一之旨以治心，励考功试绩之规以治事，执两用中，而四方之观听一新，以成中天垂裳之治，所谓"通其变，使民不倦"者此也。自是而后，夏质殷忠，各有因革。至商之末年，历世既久，风靡俗敝，后人尚鬼之风，重鬼轻人，政纪失纲。盖殷人《归藏》，原本黄帝，末世之积重难反，又偏倚于阴阳气数之术，而大道复晦。益以纣之淫虐滔天，上行下效，天理之汨亡殆尽。文王忧之，乃取坤乾重为演绎，变通尽利，以挽颓夙，周公继之，遂成《周易》。绌阴阳而伸道德，略五行而详悔吝，补偏救敝之心，昭然若揭矣。降及衰周，纪纲失坠，列强并起，恣意凭陵，惟力是视，非特帝德王道澌灭殆尽，即五霸之假仁假义，亦成为故事，而世道人心，更无可凭藉。于是孔子忧之，周流列国，博征文献，问礼老聃，得《周易》，韦编三绝，发挥仁义，明人道以立人极，尽人事以合天心，著《十翼》以尽文周未尽之意，祖述尧舜，宪章文武，而仍归本于伏羲。此即今《周易》十二篇，一线源流，固鳌然可考者也。余杭章先生炳麟曰："《六艺略》有《易经》十二篇，而《数术略》蓍龟家复有《周易》三十八卷。此为周世有两《易》，犹《逸周书》七十一篇，别在《尚书》外也。"可见《周官》太卜所掌之《周易》，必别有阴阳卜筮之法，而孔子但取其卦爻象象以为之赞，其要义别著于《系传》《说卦》，余皆删之，与删《诗》《书》无异。只因故训相传，仅言删《诗》《书》，而《易》未尝言删，遂以卦气纳甲之说，孔子所未言者，指为外道，而不知为《易》义所固有。且孔子《十翼》，一字一义，尤无不与阴阳相合也。

老子之《易》

《易》掌于太卜。老氏世为史官，阴阳之学，乃其所世守。《易》卦象数推演占卜，必有方式。孔子问礼于老子，志在明道立教，以济万世，故于阴阳卜筮之名象，仅取其纲领，无关宏旨者从略焉。《说卦》一篇，或为所节录之原文，决非孔子所撰，亦非后人所能伪造也。《系传》"法象莫大乎天地"一节，更足证明汉人纳甲卦气之非诬。惟孔子既不传图谱，老子出关，必挟图书以西行，故今日所传《易》之图象，皆出道家，皆得于川陕者为多，当为老子之所遗无可疑也。且不仅图书已也，即今西人算学开宗之《几何原本》，其形式数理，悉与八卦之数理相合，与《易》同为一源。西人之何由得此，考其时地，当亦为老子所传，西人称借根方为东来法，实不仅借根方也。老子西出函谷，踪迹不明，然老子决不止于一隅，寂守空山以终老者，况其出关宗旨，原在传布大道，非为无意之云游也。其西去也，陆行直可达地中海，即土耳其京土但丁，史称东罗马，为欧洲文化之策源地，亦数学形学所肇始之地也。罗马今之译音字，其拉丁文原音，实为"老孟"或"老门"，老子西行至此，讲学布教，信仰者众，遂地以人名而曰"老门"。惟因言语不通，风俗不同，故不能尽传《易》象，而但传数学，数具形立，而形学附焉。盖象无定者也，俗尚既异，象难一致，而数则中外无异，形亦方圆有定，此所以不能传八卦四象，而只言点线面体也。然其进退变化正负乘除之理，与八卦无不相同，非深通天地之数，明阴阳之理者，必不能造，精奥而简易若此，所以断为老子所传者也。《传》称老子西行远至流沙，而段成式《酉阳杂俎》，更详载老子所经西方之国土人名，当亦非无所据。今以《道德经》与《几何》合观之，不啻老子之《易》，象数咸备，而仍与河洛及八卦六十四卦之阴阳正负，无不相同，神妙殆不可思议。乃近日泰西哲学家，其研究东方文化者颇能深得老子学说之精微，谓与《周易》相发明，故有《老子》与《周易》合译之本，可见真理自在天壤，无中外之异也。西儒之言《易》者，往往能以一二简单之语，切直透辟，撷其纲要。非西人之思想，果高于华人也，实因吾国《易》学自汉以来，初囿于师说，继习于门户，先入为主，障碍太多，故非去尽种种障碍，不能明澈见底。西人则胸无成见，而数理名物之学，本所素习，得闻《易》理，自然声入心通，相说以解，无足怪也。独惜我国自命经学家者，抱残守缺，甘囿于一隅之见，终其身坐井以观天，有语以井外之天者，辄恶声相向，斥为狂妄，况语以四海之外，有不掩耳却走哉。

《易纬》

《纬》书自婴禁网，今多不存。近所传《乾坤凿度》《是类谋》《稽览图》等十种，半多残阙，文字亦多夺讹，往往不可卒读，然其中精义甚多。施、孟、梁丘之《易》注既亡，而京、焦、荀、虞、马、郑诸家，亦无完书，一鳞片甲，要皆古义之仅存，深可宝贵者也。所惜浅学者既畏其难读，又莫得其意义之所在，乃一笔抹煞，斥为邪说，尚可藉"絜净精微"之名，以自掩其陋，亦《易》学障碍之一也。马、郑诸儒，去古未远，犹知故训之相传有自，所注各经，每多采录。盖《周官》太卜所掌，"三《易》"与"三梦""三兆"并列，原非一书，亦不尽为一家之言。既因卜筮之用，幸免秦火，则西汉流传尚多。惜其时书尽在官或世禄之家，尚有简册著录，若编氓庶户，得书甚难。令甲既只取孔子十二篇之《易》，列之学官，注本只施雠、孟喜、梁丘贺三家，余皆为私书。而三代相传别本之《易》，自不能与十二篇并称为经，则与他经之异文逸义，概称之曰《纬》，所以别于官立之《经》。此《易纬》与《春秋》《孝经》诸《纬》之名，所由来也。以既非官书，自无考核，远近钞传，不免讹夺，而作伪者乘隙臆造，于是真伪杂出，莫从辨别。逮元、成而后，王莽辄假造图谶，觊觎神器，亦托名《纬》书。于是《纬》书遂大为世所诟病，禁令搜毁，玉石不分，三代之遗，扫地尽矣。就今所存，足与京、虞遗说相发明，而通于《十翼》者，亦尚非鲜，是在善读者自择矣。

诸子之《易》

庄子为老学正传，其立言皆本于阴阳正义，证之以《易经》象数，纤维悉合。后人读《庄子》之文，以为浩荡无涯，天马行空，不可捉摸者，不知其谨严审慎，细针密缕，绝少间隙。除孔子《十翼》，笔参造化，非后人可拟外，若《庄子》之超妙渊深，亦更无其他文字之足与抗衡矣。晋人谓小王独有千古，直井蛙之见耳。

《孟子》七篇，未尝言《易》，而其言曰："天之高也，星辰之远也，苟求其故，千岁之日至，可坐而致也。"又曰："天下之言性也，则故而已矣，故者以利为本。"此数语深得《易》理之精，非深明象数者，决不能简当确切如此。详玩其义，则七篇要旨所在，亦如探骊得珠。后人以孟子不言利，遂以言利为大讳，致仁义尽为空谈。不知孟子之言仁义，实皆言利，利即在仁义之中，故曰"何必曰利"，何尝讳言利哉。又曰："畜君何尤，畜君者好君也。"引夏谚曰："吾王不游，吾何以休。吾王不豫，吾何以助。一游一豫，为诸侯度。"夏谚之是否夏《易》之繇辞不可知，但其发挥豫与小畜两卦之精义，非后人讲《易》者所能道也。《管子》《墨子》《列子》《荀子》，其言阴阳器数，矩度井然，其精到之语，无不与《易》相合，足为《彖》《象》之证者。盖周秦诸子，其学各有本末，一名一象，皆有法度。故读唐以后之书百卷，不如得汉人书一卷，得汉人书一卷，不如得周秦诸子一章一节也。

西汉诸儒，去古犹近，遗训所传，未尽湮没。故西京奏疏，往往能据法象以立言，所谓燮理阴阳，尚实有其学，实有其事。丙吉之问牛喘，不尽为迂腐门面语也。董子《繁露》一书，名言辐凑，析理尤精，学《易》者不可不读，不可不细读也。《吕氏春秋》《淮南鸿烈》诸篇，亦多古义，《载记》《礼运》《月令》诸篇，虽间出汉人之手，其中可取者甚多，皆不可废也。

九师《易》

九师《易》，即所谓荀九家也。刘向曰："淮南王聘善《易》者九人，从之采获,著《道训》十二篇。"王氏通曰:"九师兴而《易》道微。"洪氏迈曰:"寿春有八公山,正淮南王刘安延客之所,传记不见姓名。"而高诱《序》以为苏飞、李尚、左吴、田由、雷被、毛被、伍被、晋昌等八人,其他亦无可证。陆德明曰:"《荀爽九家集注》十卷。不知何许人所集,称'荀爽'者,以为主故也。"其序有荀爽、京房、马融、郑玄、宋衷、虞翻、陆绩、姚信、翟子元注,与高诱说完全不同。内又有张氏、朱氏,并不详何人。朱竹垞曰:"陆氏《释文》载有张伦本,'直方大'上有'《易》曰'二字,'舍车而徒''车'作'舆'等类。"未审即其人否。又李鼎祚《集解》所引诸家《易》中有朱仰之,疑即其人也。然陆氏所称九人,时代先后不同,何能为淮南之宾客,而与九师之席乎?高氏所称较近,惜亦无可考也。

《参同契》

魏伯阳之学说,亦本于老子,为道家言修养者所宗。借《易》象以明丹学,取天地法象,与人身相参合,故曰"参同",其阴阳升降,与《黄帝内经》相表里。陈振孙《书录解题》曰:"《参同契分章通真义》三卷,《明镜图诀》一卷,真一子彭晓秀川撰。有水火匡廓图、三五至精图、斗枢建子午图、将指天罡图、昏见图、辰见图、九宫八卦图、八卦纳甲图、含元播精图、三五归一图。"其水火匡廓图及三五至精、三五归一三图,合之即周子太极图。据彭《序》称广政丁未,乃蜀主孟昶年号,广政十年为丁未,当后汉高祖之天福十二年,亦在希夷之前,可见阴阳八卦之图,在唐及五代久已盛行。而魏氏当日传授纳甲,亦未必无图。彭氏称伯阳"修真潜默,养志虚无,博瞻文词,通诸纬候,得古文《龙虎经》,尽获其妙"云云,则魏氏所受,更可想见。特自永嘉而后,中原板荡,典章图籍。沦佚殆尽。又值王弼之学盛行,扫象蔑数,古来图说,无人顾问,而道家则山林潜遁,灯火不绝魏伯阳之前,茅山之学早传于世。所谓《龙虎经》及斗建水火各图，或云传自河上公，参观道书源流可悉也。此所以宋前之《易》无图，至朱汉上震，以濂溪太极图缮奏经筵_{按朱震奏进《易》说十有三册，陈邵河洛先后天各图均在其内，不仅濂溪一图也，时在绍兴六年以后。}朱紫阳以康节诸图，弁诸经首，而后《易》之与图，不复能离。汉学家虽尽力攻击，终不能摈诸图于《易》之外，盖圣人且言不尽意，不能不立象以尽意，后学求窥圣人之意者，得图以证象，亦未始学《易》之一助也。

《火珠林》

《火珠林》未知撰自何人，宋时盛传其术。《朱子语类》中屡称及之，谓："今人以三钱当揲蓍，乃汉京房焦赣之学。"项平甫云："以京《易》考之，世所传《火珠林》即其遗法。"《宋史·艺文志》载有《六十四卦火珠林》一卷，马贵与《文献通考·经籍志》亦有《火珠林》一卷，均无撰人名姓，似为唐以前人之作。盖汉魏以来，占卜之书，如焦氏《易林》、郭璞《洞林》，皆以"林"为名，《火珠林》亦其例也。今坊刻《火珠林》，托名麻衣道者，麻衣固唐末宋初时人，传称希夷所师事者。世传有《麻衣心易》，凡四十二章，朱子已发其覆，乃湘阴主簿戴师愈所撰。使《火珠林》果出自麻衣，宋人岂无称述，而《通考》与《宋史》，皆佚其名，无是理也。且书中屡称《元龟》，当为《卜筮元龟》，乃宋以后之书，而结尾又录邵子一诗，则伪托麻衣，更显见矣。但以三钱代蓍，相传已久。盖以占者必凝神壹志，而后与卦爻相感格，方可明得失之报。揲蓍求卦，必三揲始成一爻，三六十有八变，始成一卦，历时过久。今人意志纷若，不能历久而神志不分，则所占亦将无效。故以一钱代一揲，三钱当三揲，以六次尽十有八变，可节时三分之一，神志尚可勉持，亦不得已之法也。惟以寻常之钱因陋就简，似太草率，郑氏《易谱》，拟特制卜卦之钱。其式径五分，周一寸五分，内方外圆。仰面为阳，识以三圈；伏面为阴，识以两圈；阳三阴二参天两地，并三钱亦合三五十五之数。三钱皆阳为九，太阳数；三阴为六，太阴数；一阳二阴则七，少阳数；一阴二阳则八，少阴数。七八九六，确实易见，似亦有可取焉。

子夏《易传》

孔子传《易》商瞿，以孔子晚年学《易》，商瞿亦晚年之弟子也。十哲之中，未闻子夏传《易》，乃《易》传中有子夏《易传》。刘歆曰："汉兴韩婴传《易》。"而荀勖疑为丁宽所作，张瑶以为馯臂子弓所作，晁说之以为唐张弧之《易》，孙坦以为杜邺，徐几道、赵汝楳又皆以为邓彭祖，盖因杜邓两人，俱字子夏也。吕祖谦则谓《崇文总目》删去子夏名，以祛误惑，最为有理。详朱氏《经义考》。班书《艺文志》传《易》者十三家，无所谓子夏《易》者，《隋·唐志》始有之，然云二卷已残缺。今其书十一卷，首尾完具，又经传次第，正如王弼本，其为后人伪书，不待辨也。

汉有两京房

汉《易》师称京房者有二，一为大中大夫，《汉书》："梁丘贺从大中大夫京房受《易》。"颜师古注曰："别一京房，非延寿弟子也。"又云："房者，淄川杨何弟子也。房出为齐郡太守，贺更事田王孙。"此京房系汉宣帝时人。至延寿弟子之京房，字君明，本姓李，因吹律自定为京氏，以明灾异得幸元帝。石显、五鹿充宗皆疾房，欲远之，于是以房为魏郡太守。是前京房为梁丘贺所师事，而延寿之《易》实受之梁丘贺，岂能更为延寿之弟子，与京君明决非一人可知矣。叶梦得、陈藻皆有说辨之，见《经义考》。今所传残本《京氏易传》，乃元帝时魏郡太守之京房，非宣帝时齐郡太守之京房也。

《易》遗论九事

先儒遗论九事。竹垞朱氏曰:"九事者,一为太皞受龙马负图,二为重六十四卦推荡诀,三为大衍之数五十,四为八卦变六十四卦,五为辨阴阳卦,六为复见天地之心,七为卦终未济,八为蓍数揲法,九为阴阳律吕图也。"

宋古《易》五家

班固《艺文志》:"施、孟、梁邱《易》十二卷,谓上下《经》及《十翼》也。"自费氏以《彖》《象》释经文,杂全卦中,始改古《易》之旧。王弼又以《小象》分属各爻,以《乾》《坤》文言附乾坤二卦中,而分上下《经》为六卷,乾传一、泰传二、噬嗑传三、咸传四、夬传五、丰传六,又分《系辞》以下为三卷,古《易》几不可复识矣。或云康成已以《彖》《象》分隶各卦,而加"《彖》曰""《象》曰"以别之,王弼殆袭康成旧本,而又加以更改也。宋吕仲微大防、吕伯恭祖谦,始追复之。又有睢阳王氏,亦定为十二篇,晁说之又并为八卷。周燔则次序又多所更改。而皆称为古《易》。朱子《本义》,则从吕伯恭本次定之,然《系传》章节仍有遵《程传》者,如"天一地二"等节是也。但注明本在何处,学者尚可追寻原本之旧,此朱子之谨慎处也。按睢阳王氏,即王原叔。惟此五家之外,尚有吴仁杰、税与权二家,亦有《周易》古经编次,合之当为七家。

蔡广成

《唐书·儒学传》曰:"《易》有蔡广成经学论。"则其说《易》,当为有唐一代之祭酒,故《传》特表而出之。乃遍考《易》注,无蔡广成之书，而他书亦鲜见其名者，盖其时雕板之术未行。儒生著述，非得官家之流布传写，不能行远经久，佳书之湮没不章者多矣。盖后唐明宗，因冯道之请，始命国子监校定《九经》雕板印行，周显德中亦然。《宋史》所谓学者无笔札之劳，而得观古人全书，冯道之功，不可没焉。

六 大 卦

上下《经》六十四卦，皆生自乾坤。上《经》三十卦，下《经》三十四卦，而其正反对为一卦计之，实皆十有八卦，合之共三十六卦。三十六卦，次第之又为六大卦，如卦之有六爻。自乾坤至畜履，合六卦为一大卦；自泰否至噬嗑贲，自剥复至坎离皆然，此上篇之三大卦也。自咸恒至损益，合六卦为一大卦；自夬姤至渐归妹，自丰旅至既未济皆然，此下篇之三大卦也。乾坤阴阳刚柔之始，管领二大卦，如卦之初二两爻。剥复阳刚消长之际管领二大卦，如五上两爻，是又合三十六而止成一卦六爻云尔。此正所谓"易简而天下之理得也"。见耿氏述《古易序》。

八音异同

八卦八音，以合八风，自汉相传，各有异同。《白虎通》引《乐记》云："土曰埙，竹曰管，皮曰鼓，匏曰笙，丝曰弦，石曰磬，金曰钟，木曰柷敔。"埙坎音也，管艮音也，鼓震音也，弦离音也，钟兑音也，柷敔乾音也，缺笙与磬，少坤巽两卦。高诱《淮南子·天文》注及《晋书·乐志》，俱以乾音石，坎音革，艮音匏，震音竹，巽音木，离音丝，坤音土，兑音金，除离兑外，余均与《白虎通》互异。郑氏《易谱》，乾音石不周风，坎音革广莫风，艮音匏条风，震音竹明庶风，巽音木清明风，离音丝景风，坤音土凉风，兑音金阊阖风，其八音悉同《淮南·天文》注。而坤巽易位，坤居离前，巽次离后，或为手民之误。故仍以八宫之序采入，惟学者之详察焉。

王俭之谬对

《齐书·王俭传》：太子问王俭曰："《周易》乾卦，本居天位，而《说卦》云'出乎震'，震本非天，义岂相当？"俭曰："乾健震动，天以运动为德，故言'帝出乎震'。"太子曰："天以运动为德，君自体天居位，震雷为象，岂体天所出？"俭曰："主器者莫若长子，故受之以震。万物出乎震，故帝所与焉。"此对殊谬，俭殆不知"帝出乎震"之"帝"字，实统冒全章，非专属"出乎震"一句，亦非专言震一卦。"出乎震"者"帝"，"齐乎巽"者亦"帝"，"相见""致役"以下，亦何莫非"帝"，与下章"神也者""神"字相对。俭乃为此支离悠谬之说以对，盖历代帝王，无不以五经为尊君卑民之宝训，故向所称经学大家，亦遂以五经为羔雁，希宠固位，谬称稽古之荣，恬不为怪，经义乃不堪问矣。

制器尚象

《系传》曰"《易》有君子之道四焉"，而制器尚象居其一。除古圣"以佃以渔"之十三卦外，后世未闻有尚象以制器者。于是利用便民之《易》象，遂尽成空言，占卜而外，更无有因象而得《易》之用者。然则孔子尚象之道，岂欺人哉？自数学西来，泰西以《几何》一书，因数定形，为制器之根本。汽机既兴，以水火代人力，而器用日新，其象实显著于《易》。《参同契》曰："坎离匡廓，运毂正轴，牝牡四卦，以为橐籥。"今汽机之制，均无能外此作用者也。朱子注曰："乾坤其炉鼎欤？乾坤位乎上下，而坎离升降于其间，如车轴之贯毂以运轮，一上而一下也。牝牡配合。四卦橐鞴囊籥其管也。"上阳子陈致虚注曰："何谓坎离匡廓？盖阳乘阴，则乾中虚而为离。阴乘阳，则坤中实而为坎。故坎离乾坤之体，而为阴阳之匡廓。此乾坤之于坎离，犹车辐之于毂轴也。乾坤正坎离之辐，坎离凑乾坤之毂"云云。于今日汽机之象，可谓形容酷肖。制器尚象，象既备矣，且明显确切如是，而卒无由悟，以收制器之效。直待西人之发明，尚迟疑观望，指为淫巧，而不悟《易》象之所固有，可谓冥顽不灵者矣。此皆由扫象之学既炽，讲《易》者悉尚虚词，考工之书又亡，作工者遂无学术。《易》有四道，迄今仅言语尚辞之一端，犹为门户同异之争，不能尽其辞以明其义，更何言哉。

小过艮下震上之卦也，雷在山上，而《象》曰："飞鸟遗之音。"古今说者语焉不详。或云："内外四阴爻如羽，故似飞鸟。"然一句五字，只解得"飞鸟"二字，而"遗之音"三字荒矣。盖"遗之音""音"字，由中孚之"翰音登于天"而来，鸡非登天之物，合两卦观之，意义亦未能了然。不图今日飞机之制，乃悉符小过之象也。夫曰"飞鸟之象"，则象非真为鸟也可知，曰"遗之音"，则音之自上传下也可知。今飞机之形，宛然飞鸟，而遗音亦正相类。小过两象，震得乾金之初气，故轻而能举<small>详《笔谈》初集四卷</small>。谦之言轻，亦以互震也。故飞机取材以金类，而仍无碍其飞也。伏巽为绳帛，为臭，大象坎为轮，震艮相对，阴阳之数，为一正一负。合观之，飞机之材无不具矣。日本《古易断》，以震为舟，舟行乎高山之上，非飞艇而何？

他如来复线之制备于复，螺旋机之制出于姤，制器尚象，象固无不备也。西人无象之可尚，乃能因果之坠地而得重学，因蒸水之冲动而创汽机，读孔子尚象之训，能无愧哉。

天地十二马

乾为马，坤"利牝马之贞"，乾曰"天行健"，坤曰"行地无疆"。旧说天行莫如龙，行地莫如马，然天行不可见，由地见之，故马亦称龙。《说卦》乾"其于马也，为良马，为老马，为瘠马，为驳马。"震"其于马也，为异足，为作足，为的颡，为善鸣。"坎"其于马也，为美脊，为亟心，为薄蹄，为下首。"震得乾初爻，坎得乾中爻，故皆言马。艮得乾上爻，乃不言马者，艮止，马之用在行，艮止不行，故无马象。乾震坎共十二马，分次子丑寅至戌亥十二时，为乾行周天坤行无疆之象。六十四卦卦爻，取象于马者十有二。而其一为泰之"冯河"，不言马而马自见，为"冯河"之马。泰否反类，阴阳之际，即际于此河，故曰泰马"冯河"，神行无迹，象义之妙，微矣。屯六二六四上六曰"乘马"，贲"白马"，大畜"良马"，晋"锡马"，明夷与涣曰"用拯马壮"，睽曰"丧马"，中孚曰"马匹亡"，与坤之"牝马之贞"，共十二马。有坤之"贞"，而后有泰之"冯"，睽之"丧"，中孚之"亡"，皆此马。贲言"逐"，睽言"勿逐"，阴阳进退之理，皆可深长思也。

鱼鸟相亲

巽为鱼，中孚豚鱼，即巽之象也。郭璞曰："鱼者震之废气也。"盖巽王则震废也。由此观之，鱼实具震巽二象。震巽合为离，离为飞鸟，故鱼鸟相亲，每互变其体。《庄子·逍遥游》鲲鹏之变化，即以寓坎离升降之大用，字字皆本于《易》象，非寓言也。鲲鹏之变化不易见，而雀之化鱼，鱼之化雀，则为所常见。粤东有禾花雀者，早禾既登，田中小鱼，乃化为雀。乡农夜布网于田，翌晨即雀满其网。且其变甚速。当其蜕变之顷，或有惊之者，辄止不复变，故有雀首而鱼身者，亦可谓具体之鲲鹏矣。南洋有秋风鸟，亦鱼所化，见粤语。今长江金陵以上，秋冬间产白鱼甚美，亦鸟所化，届时鸟皆纷纷投入水中，众所共睹。湖州苕溪有小鱼，亦黄雀所化。遍观地志，类此者甚多。故《月令》田鼠化为鴽，雀入大水为蛤，气至而物自化，有不期然而然者。昧者不察，诧为奇妄，观于《易》象，思过半矣。

姤之鱼

姤九二"包有鱼",九四"包无鱼",古今说者,罕得其解。余读《江苏通志》及《宁波府志》,并证以花山灯塔守者之所言,始知古圣人定象之妙,参合阴阳造化。有生之物,莫不随此阴阳气化之转移,其动静皆为所限而不自知,而圣人之象,则范围此阴阳气数而巨细无遗。甚矣哉,羲《易》之神化,惜其义自孔子而后,竟无能发明之者,良可痛也。

姤为五月卦,五日一爻,姤二正值五月五日,故曰:"天地相遇,品物咸章。"中国南北洋渔泛,以黄花鱼为大。平日南北洋鱼船,北至天津,南至汕尾,皆四散。独至五月初五,则南北两洋鱼船,均萃于大戢山洋面。南北四百里之内_{约合经纬各二度之间},正两洋交界之处_{平时南北划分,鱼产不同,器用捕法亦异},船数以十万计,江浙各派师船护之。据守塔老者云:每年必五月初五日鱼始集。逢大年,鱼叠聚海中,栉比鳞次,以长篙入水,能直立不倾。南北渔船,每施一网,辄舟不胜载,余者悉弃诸水,不能移给他船也。鱼食网边之水,即气闭浮于水面,名网口鱼,任人捞取不禁。初五至初十,年年如是,无或爽者。初五至初十,正姤二爻卦气用事之日也,故曰"包有鱼"。初十以后鱼仍散处,各分南北,至九四在五月十五日以后,故曰"无鱼"。始知圣人卦象,合天地南北言之,非仅为一人一事言也。

两爻"包"字,与泰之"包荒",否之"包承",消息相通,皆天地阴阳往来屈信之所寓。来伸而往屈,故曰"包"。至"包瓜含章,有陨自天",阴阳相互之数,方得其中,如夫妇之育子女,孕已成矣。"陨"者落也,道书曰"一点落黄庭",故曰"含章",所谓"美在其中,而畅于四支"。天人一理,象数之精义,有非可言尽者,是在读者之举一反三,引而伸之矣。

离木科上槁

离"其于木也为科上槁",旧注望文生义,殊与象数无关,于卦义亦甚牵强。在粤读《岭南丛书》，始恍然有悟，叹天地生物之妙，古人格物之精，而《易》象之更无乎不备也。离为火，火生于木_{火亦生于石，艮也，震木之究也}。然火出于石，非木不传，故曰"电光石火"，言不能久也，火旺则木休故槁，海南为离方，故多文木，而木火之精蕴结，则为香。沉香茄楠诸香，皆产于木。然香生而木即枯，曰"科上槁"者，木虽枯而生气未绝，胥郁积凝结而为香，历年愈多，则香愈厚愈纯。其重而降者为沉香，亦曰沉水香，以入水必沉也，其轻而升者为茄楠。盖沉香得阴之精多，茄楠得阳之精多也。故沉香之性阴，而其用则阳，主发散，茄楠性阳，而其用则阴，主收潜。所谓阳体阴用，阴体阳用_{近日医家以茄楠入疏散之剂，大误}，二者皆得气之一偏者也。若得纯离之气，中正冲和，无一驳杂，则返魂香是也。离为魂，魂藏于肝木，母抱子也。以厥阴风木之精，钟离明纯粹之气，感召之捷，出自天然，返魂岂虚语哉。故返魂香者，非别为一类，特沉香茄楠之最精者耳。今则人烟日繁，英华尽泄，沉香茄楠，已不易得_{今市售者皆香之木，非香也}，况返魂香乎？琼崖五指，榛莽未辟，太古浑屯之风犹存，或有孕毓，未可知也。

巽木之精

坤《文言》："天地变化草木蕃。"《说卦》："巽为木。"不言草者，巽为柔木，柔木即草，言木可以概草也。故大过之"白茅"，泰否之"茅茹"，皆为巽象。西儒进化史，谓天地开辟以后，万物之最初生者，厥惟青苔。乾坤初交，而乾成巽，故巽居天地成物之初。柔木之象，与西人之说，亦不谋而合也。木之余气，得水则生菌，凡可食不可食之菌类甚多，皆是也。苟得天一之精，纯粹冲和，不驳不杂，则为灵芝。涣卦之"涣奔其机"，注语简略，但曰"机木无枝"。实则涣象上巽下坎，坎为一六之精，巽木得坎水，母子一气，断无枯槁之理，何以机木无枝，盖即菌之类，得其正者则为灵芝矣。或曰：灵芝非可常见，今世人所视为珍品，咸以为有起死回生之效者，莫若人参，试以《易》象言之，其亦当属之巽欤？曰：以类言之，当属之巽，但究其功用，则不仅为巽，当兼兑也。巽兑同体，合为中孚，卦气之所自起，亦人身命根所由寄，故《象》传有"缓死"之功。人参之性质功用，浑然元气，实秉坤土中和之气，得乾阳纯粹之精。乾坤之元，伏于巽而见于兑，合巽兑为中孚，舍人参无物可以拟之矣。巽坎之涣，与巽兑之中孚相去一间，坎坤体而得乾阳之中，故灵芝之功用，亦当无异于人参也。

咸艮之象皆取诸身

咸者，"二气感应以相与"，天地变化之根本，人事往复之枢纽也。六十四卦《序卦》无咸，而六十四卦之汇归皆在于咸。故孔子曰："精义入神，以致用也；穷神知化，德之盛也；过此以往，未之或知也。"佛法无边，而仍不出咸卦之范围，广大精微，几非迹象可以拟议。故圣人定象，咸取诸精神，但精神非附于体质不能见也，故取象人身。以物力之感觉，莫灵于人，而人之感觉，莫易于少年，而相感之专且速，尤莫过于少男少女，因以少男少女象咸。六爻皆取象于人身，初"拇"，二"腓"，三"股"，五"脢"，上"辅颊舌"。四之位为心，心不可见也，不曰"心"而曰"思"，"憧憧往来"，圣人状物之精，至矣尽矣。咸卦之外，六爻皆取象人身者，唯艮卦。艮，止也，止其所也，时止则止，时行则行，所谓止于至善，动静不失其时，其唯圣人乎。圣人亦人也，四支百体，无异于人，故六爻亦皆取象人身。初"趾"，二"腓"，三曰"限"，曰"夤"详《学易笔谈》，四"身"，五"辅"。上曰"敦艮"者，以终无止境，且《易》不可终焉，故曰"以厚终"也。咸艮之别，咸动艮静，咸速艮止，咸如青年之男女，艮如静修之处士。而论其用，则艮为反身克己独善其身也，咸则过化存神兼善天下也。艮为修德尽命之君子，咸则达天成道之圣人拟之释氏艮如律门，咸则无遮无碍之大乘法门也，故同一取象人身，而其中大有区别。咸六爻身体之象，皆合二人言之，非仅一人一身也。如初爻"咸其拇"，乃少男少女之拇互相感触，故曰咸，《诗曰》"履帝武敏歆"，即"咸其拇"之象也。以下"咸腓""咸股"及"辅颊舌"皆合二人相感之象，而思之"憧憧往来"，则更非可形迹求之，皆极状咸感之义，非拟之以此，不足形容尽致也。圣人恐后人断章取义，而误以少年情感之为当也，故《序卦》特阙之而受之以恒，而于《系辞》畅发其精义，圣人之忧世深而用心苦矣，此咸六爻之象义也。论艮之六爻，皆为一人独立之象，且为侧面之背形，非正面也，故曰"艮其背，不获其身，行其庭不见其人"，皆静止之象也。初"艮其趾"，足跟，人立不动，自后观之，故见趾之止也。二"艮其腓"，为腿之腹，亦在后者也。三"艮其限"，艮本训"限"，在身为腰，上下之限也："列其夤"，自腰而上，脊也。四"艮其身"，统上下而言。五"艮其辅"，在颊之后，皆自后见之。统观五爻之象，不啻画一背立侧面之人形，状物之精，非笔墨所能尽矣。上九"敦艮"，则安土敦仁，推爱其身以爱物，身虽与木石居，与鹿豕游，而民胞物与之怀，仍涵养其中，否则为石隐，无畀于世，圣人又何取焉。达摩西来，面壁十年，极静止之功，所谓"不获其身不见其人"者矣。而性功涵养，真如朗澈，阐法渡世，开震旦佛教之宗，非艮而能若是哉。俗儒昧于大道，妄谓佛教虚无寂灭，大畔吾圣人之道，实并圣人之道而未尝知之，又乌能知佛之畔与否也。故咸艮两卦，合天地人之道，而明其动静进止之极功，形上形下，本末兼赅。形上之道在咸，而非可以言显焉，则假少男少女之感以明之，所谓"夫妇之愚，可以与知者"是也，"及其至"则穷神知化，"虽圣人有所不知"，以见道之无尽也。艮训"限"，"限"者上下之际，亦天人之际，能止其所当止，不迁不贰，则止诸躬，以为立德之基，而修道之要，亦不外乎是矣。安土敦仁，下学上达，时行时止，其道光明，感而遂通天下之故，则艮与咸一而二，二而一矣。

咸感兑说

咸《彖》曰"感也"，而咸无心，兑《彖》曰"说"，而兑无言。盖有心之感出于人，不可以为咸也。必感而无心，乃纯出乎天然，其感始至。且有感而无应，亦非感也。咸则"二气感应以相与"，随天而动，皆出自然，又非磁石引针琥珀拾芥之蠢然无知者可拟也。故取象少男少女，天真烂漫，方足为得咸之真，尽咸之妙焉。兑而可言，非说之至也，心说而非可以言说，斯为说矣。兑正秋万物之所说，"说言乎兑"，此兑之正象。重兑则说之意亦深，非言语可以形容，故孔子以"朋友讲习"拟之，所谓"有朋自远方来，不亦乐乎"，西南得朋，十朋之龟，兑数十，故言"朋"也。

逆　　数

《易》逆数也。邵子因此悟八卦之用。以乾一兑二离三震四巽五坎六艮七坤八，皆逆用之，以成《皇极经世》之书，得数往知来之效。其言曰："阳在阴中阳逆行，阴在阳中阴逆行，阳在阳中，阴在阴中，则皆顺行。"此但言其先天八卦圆图之序，未可以概《易》数也。阳顺阴逆之数，《易楔》与《易数偶得》已屡言之矣，然亦有相生与相合之分，混而言之，又不可通矣。观十二律之相生与合声，则体用顺逆之分，自可了然。"数往者顺，知来者逆"二句，所以明八卦之往来，往者乾圆，来者坤方，往者屈而来者伸，故数往顺而知来逆。邵子以"已生之卦""未生之卦"解之，亦词不达意。汉学家极力驳之，然于下句"《易》逆数"也三字，均未尝注意，若但言往来，则上二句已足，又何必赘以"《易》逆数也"一语哉。圣人虑后人误解往来顺逆之用，以概《易》数，故特重言以申明之，以示《易》之皆逆，乃全《易》重要关键所在。奈学者均忽略读过，辜负作《易》者之苦心，而天地之心，亦终不可见，《易》又何自而明哉。逆数之用，具在卦象，显而易见，地天泰逆也，水火既济逆也。顺则为否为未济，天地不通而阴阳之数穷矣。故曰"一阴一阳之谓道"，泽山咸而山泽则损，风山渐则进以正，山风蛊则惑矣，此皆一阴一阳之道。圣贤克己之功，神仙修炼之术，无不用逆。修德曰"反身""君子必自反"，反者逆之谓也。道书"逆则生，顺则死"，又曰"逆则为仙，顺则为鬼"。陈致虚曰："子南午北者，颠倒五行也。仙圣云：'五行顺行，法界火坑，五行颠倒，大地七宝。'所以水火互为纲纪，方能既济也。"凡此皆以著逆用之功，而《易》数所以逆，又因《易》象法天，天逆行而地顺转，故数必以逆推，而始能与地相合。故五行干支，经纬星度，亦莫不随天行之度以定数，人生天地气数之中，又孰能外之。

屯七夬七

杂，乱也，古人篇第卒章皆称"乱"，故汉赋之末，犹有"乱"曰，孔子"十翼"，以《杂卦》终，亦"乱"之义也。其前自"乾刚坤柔"至屯乃七卦，其后自姤至夬亦七卦，前七后七，二七反复。其中自蒙至大过，凡五十卦，大衍之数也。古人七岁而入小学，"蒙以养正"，为学之始。孔子曰："假我数年，五十以学《易》，可以无大过。"则下学上达，由立德而进于明道，知人知天，天人合一。故颐养也，蒙养也，蒙养正也，颐亦养正也，可见古人为学，养正之功，无间初终。为己立立人，己达达人，终之以夬，以刚决柔，即以乾刚决坤柔，而"君子道长，小人道忧"，圣人济世之学，其忧天下后世也至矣。

光为气始

《易》之言光，皆阳被于阴，坤承乎乾，大明终始，乾坤相交，实为光始。《乾凿度》曰："有太易，有太初，有太始，有太素。太易者未见气也，太初者气之始也，太始者形之始也，太素者质之始也，谓之四始。气形质具而未离，故曰浑沦浑沦、浑沌音近，昆仑亦浑沦之意，故以名最高最大之山，混沦阴阳未分。"此盖三代以上之古义，《乾凿度》必有所本。孔子赞《易》，自"《易》有太极"说起，将以前之太易太初太始太素诸说删去，与删《书》断自唐虞，《春秋》托始隐桓，编《诗》首于《二南》，同为讲学之界说。而唐虞以上之历史，隐桓以前之事实，亦未尝一笔抹煞，特秉笔为文自有体例，不能无起讫之界线耳。后人不明此理，孔子之《易》始自太极，凡孔子所未言者，皆在禁例，是犹以《春秋》为鲁之全史，谓周公伯禽皆荒唐无稽，有是理乎？况孔子亦未尝自限也，删《书》断自唐虞，而《易·系传》仍追溯至伏羲神农黄帝，删《诗》首于《二南》，而终篇殿以《商颂》。故研求一种学说，非博采旁收，决不能充类至尽以得其指归。向之说《易》只于十二篇中讨寻生活，故凡言光言气，皆含糊恍惚，绝少发明。坤二曰："地道光也。"旧说训广训明，或言横言扩，皆所谓似是而非。夫地之光何来，来自天即来自日耳，故曰"大明终始"。以近日物理推求之，则《易纬》云："光盛生气，气盛生形，形盛成质，质定成体"。亦自有此天然之次序。而《易》之言光言气，皆非泛言光明与气象，皆确有其度数之可考也。旧说乾阳坤阴，乾气坤质，相对待也。然精之，则乾为光而坤为气，光又气始也。然光非气不显，气未见，而光已发，特未可见但有热耳。至热盛气生，则光与气皆显然可见矣。但光亦非一，有人目所能见者，而亦有为人目不能见者。古人造字。以火在人上为光，光从火从人。此但言火之光耳。凡黑夜以火烛物，必高举之，今火在目之视线以上，始能见物，即光字之会意也。名以推类，凡一切之光，皆借用此光字，而不复分析，学者不可不审也。

历数卦气

卦气征于十二消息，而阴阳律吕皆准之。权量衡度皆生于黄钟，实皆生于卦气也。古人截管飞灰，以候十二中气，气至则灰飞，其法虽存，而管之制与室之度，皆未易密合，故亦徒存其说而已。惟候气别有简法，但能施于冬夏二至，二分与他月中气，能否于是法推行变化，尚未有行之者。其候二至，则以等分之净土与木炭，分之天秤两端，令其相平。夏至之气至，则炭重而土轻，冬至之气至，则土重而炭轻，按历书二至之时刻分秒，验之固极易也。吾国历数之精，不但合日月行度之数，并合天地阴阳之气，而人物之生于天地间者，其荣枯得失，亦莫不与此气与数相合。故草木之萌动，鸟兽虫鱼之变化，男女身体之伤痛疾病，莫不应节气而有感，而不自知其由来也。故近人谓旧历曰阴历，实大误也。旧历惟十二月从太阴，而节气中气，皆从太阳，所谓阴阳合德，与天地人参者也。万国交通，行新历以便用，亦不失随时之义，而旧历之精，终不可废，亦无能废也。

八卦合天地之象

八卦象数法乎天地，天地万物之象，皆在八卦范围之中。小而一物之微，一身之内，大而一洲一国，以及四海之外，六合之内，无不包也。闭关时代，国境限于华夏，故《易》卦象数，以九州为分野，无不合也。今则万国交通，重洋无阻，《易》卦象数，即推诸五大洲，仍无不合也。试以先天八卦方位言之，乾为南极，坤为北极，南北皆冰洋，故乾为寒为冰，坤亦为坚冰。自震东北至兑东南，为东半球之象，故曰"震旦"。自艮西北至巽西南，为西半球之象，故曰"泰西"_{巽艮为乾坤之位，见蛊卦，象坤乾地天泰也}。东半球震长男，离中女，兑少女，两女一男，故其民女多男少，女子二十而嫁，过期为失时，无长女也。西半球艮少男，坎中男，巽长女，两男一女，故其民女少男多，女尊男卑，女多晚嫁，无少女也。震长男，故重经验，贵老成。艮少男，故尚学理，重思想_{艮为思也}。震仁兑义，天泽在上，故华俗重礼让，而利居其后。巽利市兑附决，坤艮居下，故西俗尚谦和，而利争先。离文明而坎矫鞣，离虚而坎实，天火同人而地水为师。此所以一则尊古而尚自然，一则弃旧而好外饰；一骛虚名，一图实利；一以文德致大同，一以兵力争霸权。东西之历史俗尚，以及人民之性质态度，已备具于此寥寥三十六画之中，大致楚楚可见，若深求而详演之，其妙更不可思议。神矣哉，《易》之为书，讵钻研故纸者所能尽哉。

礼　数

三代制礼，悉本于数，故今日俗语，尚有"礼数"之称。《王制》《月令》，如明堂太室冕旒车旂之制，与朝贺祭祀重器服物之显合于象数者无论矣，齐民敦族，制无大小，亦无不悉协乎度数。礼莫大乎尊亲，尊亲之义，本于一身。由一身等而上之，为高曾祖祢，由一身等而下之，为子孙曾玄，合本身为九。以三为五，以五为九，上杀下杀而五服三党，分亲疏，别远近，正合于九九八十一方数，正合于乾元用九之数。由此推之，礼之源可知，泥于天泽之说者，其诬《易》也甚矣。

《周官》皆本于《易》

《周礼》之制，立官分职，详备无遗。后人不察，疑为伪书，又因阙《冬官》，有以《考工记》补之者，可谓无知妄作矣。今以《周易》卦象，与《周礼》相参考，则一官一职，无不悉合乎卦象卦数。"司空"之"空"，向多莫解其义，证以卦象，始知值后天乾无之位，为戌亥数空之地。得此一字，更足显明古人定制之郑重，一名一义，决非如后人之以意为之者。端木鹤田《周易指》为图甚详，未及备举。学者即以《周官》与卦象，参互并观，亦甚显而易见，然后知分职之由来，非末学所能妄议也。